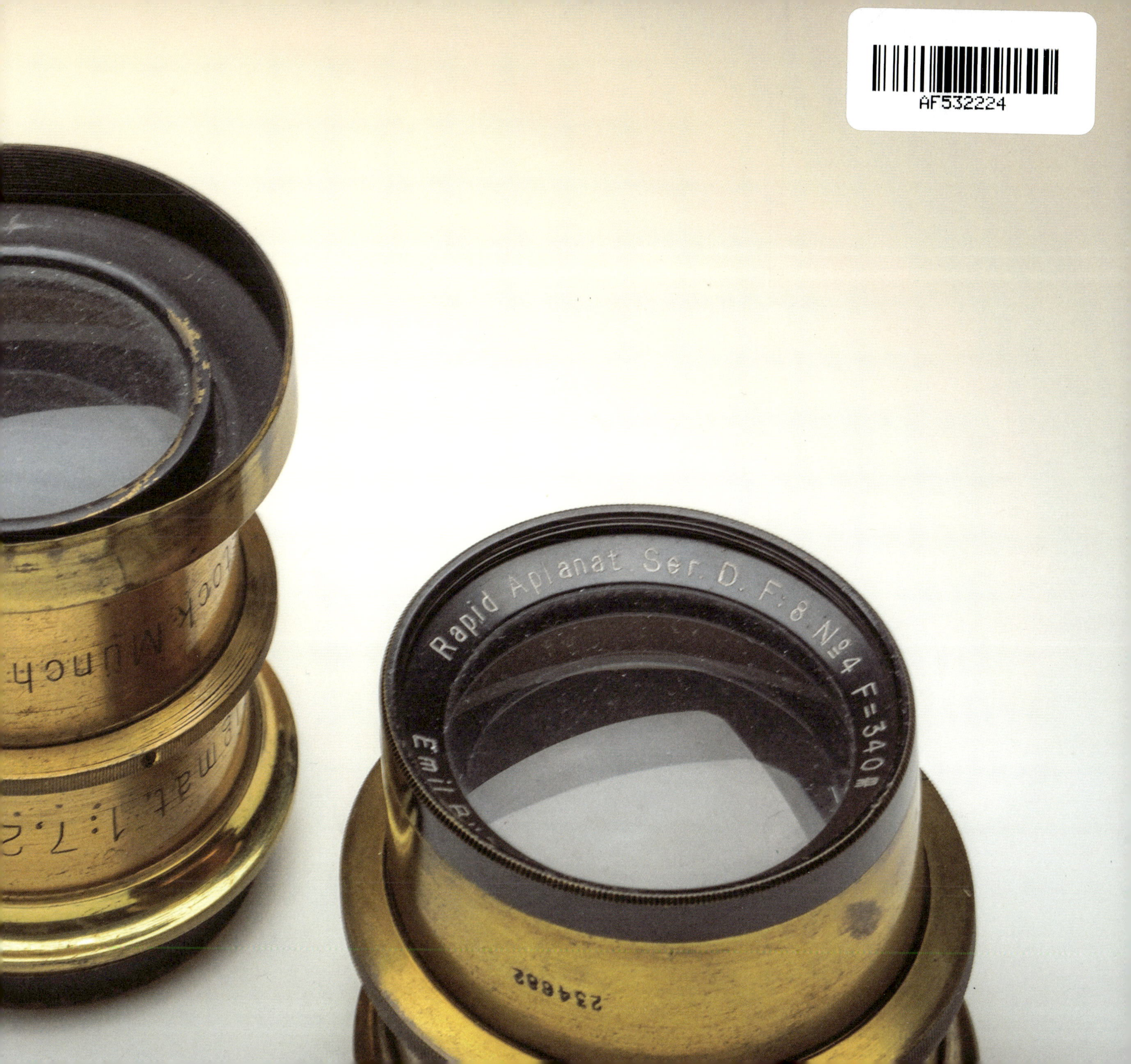

AF532224

GEVELSBERG

objektiv betrachtet

Eine Bilderreise durch 100 Jahre Lintl-Foto

Anton Lintl
Hans Günter Lintl
Günter Lintl

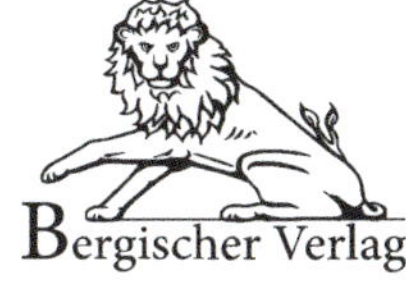

Danke für 100 spannende Jahre

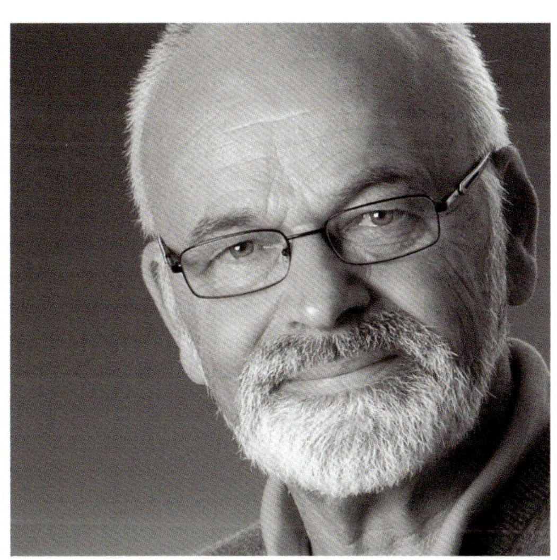

Über drei Generationen hat die Fotografen-Familie Lintl den Fortschritt in Gevelsberg im Wandel der Zeit mit authentischen Fotos dokumentiert. Zusammengekommen sind Zeugnisse aus fast hundert Jahren, die den Werdegang der Stadt, ihrer Wirtschaft und Gesellschaft auf anschauliche Weise nachvollziehen.

Nun ist es an der Zeit, den vielen Gevelsberger Bürgern und Unternehmen Danke zu sagen. Denn ohne ihr Vertrauen in unsere Leistung hätte sich das Atelier Lintl nicht zu einem erfolgreichen Foto-Studio in der Region entwickeln können. Ohne ihre Bereitschaft zur Mitwirkung wäre es uns nicht möglich gewesen, als Chronisten die Zeit im Bild festzuhalten. Ohne ihre langjährige Treue und Verbundenheit würde es auch dieses Buch nicht geben.

Deshalb möchte ich Sie einladen zu einer Bilderreise durch die Geschichte unserer Stadt. An Orte des Erinnerns und zu Ereignissen, die Sie vielleicht selbst miterlebt haben. Lernen Sie Gevelsberg aus interessanten, vielfach auch unbekannten Perspektiven kennen. Und freuen Sie sich beim Betrachten der Fotos auf ein Wiedersehen mit der abwechslungsreichen Vergangenheit unserer Heimat.

Jeder von Ihnen, verehrte Leser, wird in diesem Buch ganz persönliche Einblicke und Erkenntnisse gewinnen. Ich wünsche Ihnen dabei viel Vergnügen und eine unterhaltsame Lektüre.

Ihr
Günter Lintl

Inhaltsübersicht

Momente von Dauer

GEVELSBERG - objektiv betrachtet ist eine Chronik des Augenblicks aus rund 100 Jahren Zeitgeschichte, erlebt und dokumentiert von der bekannten Fotografenfamilie Lintl. In einem Bilderbogen von gestern bis heute haben Großvater, Vater und Sohn das Werden und Wachsen ihrer Heimatstadt festgehalten. Mit Einblicken in unterschiedliche Arbeitswelten, mit Impressionen von Stadt, Land und Fluss, mit Menschenbildern aus dem Alltag, mit Erinnerungen an Bauwerke der Zeit und mit Eindrücken, die bei Streifzügen durch die Geschäfte Gevelsbergs entstanden sind.

Am Ende der Bilderreise durch die Zeit steht die Kunst. Günter Lintl zeigt mit einer Auswahl seiner künstlerischen Arbeiten, welche Möglichkeiten die kreative Fotografie eröffnet. So ist aus dem umfangreichen Lintl-Archiv eine sehenswerte Dokumentation mit historischen und aktuellen Aufnahmen entstanden, die Gevelsberg aus zahlreichen Blickwinkeln auf immer wieder neue Weise ins Bild setzt.

Das Buch bietet aber noch mehr: Unterhaltung und Spannung mit der Drei-Generationen-Geschichte der Lintls, die Sie durch Höhen und Tiefen einer engagierten Unternehmerfamilie führt.

Seit 1901 in Gevelsberg ansässig, wurde das Fotoatelier in der Kölner Straße 6a bald zu einer gefragten Institution in der Stadt. Ob geschäftlich oder privat, ob Portrait oder Produkt, ob Architektur oder Schaufenster: Überall, wo professionelle Aufnahmen in exzellenter Qualität gebraucht wurden, kamen Lintls zum Einsatz. Auch ein Grund, weshalb Fotos made by Lintl noch heute in unzähligen Familienalben und Firmenpublikationen zu finden sind.

Natürlich haben Sie auch Gelegenheit, den Gevelsberger Fotografen direkt bei der Studioarbeit über die Schulter zu schauen. Begleiten Sie Großvater, Sohn und Enkel dazu auf eine Entdeckungstour durch die fototechnische Entwicklung von der Daguerreotypie aus dem neunzehnten Jahrhundert bis zur Digitalkamera von heute.

Neugierig auf mehr? Dann kommen Sie mit auf eine Bilderreise in eine lebendige Vergangenheit. Gevelsberg wartet auf Sie.

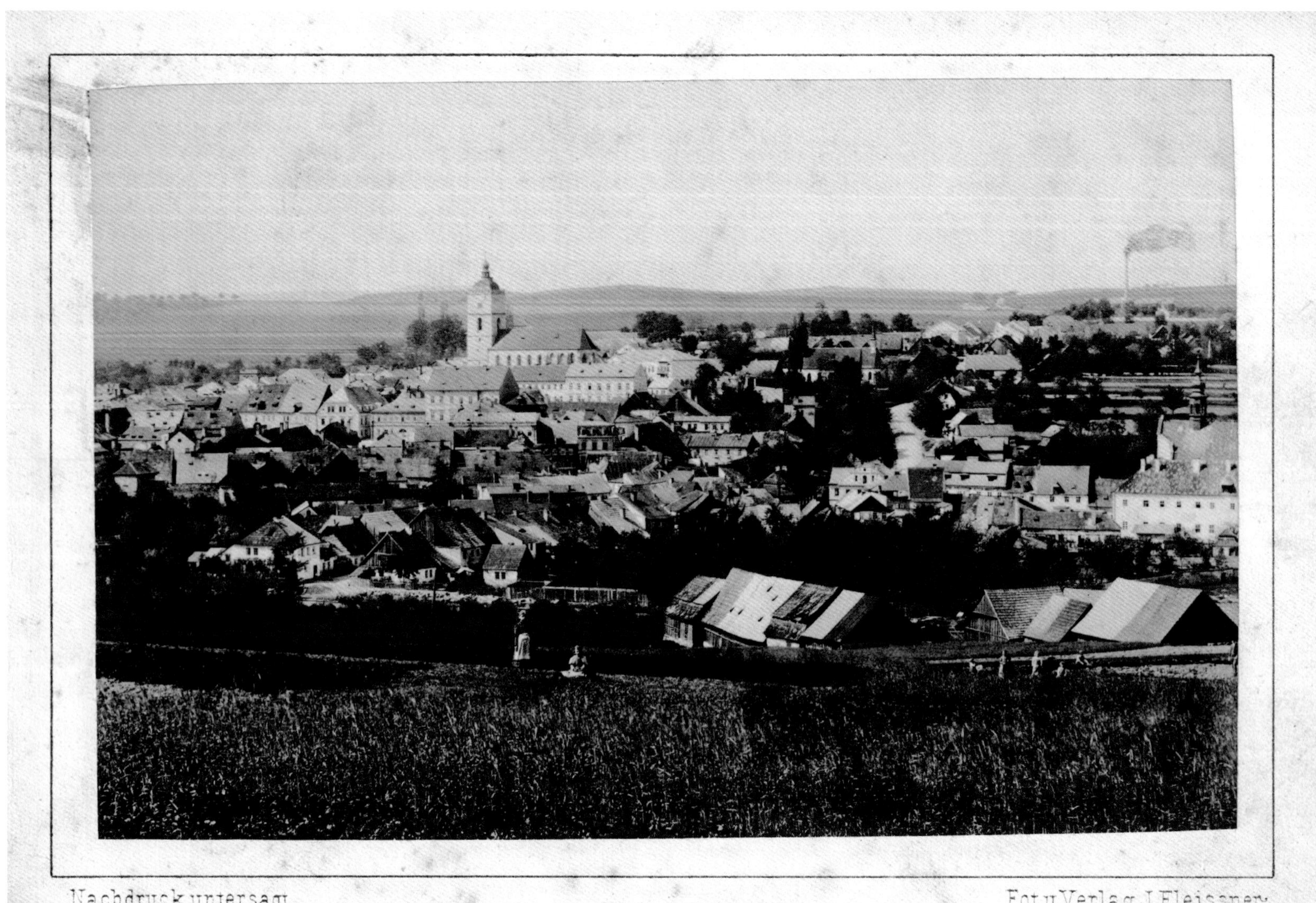

Bis zum Ersten Weltkrieg gehörte der Distrikt Tachau mit seiner gleichnamigen Kreisstadt zur österreichisch-ungarischen Donaumonarchie.
Im Zuge einer Änderung der Verwaltungsstruktur hatten die Habsburger Regenten auch eine Neugliederung der westböhmischen Gebiete beschlossen und 1868 den politischen Bezirk Tachau gegründet. In dem neugeschaffenen Landkreis mit einer Fläche von 621.90 km² waren 77 Gemeinden zusammengefasst, in denen über 44.000 meist deutschsprachige Menschen lebten.

Nach der Vertreibung der deutschstämmigen Bevölkerung anno 1946 durch die Tschechen wurden im Bezirk Tachau 32 Dörfer dem Erdboden gleichgemacht.

Anton Lintl hat das historische Stadt-Panorama während seiner Lehrzeit im Foto festgehalten.

Wie alles begann

Es war tiefer Winter im Böhmerwald, als Anton Lintl am 29. Januar 1874 auf die Welt kam. Sein Elternhaus stand in Haselberg; einer Ortschaft, die nach dem Zweiten Weltkrieg wie viele andere in der Region von Tschechen zerstört wurde und sich damit in die Liste der verschwundenen Dörfer in Böhmen einreiht.

Als eines von sieben Kindern wuchs der kleine Anton in ärmlichen Verhältnissen auf. Denn sein Vater brachte von seiner Tätigkeit in einer benachbarten Glasfabrikation nur ein schmales Salär nach Hause. Für seine Mutter Anna sicherlich ein wichtiger Grund, einen mutigen Entschluss zu fassen.

Also wählte Mutter Anna für den Vierzehnjährigen eine Berufsausbildung mit Chancen für die Zukunft und schickte ihn in die Lehre zu einem Fotografen. Damals eine ungewöhnliche Berufswahl im Grenzgebiet zu Bayern, in dem die meisten Familien ihren kargen Lohn in den umliegenden Glashütten mit harter Arbeit verdienten. Bei den Lintls war es nicht anders.

So kam es, dass Anton Lintl 1888 seine Ausbildung bei Fotograf Fleissner in der einige Kilometer entfernten Kreisstadt Tachau begann.

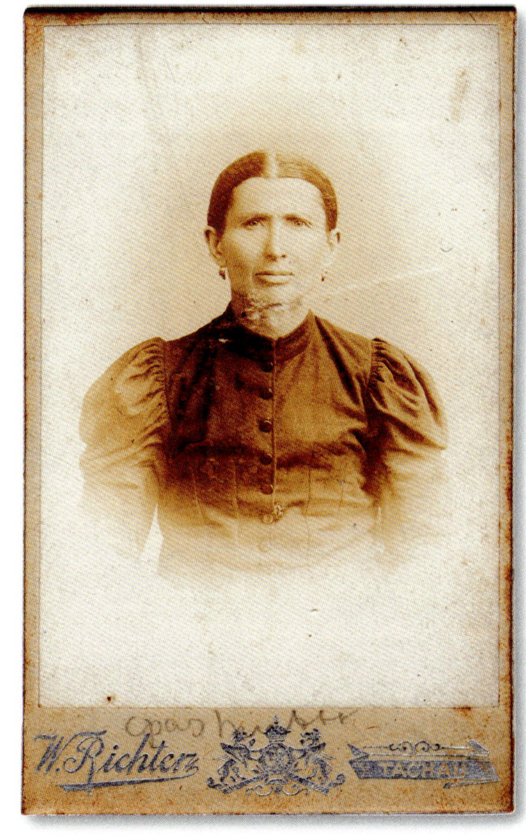

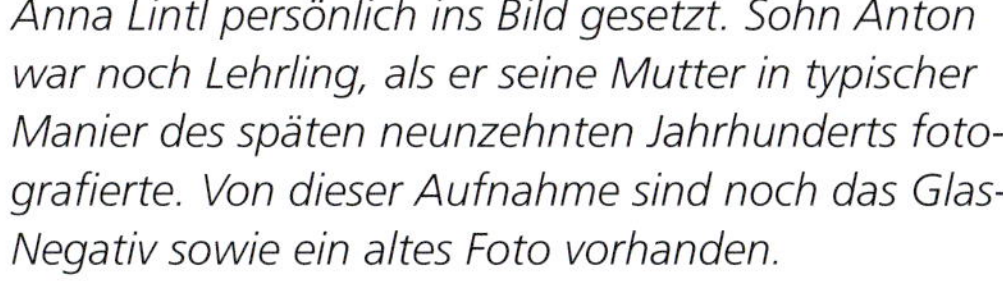
Anna Lintl persönlich ins Bild gesetzt. Sohn Anton war noch Lehrling, als er seine Mutter in typischer Manier des späten neunzehnten Jahrhunderts fotografierte. Von dieser Aufnahme sind noch das Glas-Negativ sowie ein altes Foto vorhanden.

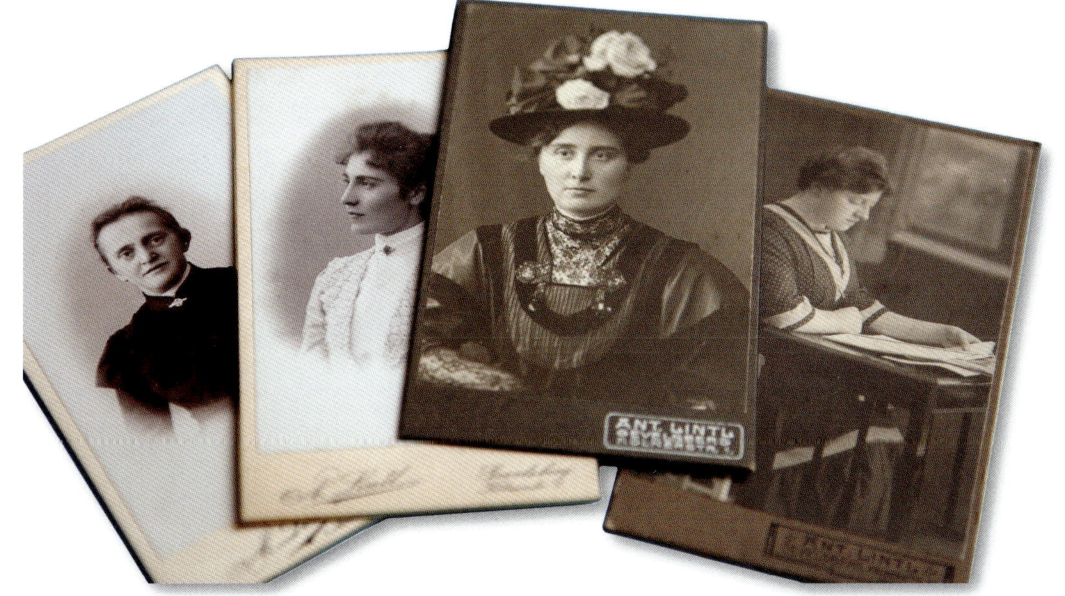

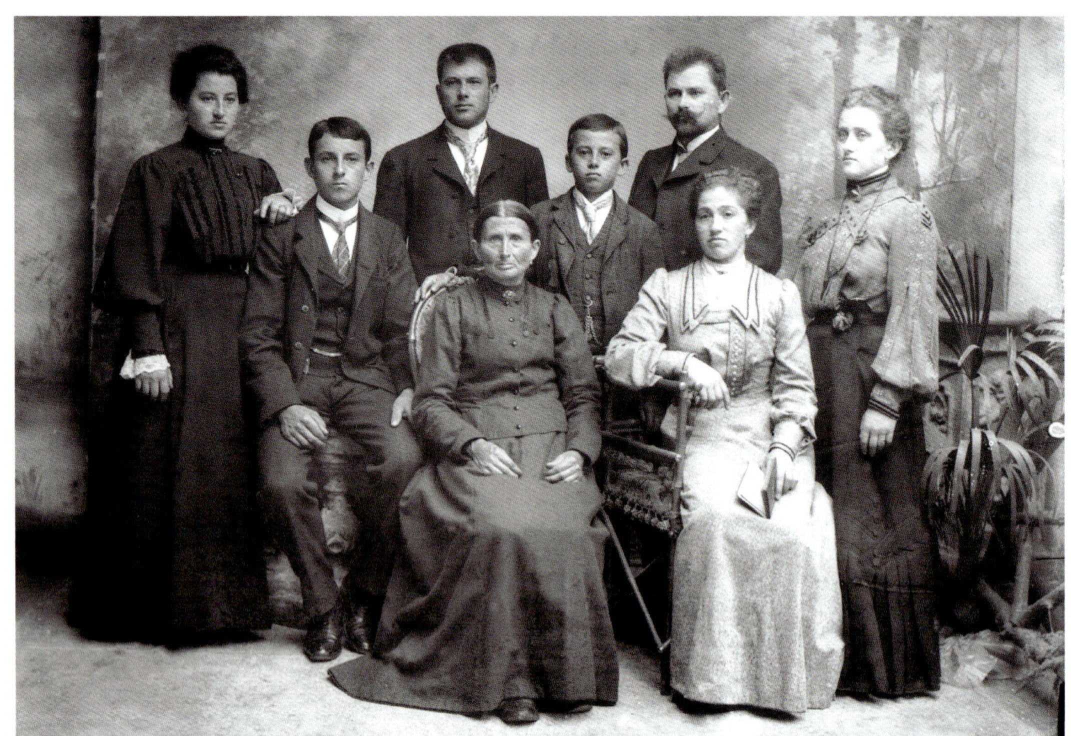

Gruppenbild mit der Familie. Offensichtlich war es damals eine bedeutsame Angelegenheit, fotografiert zu werden. Die Lintls schauen dem Anlass entsprechend ernst in die Kamera.

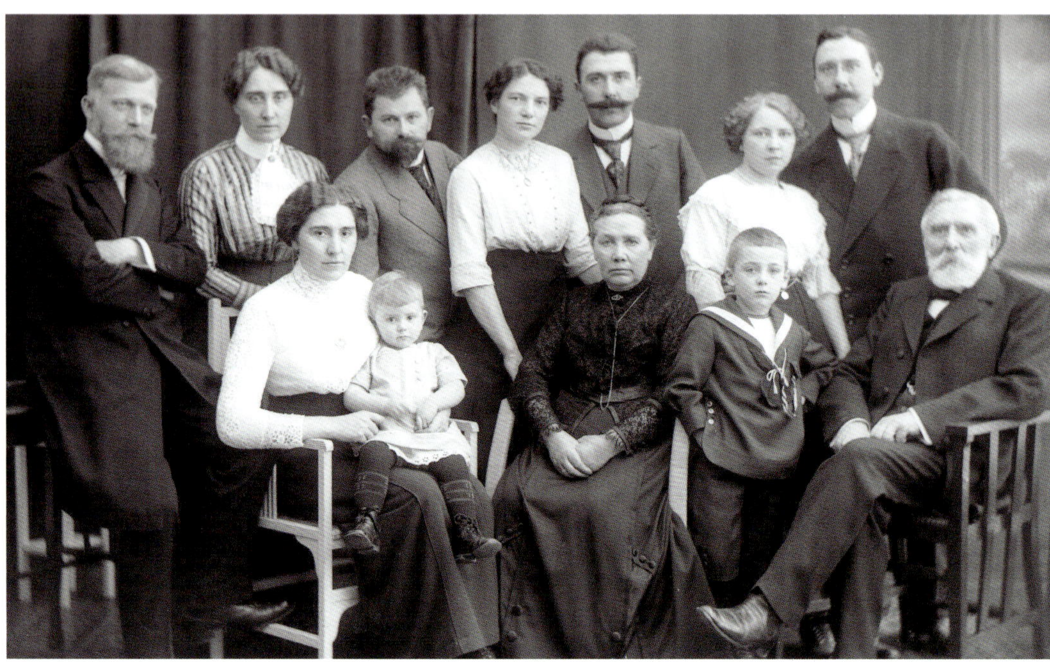

Auch Familie Weißenfeld aus Schwelm, in die Anton Lintl später eingeheiratet hat, ist sich der Bedeutung des Fototermins durchaus bewusst. Selbst die Kinder präsentieren sich gesittet wie kleine Erwachsene. Oder sind sie nur gespannt, ob und wann das berühmte Vögelchen endlich erscheint?

Eine stilsichere Dame ihrer Zeit. Luise Lintl zeigt sich modisch voll auf der Höhe der Jahrhundertwende.

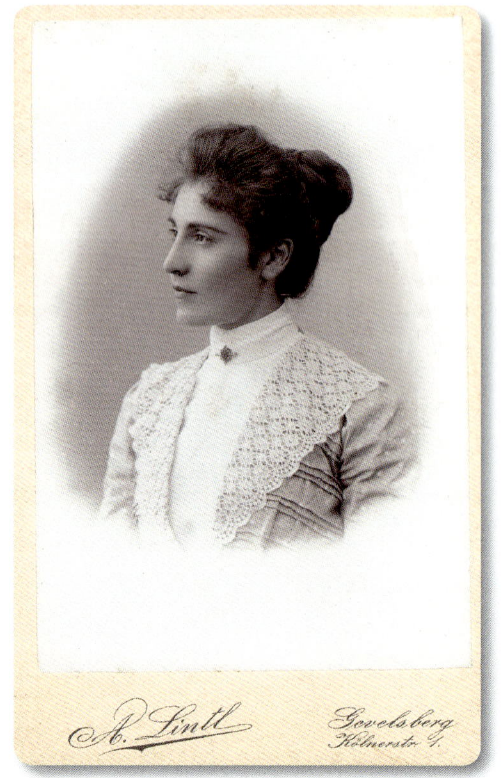

Abschied von der böhmischen Heimat

Natürlich blieb dem jungen Mann nicht verborgen, dass sich die politische Lage in Böhmen zu dieser Zeit dramatisch verschlechterte. Denn die Ausschreitungen der tschechischen Bevölkerung gegenüber den deutschen Mitbürgern nahmen zu. Die Aussichten auf ein erfolgreiches Weiterkommen im Beruf waren daher eher trübe.

So reifte der Plan, es anderswo unter besseren Bedingungen zu versuchen. Ein Inserat des Fotografen Albrecht Müller, der in Schwelm und Gevelsberg jeweils ein Atelier betrieb, gab schließlich den Ausschlag. Plötzlich ging alles ganz schnell. Anton Lintl bewarb sich um die Stelle, bekam den Zuschlag und packte die Koffer, um gen Westen ins Preußische zu reisen.

Aus den Aufzeichnungen von Ruth Lintl

„Anton Lintl wurde mit der Vertretung von Müller in Gevelsberg betraut. Er wohnte zunächst bei seinem Chef in Schwelm und wurde wohl auch dort verpflegt. Er erzählte von den Kindern, die sehr ungezogen waren. Später zog er nach Gevelsberg, wohnte im Haus Becker. Einem Gasthof, der vor dem Deutschen Haus am Nirgena existierte."

Auf zu neuen Ufern an der Ennepe

Flexibel, wie er war, fasste der gebürtige Böhme in der neuen Heimat rasch Fuß. Auch seine Arbeit hat er wohl gut gemacht, sonst hätte ihm sein Arbeitgeber sicher nicht die verantwortungsvolle Aufgabe als Stellvertreter und Leiter der Filiale in Gevelsberg übertragen.

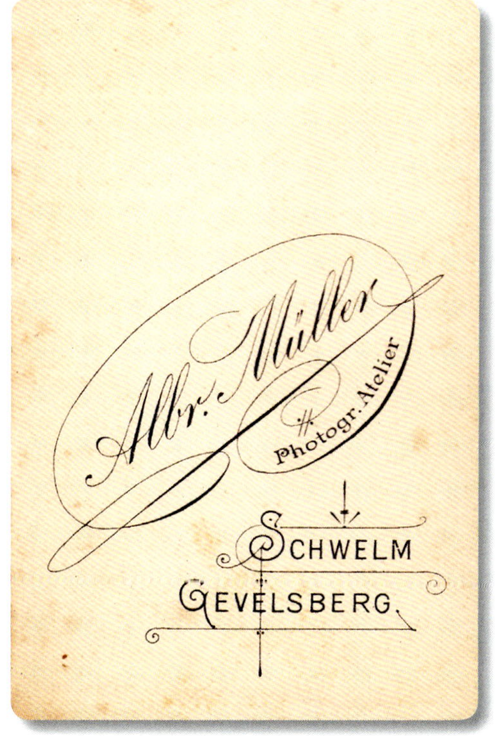

Ein gelungener Neustart. Bei Albrecht Müller in Gevelsberg fand Anton Lintl sofort eine Anstellung und kletterte schnell die Karriereleiter hinauf.

Doch Anton Lintl wollte mehr. Und wagte den Sprung ins kalte Wasser. Am 1. Mai 1901 machte er sich im Gevelsberger Atelier von Albrecht Müller selbständig. Die Jahresmiete betrug 450 Mark, nicht gerade wenig für einen ‚Start up' im Deutschen Kaiserreich um die Jahrhundertwende. Bereits ein Jahr später wurde aus dem einstigen Mieter der stolze Besitzer eines eigenen Fotostudios. Anton Lintl war endgültig angekommen.

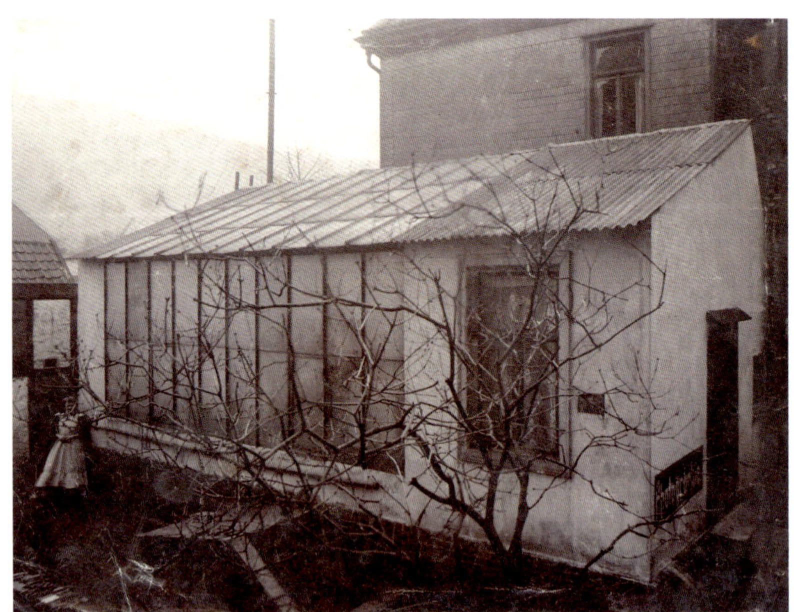

Im Fotoatelier in der Kölner Straße 1 begann die erfolgreiche Laufbahn des Neubürgers Anton Lintl.

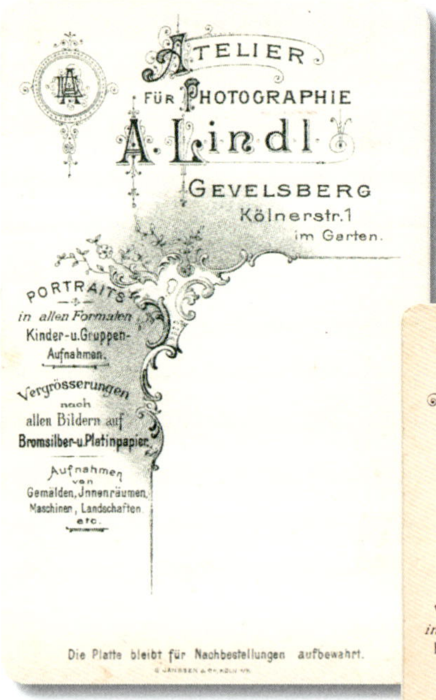

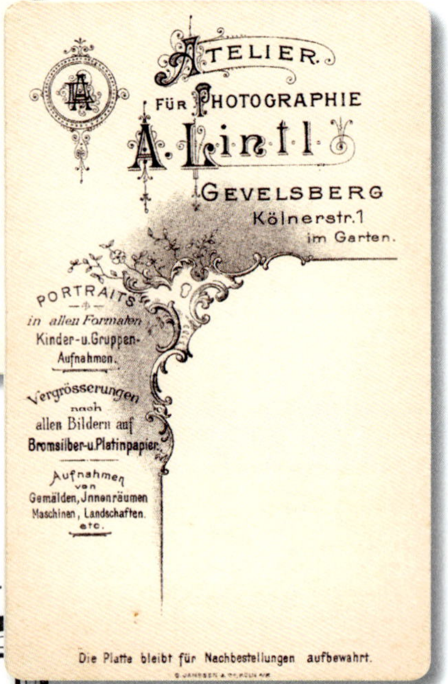

ATELIER FÜR PHOTOGRAPHIE
A. Lindl
GEVELSBERG
Kölnerstr. 1
im Garten.
PORTRAITS
in allen Formaten
Kinder- u. Gruppen-Aufnahmen.
Vergrösserungen nach allen Bildern auf Bromsilber- u. Platinpapier.
Aufnahmen von Gemälden, Innenräumen, Maschinen, Landschaften etc.
Die Platte bleibt für Nachbestellungen aufbewahrt.

ATELIER FÜR PHOTOGRAPHIE
A. Lintl
GEVELSBERG
Kölnerstr. 1
im Garten.
PORTRAITS
in allen Formaten
Kinder- u. Gruppen-Aufnahmen.
Vergrösserungen nach allen Bildern auf Bromsilber- u. Platinpapier.
Aufnahmen von Gemälden, Innenräumen, Maschinen, Landschaften etc.
Die Platte bleibt für Nachbestellungen aufbewahrt.

Durch die Unachtsamkeit eines Beamten änderte sich der ursprünglichen Familienname Lintl zeitweise in Lindl mit D. Einige Jahre später wurde wieder die ursprüngliche Schreibweise mit T übernommen.

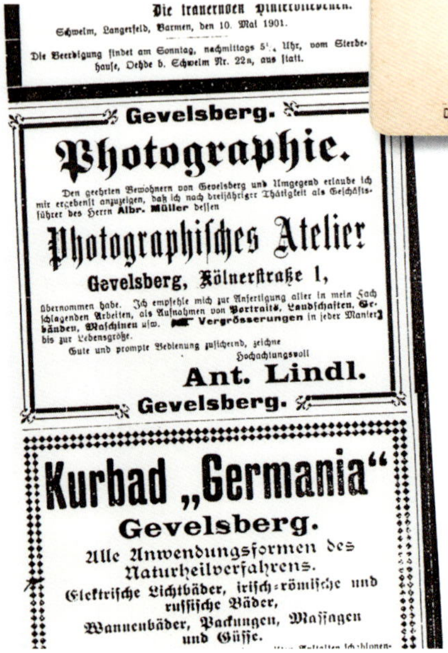

Die trauernden Hinterbliebenen.
Schwelm, Langerfeld, Barmen, den 10. Mai 1901.
Die Beerdigung findet am Sonntag, nachmittags 5¼ Uhr, vom Sterbehause, Oehde b. Schwelm Nr. 22a, aus statt.

Gevelsberg.

Photographie.

Den geehrten Bewohnern von Gevelsberg und Umgegend erlaube ich mir ergebenst anzuzeigen, daß ich nach dreijähriger Thätigkeit als Geschäftsführer des Herrn **Albr. Müller** dessen

Photographisches Atelier

Gevelsberg, Kölnerstraße 1,

übernommen habe. Ich empfehle mich zur Anfertigung aller in mein Fach schlagenden Arbeiten, als Aufnahmen von **Portraits, Landschaften, Gebäuden, Maschinen** usw. **Vergrösserungen** in jeder Manier bis zur Lebensgröße.
Gute und prompte Bedienung zusichernd, zeichne
Hochachtungsvoll
Ant. Lindl.
Gevelsberg.

Kurbad „Germania"
Gevelsberg.
Alle Anwendungsformen des Naturheilverfahrens.
Elektrische Lichtbäder, irisch-römische und russische Bäder,
Wannenbäder, Packungen, Massagen und Güsse.

Ein neuer Mann vor Ort. 1902 hatte Anton Lintl das Geschäft seines bisherigen Arbeitgebers Albrecht Müller übernommen. Dies wurde den geehrten Bewohnern von Gevelsberg über eine Anzeige in der Tagespresse bekanntgegeben.

Aus den Aufzeichnungen von Ruth Lintl

„Das Atelier befand sich im Hof des Hauses Kölner Straße 1. Ein schmaler Gang führte neben dem Haus und dem Gasthof ‚Zur Post' dorthin. In diesem Gang ist einmal die Frau eines Architekten und Bauunternehmers steckengeblieben, weil sie zu dick war. Ich habe die Frau als Kind kennengelernt. Sie war schrecklich dick und saß stets auf zwei Stühlen. So glaube ich, dass die Geschichte wahr ist."

„Aus meinem analogen Tagebuch" Günter Lintl

Von der Platte zum Film

Zu Beginn der Fotografie kamen nasse Glasplatten zum Einsatz, die unmittelbar vor der Aufnahme lichtempfindlich gemacht und im Anschluss gleich entwickelt wurden. Zum Entwickeln brauchte man eine genau temperierte Spezialflüssigkeit; der Vorgang wurde durch eine voreingestellte Uhr exakt kontrolliert. Nach dem Fixieren folgten das Wässern und Trocknen und zum Schluss die notwendigen Retuschen.
Die Arbeit in der Dunkelkammer fand unter rotem Licht statt; bei Außenaufnahmen sogar in einem eigens aufgebauten Zelt. Ein zusätzlicher Aufwand, denn natürlich musste die große schwere Kamera jederzeit mitgeschleppt werden und aufnahmebereit sein.
Später standen Trockenplatten zur Verfügung, die das Fotografieren sehr erleichterten. Als nächster Entwicklungsschritt folgte der Planfilm, später dann der Roll- und der Kleinbildfilm.

Fortschritt im Bilde

Die Fotografie zählt sicherlich zu den revolutionären Erfindungen im neunzehnten Jahrhundert. Festmachen lassen sich die wichtigen Stationen einer rasanten Entwicklung an den Namen bekannter Persönlichkeiten, die der jungen Fototechnik damals den Weg in die Zukunft bereiteten.

1826 gelang es dem Franzosen Joseph Nicéphore Niépce als erstem, ein beständiges Foto anzufertigen. Mit Belichtungszeiten von bis zu acht Stunden erwies sich das angewandte Verfahren jedoch nicht als praxisgerecht.

Hilfe kam von Louis Daguerre, 1839 konnte er nach jahrelangen Versuchen endlich den Durchbruch melden. Das von ihm entwickelte Verfahren, Fotoplatten mit Quecksilberdämpfen zu behandeln, brachte verblüffende Resultate. Die Belichtungszeiten verkürzten sich von mehreren Stunden auf fünfzehn bis vier Minuten. So konnte mit Hilfe der Daguerreotypie die Fotografie erstmals kommerziell für Portraits genutzt werden. Das Problem dabei: Diese Bilder waren Unikate.

Wenige Jahre später war auch diese Hürde genommen. William Henry Fox Talbot löste die Aufgabe mit einem Papier-Negativ-Positiv-Verfahren – der sogenannten Kalotypie. Nun hatten die Fotografen die Möglichkeit, von einem Bild mehrere Abzüge herzustellen.

Schwer, unhandlich, wenig effizient. Die Platten, die zu dieser Zeit als Träger für die lichtempfindliche Schicht eingesetzt wurden, machten den Fotografen die Arbeit nicht leicht. Ebenso erforderten die großen Kameras viel Aufwand und Muskelkraft im Gebrauch. Vor diesem Hintergrund brachte die Erfindung des Planfilms durch Hannibal Goodwin im Jahre 1887 wesentliche Vorteile. Das neue Material aus Zelluloid, das die bisherigen Glasplatten ersetzte, ließ sich zwar nicht rollen, war aber biegsam, bruchfest und vergleichsweise sehr leicht. Auch die Verwendung in Großformatkameras überzeugte durch einfaches Handling und günstige Kosten.

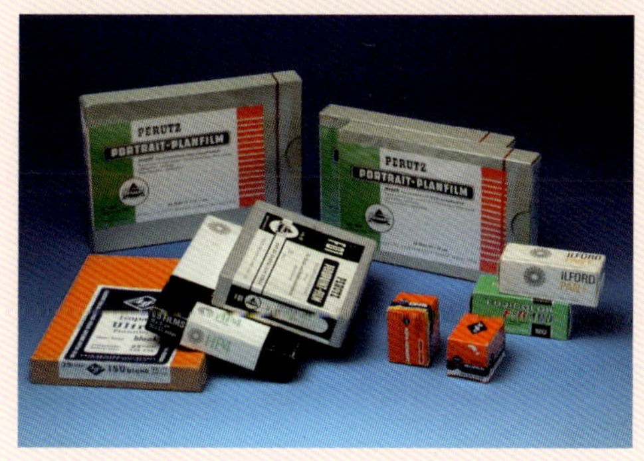

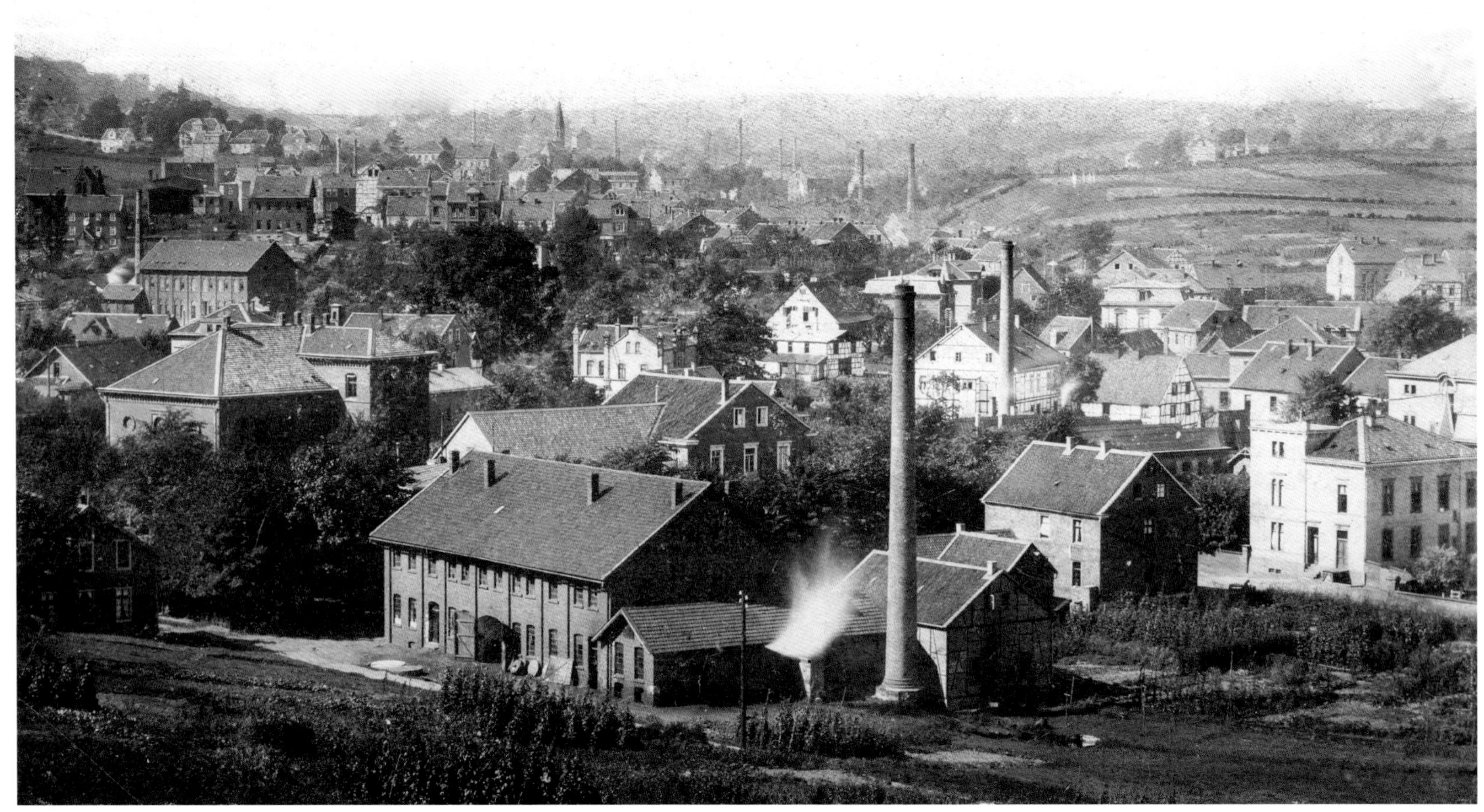

Anton Lintl traf genau zur rechten Zeit im Westfälischen ein, um vom Werden und Wachsen seiner neuen Heimatstadt zu profitieren. Gevelsberg war damals die erste und mit rund 9.200 Einwohnern wohl auch die kleinste Stadt in der preußischen Provinz Westfalen. Erst am 1. Februar 1886 hatte Kaiser Wilhelm I. der Ortschaft an der Ennepe die Stadtrechte verliehen.

Als Anton Lintl seine berufliche Karriere am neuen Arbeitsplatz startete, erlebte Gevelsberg gerade eine wirtschaftliche Hochphase. Die Industrie boomte, die Bevölkerung wuchs und die Stadt entwickelte sich prächtig, wie ein Foto aus der Jahrhundertwende zeigt.

Erfolgreich als eigener Chef

Mit dem Erwerb des Gevelsberger Ateliers von seinem ehemaligen Arbeitgeber Albrecht Müller machte der junge Fotograf im Alter von 28 Jahren einen großen Schritt nach vorn in die Unabhängigkeit. 4000 Mark musste er am 24. Juni 1902 auf den Tisch des Hauses legen, um das Studio zu kaufen. Viel Geld, aber gut angelegt.

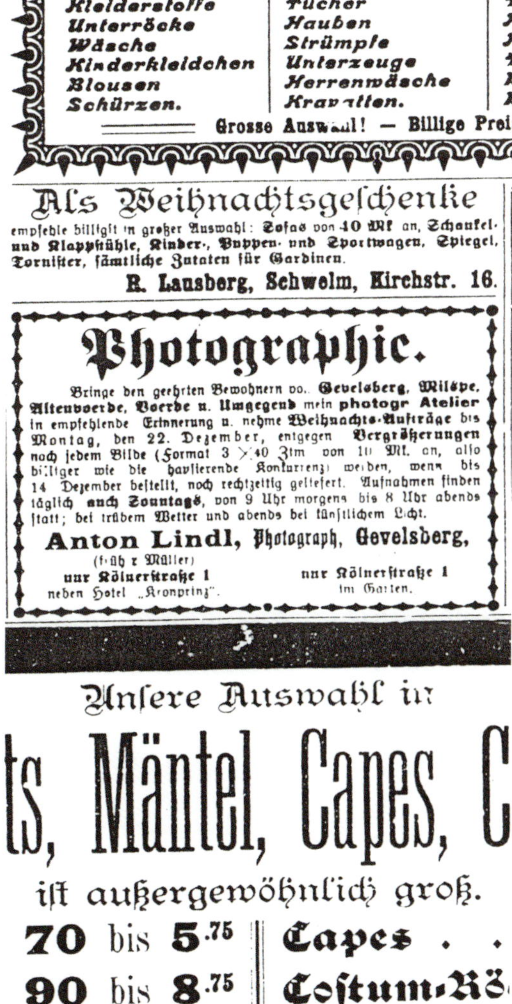

Kleiderstoffe
Unterröcke
Wäsche
Kinderkleidchen
Blousen
Schürzen.
Tücher
Hauben
Strümpfe
Unterzeuge
Herrenwäsche
Kravatten.
Grosse Auswahl! — Billige Prei

Als Weihnachtsgeschenke
empfehle billigst in großer Auswahl: Sofas von 40 Mk an, Schaukel- und Klappstühle, Kinder-, Puppen- und Sportwagen, Spiegel, Tornister, sämtliche Zutaten für Gardinen.
R. Lausberg, Schwelm, Kirchstr. 16.

Photographie.
Bringe den geehrten Bewohnern vo. Gevelsberg, Milspe, Altenvoerde, Voerde u. Umgegend mein photogr Atelier in empfehlende Erinnerung u. nehme Weihnachts-Aufträge bis Montag, den 22. Dezember, entgegen Vergrößerungen nach jedem Bilde (Format 3 × 40 Ztm von 10 Mk. an, also billiger wie die hausierende Konkurrenz) werden, wenn bis 14 Dezember bestellt, noch rechtzeitig geliefert. Aufnahmen finden täglich auch Sonntags, von 9 Uhr morgens bis 8 Uhr abends statt; bei trübem Wetter und abends bei künstlichem Licht.
Anton Lindl, Photograph, Gevelsberg,
(früher Müller)
nur Kölnerstraße 1
neben Hotel „Kronprinz".
nur Kölnerstraße 1
im Garten.

Unsere Auswahl in
ts, Mäntel, Capes, C
ist außergewöhnlich groß.
70 bis 5.75 Capes . .
90 bis 8.75 Costum-Rö

Anton Lintl als Preisbrecher. Eine gelungene Vorstellung per Inserat, die unverblümt auf einen überzeugenden Wettbewerbsvorteil abzielte.

Werbung um kaufkräftige Kunden

Nun galt es, das Geschäft in Schwung zu bringen. Das hieß konkret: Im Einzugsgebiet bekannt zu werden, neue Kunden zu akquirieren und durch Qualität, kreative Ideen und erstklassigen Service zu überzeugen. Es gab also eine Menge zu tun, um Gevelsberg, die Menschen dort und selbstverständlich auch die ansässigen Firmen für das neue Foto-Atelier zu interessieren und an Aufträge zu kommen.

Das damalige Standort-Marketing folgte allerdings erstaunlichen Regeln. So hatte Anton Lintl keinerlei Probleme, einen Preisvergleich zur Konkurrenz zu ziehen und sich als kostengünstigster Fotograf in der Stadt zu präsentieren. Doch auch der Wettbewerb kämpfte mit harten Bandagen. Zum Beispiel pflegte später Fotograf Huchel aus Gevelsberg, sich mit seiner Frau vor dem Gartenzaun der Lintls lautstark über die erfreuliche Auftragslage mit großen Fotos auszulassen. In der Hoffnung, damit den Konkurrenten zu verunsichern und bestimmt auch ein wenig zu ärgern.

Ein Ja-Wort mit Folgen

Bei der vielen Arbeit lief Anton Lintl eigentlich Gefahr, sein Gefühlsleben zu vernachlässigen. Wäre da nicht eine gewisse Luise Weißenfeld gewesen. Die Schwelmerin kam, sah und siegte, so dass am 11.11.1904 die Hochzeitsglocken läuteten. Ein Unterfangen mit Risiko, denn anders als in der heutigen liberalen Zeit hatten die Kirchen bei Eheschließungen durchaus ein gewichtiges Wort mitzureden.
Der Grund: Anton Lintl war katholisch getauft, seine Luise evangelisch. Zwischen den beiden herrschte Übereinstimmung, dass ihre Kinder im Glauben der Mutter erzogen werden sollten. Doch da hatten sie die Rechnung ohne die Kirche gemacht. Bevor Anton im ersten Weltkrieg 1914/18 an die Ostfront versetzt wurde, besuchte er einen Feldgottesdienst – mit denkwürdigem Ausgang. Bei der Beichte erfuhr der Geistliche von der Mischehe und reagierte rigide. Er forderte Anton Lintl nachdrücklich auf, Einfluss auf seine Frau zu nehmen, damit diese zum Katholizismus wechsele. Als das aufmüpfige Beichtkind dieses Ansinnen zurückwies, verweigerte ihm der Priester die Absolution. Seitdem hatte Anton Lintl an keinem katholischen Gottesdienst mehr teilgenommen.

Mischehe hin oder her. Das Leben der jungen Leute verlief erfolgreich nach Plan. In den ersten Ehejahren wohnten die beiden in der Brüderstraße 9 im Haus des Holzhändlers Homberger. 1904 erhielt Anton Lintl die Preußische Staatangehörigkeit.

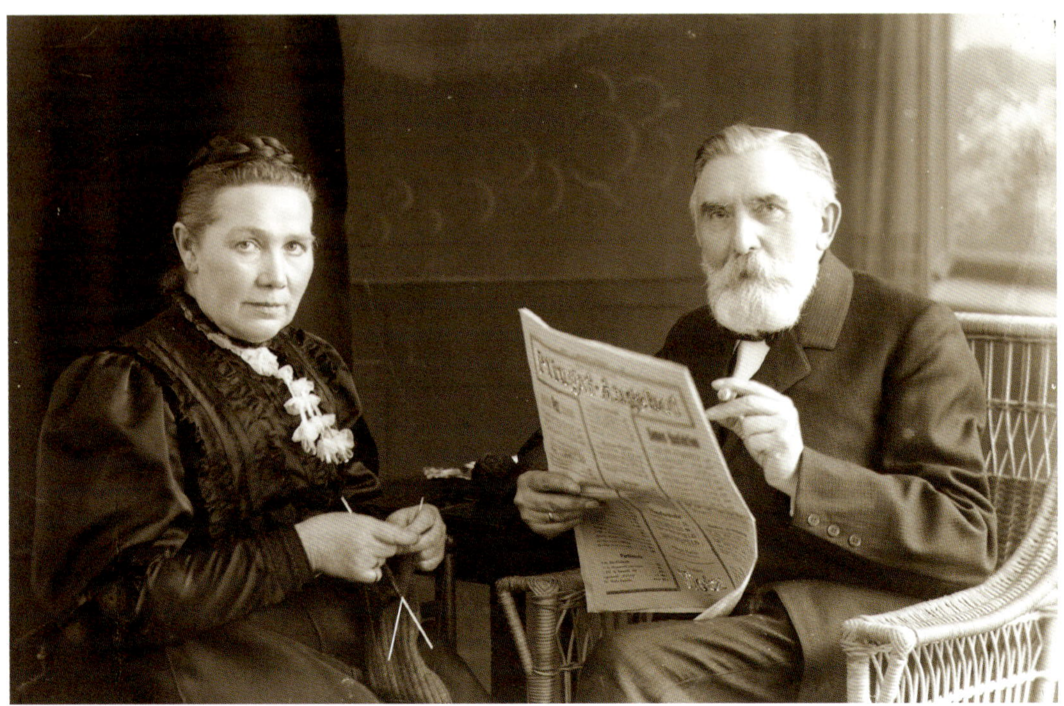

Protestantisch, konservativ, gut bürgerlich. Die Eltern von Luise Weißenfeld waren fest in der Tradition verankert. Vater Carl Weißenfeld erlangte 1902 eine gewisse lokale Bekanntheit, als seine Festschrift „Erinnerungen und Erlebnisse aus meinem Soldatenleben" erschien.

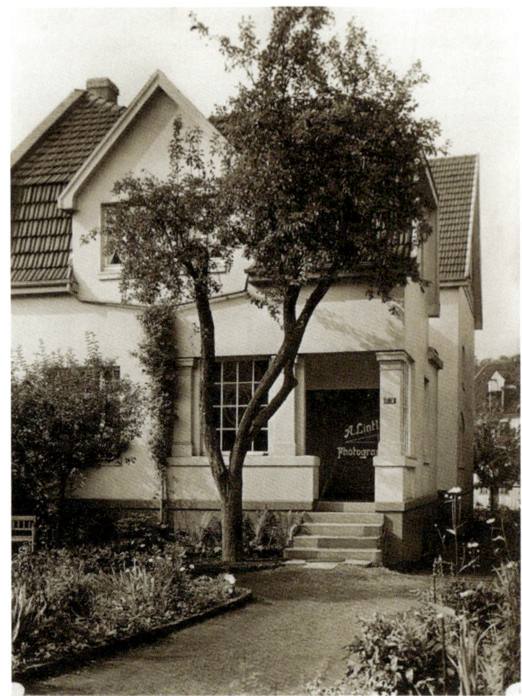

Ein neues Domizil für die Familie, nach den Plänen der Architekten Nau erbaut. Das Haus in der Kölner Straße 6a in Gevelsberg steht noch heute dort.

Gut belichtet unterm Glasdach

Mittlerweile lief auch das Foto-Atelier so gut, dass Anton Lintl zu einem neuen Abenteuer startete. 1909 begann er mit dem Bau eines eigenen Hauses in der Kölner Straße 6a, wo er ein Grundstück für 20 Goldmark pro Quadratmeter erworben hatte. Noch war das Umfeld bis zur Mittelstraße unbebaut. Trotzdem erwies sich die Investition als richtig, denn es dauerte nicht lange, bis hier ein pulsierendes Quartier entstand mit vielen potentiellen Kunden.

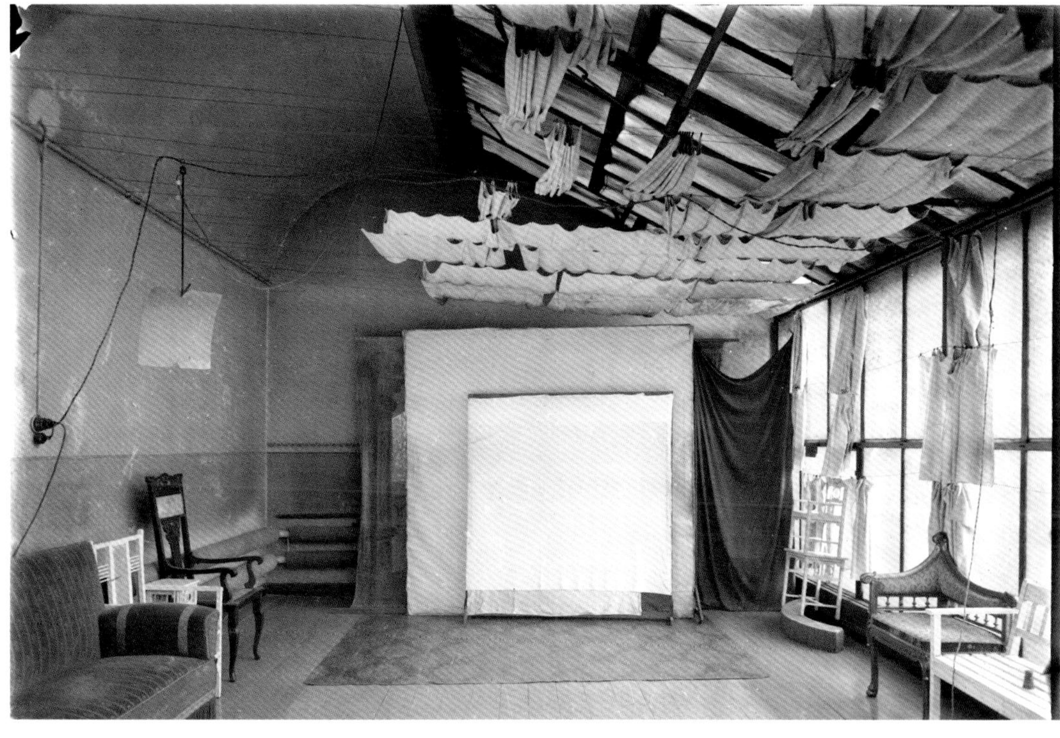

Alles gut durchdacht vom Profifotografen Lintl. Sorgfältig drapierte Vorhänge für das gewünschte Lichtszenario. Eine weiße Leinwand und gemalte Hintergründe für verschiedene Bildmotive. Unterschiedliche Sitzmöbel nach Kundengeschmack. So präsentierte sich das neue Tageslicht-Studio in der Kölner Straße 6a zu Beginn der Zwanziger Jahre.

Aus den Aufzeichnungen von Ruth Lintl

„Anton Lintl betraute die Architekten Nau mit Planung und Bau des Hauses. Die beiden Brüder entwarfen und bauten in ihrer typischen Bauweise mit Ecken, Winkeln und einer verzwickten Dachkonstruktion nicht gerade ein praktisches Gebäude. Die Familie von Luise Lintl – Eltern und Brüder gab Darlehen. Sie muss viel Zutrauen zu Opas Fleiß und Können gehabt haben. Und sie wurde nicht enttäuscht. Pünktlich zahlte Opa die Darlehen zurück.“

Fast noch wichtiger als der zu erwartende Umsatzzuwachs war für Anton Lintl jedoch die Tatsache, dass sein künftiges Studio ideale Voraussetzungen für die Atelierarbeit mitbrachte. Wegen des optimalen Lichteinfalls nach Norden ausgerichtet, bot das Atelier mit Dach und Wand aus Glas zusätzlich den Vorteil, Aufnahmen möglichst bei Tageslicht machen zu können.

Das Lintl-Haus in der Kölner Straße steht übrigens noch heute.

Hintergründiges im Blickfeld

Zu Beginn des 20. Jahrhunderts nutzten die Fotografen nach wie vor die Stilmittel der klassischen Portrait-Malerei, um Menschen eindrucksvoll ins Bild zu setzen. Denn zu dieser Zeit waren beide Metiers noch eng miteinander verbunden, so dass häufig eine kreative Wechselbeziehung entstand. Zahlreiche Maler entdeckten damals die neue Technik und griffen selbst zur Kamera, um zusätzlich Geld zu verdienen. Es gab aber auch Fotografen, die Malern auf Wunsch fotografierte Motive als Vorlagen zur Verfügung stellten.

Um diesen Fotos mehr Tiefe zu verleihen, spielten künstlerisch gearbeitete Hintergründe eine wichtige Rolle. Rutschfest auf einen stabilen Lattenrahmen gespannt, ermöglichten sie dem Betrachter einen Blick in die Ferne und brachten zusätzlich etwas optische Spannung ins Szenario.

Im Atelier von Anton Lintl wurde ebenfalls mit der Bildsprache der Zeit gearbeitet. Auf frühen Fotos ist gut zu erkennen, wie sorgfältig die Kulisse für eine Portrait- oder Gruppen-Aufnahme arrangiert wurde. Als Hintergrund diente grobes, festes Leinen im Format 3,50 x 3 Meter. Nach dem Grundieren der Leinwand wurde das gewünschte Motiv per Hand aufgemalt. Zumeist in Grautönen, dunkel gehalten, damit sich die zu fotografierenden Personen später im Schwarz/Weiß-Bild klar vom Hintergrund abhoben.

Zusätzlich zum malerischen Hintergrund kamen für die Aufnahmen im Geschmack der Zeit dekorative Accessoires wie Podest, Blumen und Säulen zum Einsatz. Auch bei Lintls standen Sessel, Stühle und Tische bereit. Nicht nur, um das Ambiente auf der geplanten Fotografie aufzuwerten, sondern vornehmlich darum, den betreffenden Kandidaten während der langen Belichtungszeiten Halt zu geben.

Bis heute haben sich drei Original-Hintergründe aus den Anfängen von Anton Lintl erhalten. Auf der Rückseite sind sogar noch die beiden Hersteller vermerkt: Zum einen das Atelier Pfister & Meier aus Richterweil/Zürich. Zum anderen der Maler L. Massmann aus Frankfurt am Main.

Übrigens erwiesen sich die historischen Hintergründe als außerordentlich robust. Aufgerollt haben sie sogar ein Hochwasser im Keller des Ateliers unbeschadet überstanden.

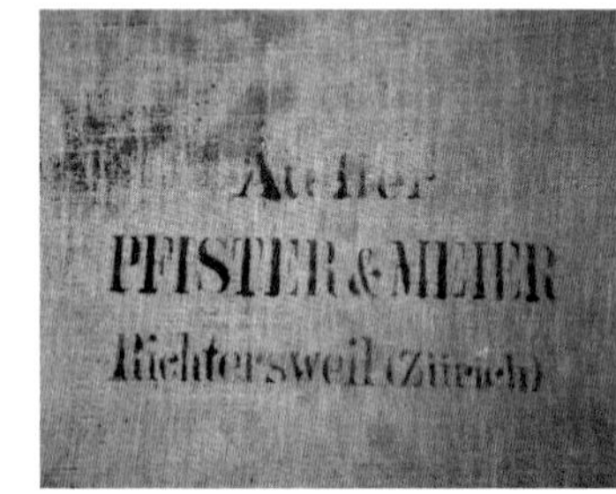

Auf der Rückseite der Hintergrundleinwand ist ein Stempel des Maler-Ateliers aufgebracht.

Hintergründiges aus vergangenen Zeiten.

Aus den Anfängen des Fotostudios Anton Lintl sind drei historische Hintergrundleinwände erhalten geblieben, die beliebte Motive wie Kamin-Interieur, Blumenfenster oder dekorative Ornamentik zeigen.

Glückwunsch: Es ist ein Junge!

Kaum war der Hausbau geschafft, kündigte sich ein neues Familienereignis an.
Am 15. Mai 1912 bekamen Anton und Luise Lintl einen Sohn, den sie Hans Günter nannten. Die Geburt des Babys fiel in eine Zeit der Ruhe vor dem Sturm, der zwei Jahre später vom machthungrigen Kaiser und willfährigen Politkern ausgelöst werden sollte. Zuvor gab es aber in der jungen Familie etwas zu feiern: 1913 wurde Anton Lintl in die Meisterrolle der Handwerkskammer Dortmund eingetragen. Eine bedeutende, aber auch verdiente Anerkennung für seine außerordentlichen Leistungen in der Profi-Fotografie.

1914 verdunkelte sich der Himmel über Deutschland; der Erste Weltkrieg nahm seinen Anfang. Anton Lintl wurde Soldat und hatte Glück. Denn er kam zu einer Vermessungseinheit, die in ihrer Lichtdruckerei Pläne und Karten vervielfältigte. Eine Aufgabe, die Anton Lintl bald schon routiniert erledigte. Vom tödlichen Geschützdonner verschont, kehrte er nach Kriegsende wohlbehalten zu seiner Familie zurück und kümmerte sich von da an verstärkt um gesellschaftliche Reputation. Denn er wusste genau: Die richtigen Kontakte zur richtigen Zeit mit den richtigen Personen würden seinem Geschäft weiteren Zulauf bringen.

Also trat Anton Lintl in zahlreiche Gevelsberger Vereine ein. Er war Mitglied im katholischen Männergesangsverein, im Schützenverein, bei der Feuerwehr sowie im Turnverein. Hier fühlte sich der engagierte Sportler ganz in seinem Element.

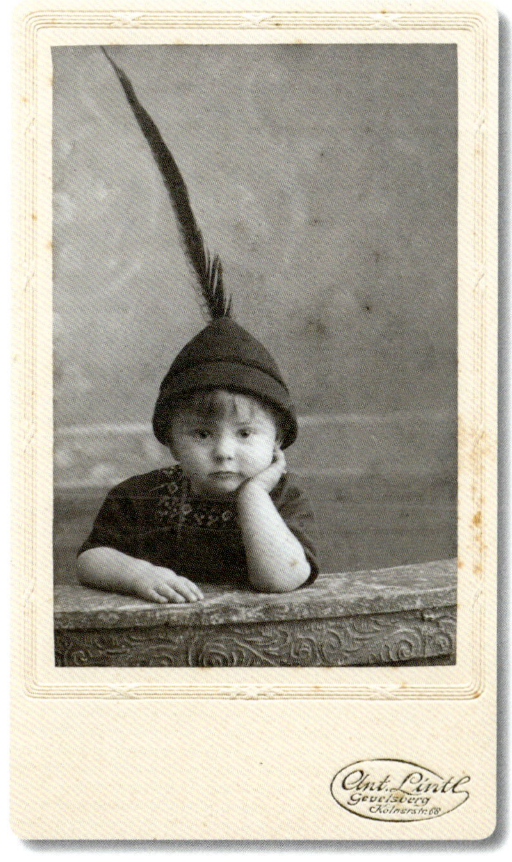

Wer später einmal ein richtiger Fotograf werden will, versteht es schon im Kindesalter, fotogen zu posieren. Der kleine Hans Günter zeigt, wie's geht.

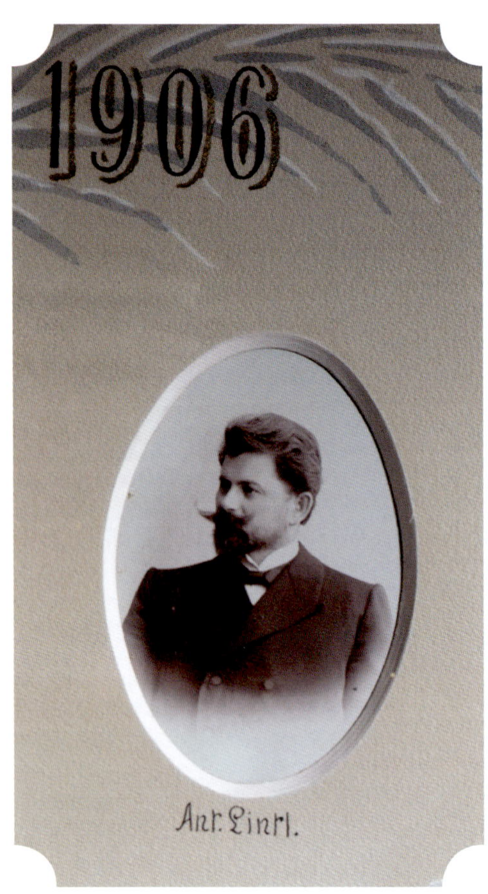

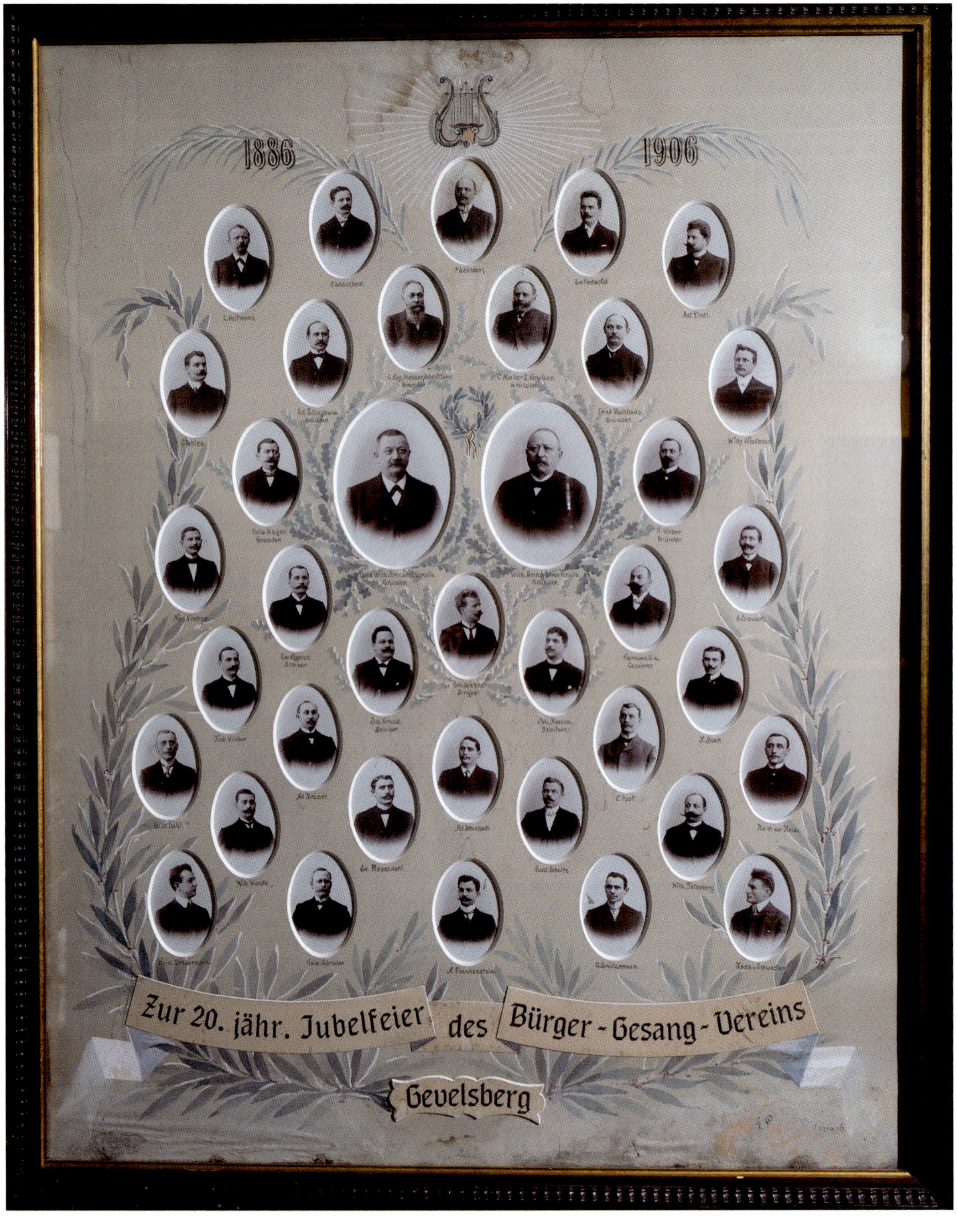

Drum singe, wem Gesang gegeben.
Zum 20. Jahrestag des Bürger-Gesang-Vereins Gevelsberg hatte Anton Lintl die ehrenwerten Mitglieder im Foto verewigt.

Elf Billionen Mark für ein einziges Foto

Der Krieg war zwar zu Ende, doch das Elend ging weiter. Denn die Weimarer Republik führte geradewegs in die Krise. Die Hyperinflation hatte Deutschland damals fest im Würgegriff.

Ein Blick in Anton Lintls Aufnahmebuch aus dem Jahr 1923 verschafft einen Eindruck davon, wie ruinös der Wertverfall des Geldes tatsächlich war. Am 29. November des Jahres wurden einer Familie Weinrich für ein Foto unfassbare elf Billionen Mark in Rechnung gestellt – und vom Kunden auch bezahlt. Für die damaligen Hausfrauen wie Luise Lintl lediglich ein Tropfen auf den heißen Stein. Ein Kilo Roggenbrot kostete 233 Milliarden Mark, für ein Kilo Rindfleisch mussten astronomische 4,8 Billionen berappt werden, für einen Fahrschein mit der Straßenbahn kassierte der Schaffner 150 Milliarden Mark.

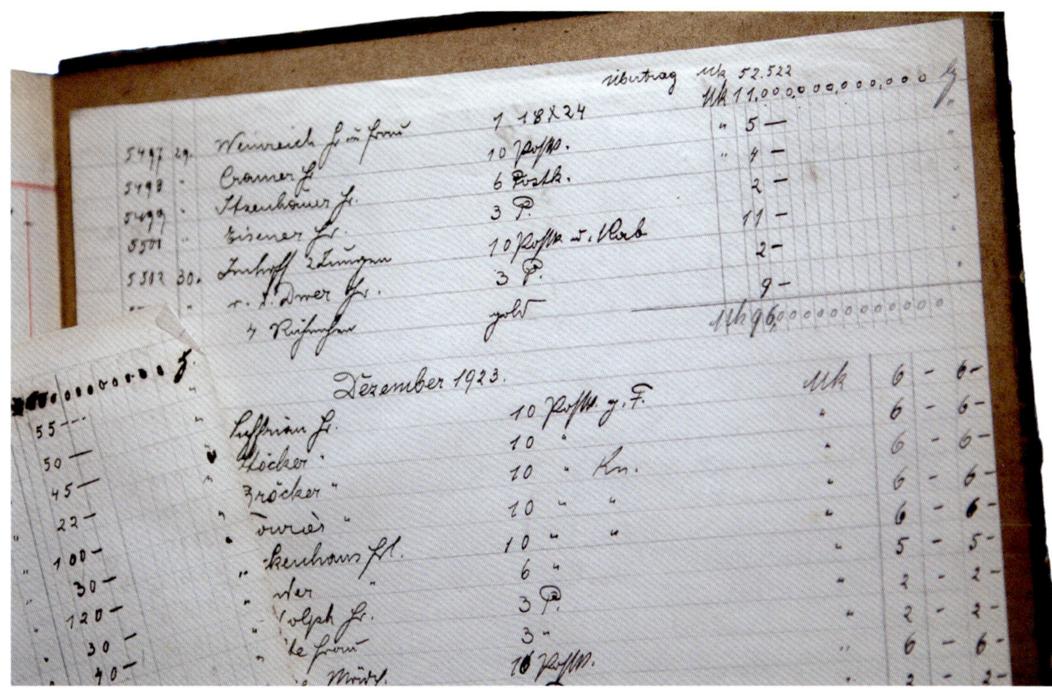

Auf dem Höhepunkt der Hyperinflation im Jahre 1923 kostete ein Foto unfassbare elf Billionen Mark, wie ein Auszug aus Anton Lintls Aufnahmebuch belegt. Erst mit Einführung der Rentenmark im Dezember desselben Jahres konnte der enorme Wertverlust des Geldes gestoppt werden

Firmen karrten die Banknoten mit Lastwagen heran, um ihren Mitarbeitern täglich den Lohn auszahlen zu können. In Wäschekörben trugen die Menschen die nahezu wertlosen Scheine schnellstens in die Läden, denn bereits wenige Stunden nach dem Erhalt der Lohntüte hatte sich ihr Wert oft schon halbiert.

Als der US-Dollar schließlich einen Höchststand von 4,2 Billionen Mark erreicht hatte, zog die Politik die Reißleine und machte den Weg frei für eine neue Währung. Mit der wirtschaftlichen Lage normalisierte sich auch das Leben der Familie Lintl. Jedoch nicht für lange Zeit. Der Zweite Weltkrieg zerstörte viele Träume und Hoffnungen. Doch Anton Lintl und seine Lieben hatten Glück. Haus und Atelier wurden von den Bomben verschont, nur durch eine Luftmine auf dem Nachbargrundstück wurde das Glasdach des Ateliers zerstört. Sohn Hans Günter kam unversehrt zurück. Und Anton Lintl konnte sich nach einem ausgefüllten Arbeitsleben endlich auf den Ruhestand freuen. Tat er aber nicht.

Noch längst kein altes Eisen

„Was, Sie leben noch?“ Wenn Anton Lintl in den sechziger Jahren durch seine Stadt spazierte, hörte er diese Frage gar nicht so selten. Denn zahlreiche Gevelsberger erinnerten sich noch gut an den alten Herrn mit dem sorgsam gepflegten Spitzbart. Kein Wunder. Hatte er doch während seiner langjährigen Tätigkeit so manche Familie wie ein guter Freund mit seiner Kamera begleitet, hatte Kinder aufwachsen sehen und deren Söhne, Töchter und Enkel ebenfalls im Bild festgehalten. Für viele, die ihn kannten, war Anton Lintl längst eine der großen Persönlichkeiten geworden, die einfach dazugehörten. Die Frage hatte demnach ihre Berechtigung. Ja, Anton Lintl lebte noch. Hochbetagt, aber bei guter Gesundheit. Immerhin rückte der neunzigsten Geburtstag näher. Für den stadtbekannten Fotografen natürlich überhaupt kein Grund, nun geruhsam zu Hause zu bleiben.

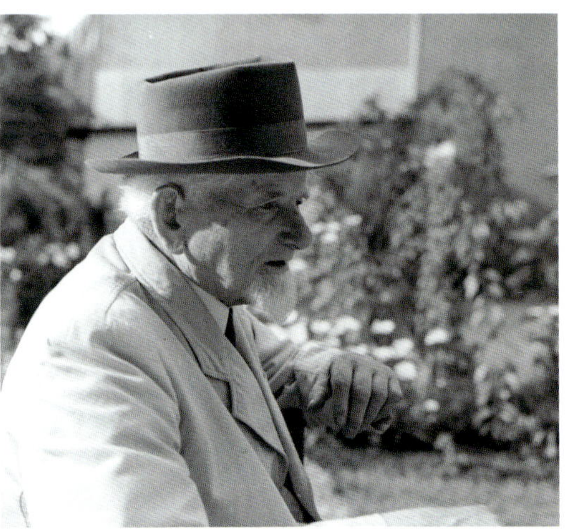

Nach und nach musste auch die Familie einsehen, dass man diesen ‚Workaholic‘ der Fotografie nicht so einfach zum Nichtstun überreden konnte. Sehr zum Unmut von Sohn Hans Günter, dem diese Beharrlichkeit deutlich auf die Nerven fiel.

Denn Anton Lintl hatte Schwierigkeiten, zu delegieren und loszulassen. So gab er sein Atelier erst im hohen Alter an den Filius Hans Günter weiter. Was aber keineswegs bedeutete, dass dieser nun frei schalten und walten konnte. Vater Anton ließ es sich nicht nehmen, darauf zu achten, dass die Menschen vor der Kamera gut posierten, und möglichst bei den gesamten Aufnahmen Regie zu führen.

Anton Lintl starb 1970 im gesegneten Alter von 96 Jahren

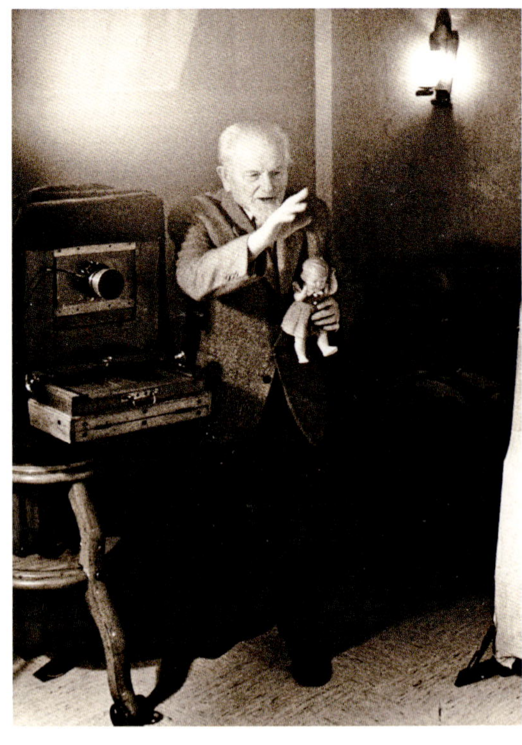

Dank bester Gesundheit unermüdlich im Einsatz. Anton Lintl bespasste die Kinder während der Fotoaufnahmen. Auch im fortgeschrittenen Rentenalter dachte Anton Lintl nicht daran, sich zur Ruhe zu setzen. Getreu dem Motto ‚Einmal Fotograf, immer Fotograf‘.

„Aus meinem analogen Tagebuch“ Günter Lintl

Noch einmal gut gegangen

Während Gruppen draußen bei Tageslicht fotografiert werden konnten, gestalteten sich Innenaufnahmen deutlich aufwendiger. Ich habe es noch selbst vielfach erlebt, dass drei Lintls an der Ausführung einer solchen Aufnahme beteiligt waren. Anton Lintl übernahm es, die Gruppe zu positionieren. Hans Günter Lintl stellte die Kamera auf und mir fiel die Aufgabe zu, das Blitzpulver in einer bestimmten Grammzahl auf die Blitz-Pistole zu füllen.

War alles gerichtet, hieß es ‚Start frei‘. Der Kameraverschluss wurde geöffnet, die Blitz-Pistole gezündet. Anschließend durfte man auf keinen Fall nach oben schauen, da noch eine Zeitlang glühende Blitzpulver-Asche herunterfiel.
Einmal explodierte eine zu große Ladung und holte beachtliche Teile von der Decke. Wir sind damals mit dem Schrecken davongekommen – aber was hätte alles passieren können!

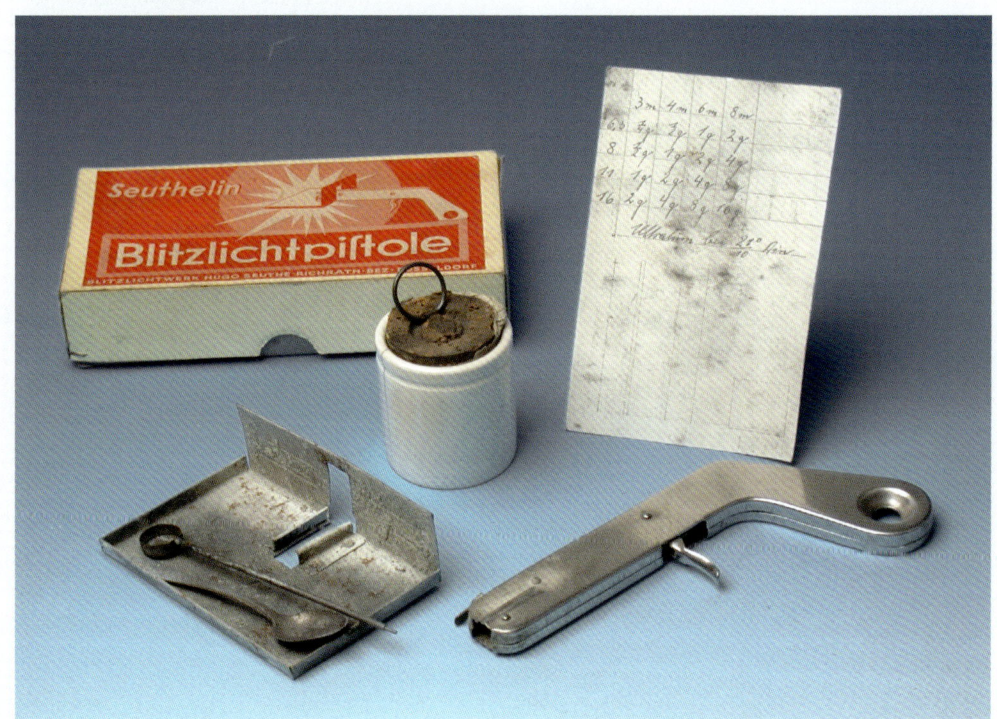

Fortschritt im Bilde

1925 kam weltweit die erste Kleinbildkamera der Marke Leica auf den Markt, konzipiert von Oskar Barnack. Der kompakte Apparat war mit einem Objektiv von 50 Millimetern Brennweite ausgerüstet und bedeutete gegenüber den herkömmlichen großen Boxkameras einen erheblichen Fortschritt. Denn er versetzte die Fotografen in die Lage, Aufnahmen auf einem Kleinbildfilm von 35 mm anzufertigen.

Die Welt der Fotografie wird bunt. 1936 präsentierten Kodak und Agfa die ersten Mehrschichtenfilme für eine Entwicklung in Farbe. Ein Quantensprung in der Fototechnik, denn ab sofort ließen sich die Motive wirklichkeitsgetreu ablichten.

Zeitgleich wurde die erste Sofortbildkamera erfunden, wobei das Schnellentwicklungsverfahren die Profis in Begeisterung versetzte. Die Polaroid-Kamera, die Edwin H. Land 1948 der Öffentlichkeit präsentierte, liefert bereits kurz nach der Aufnahme ein fertig entwickeltes Foto.

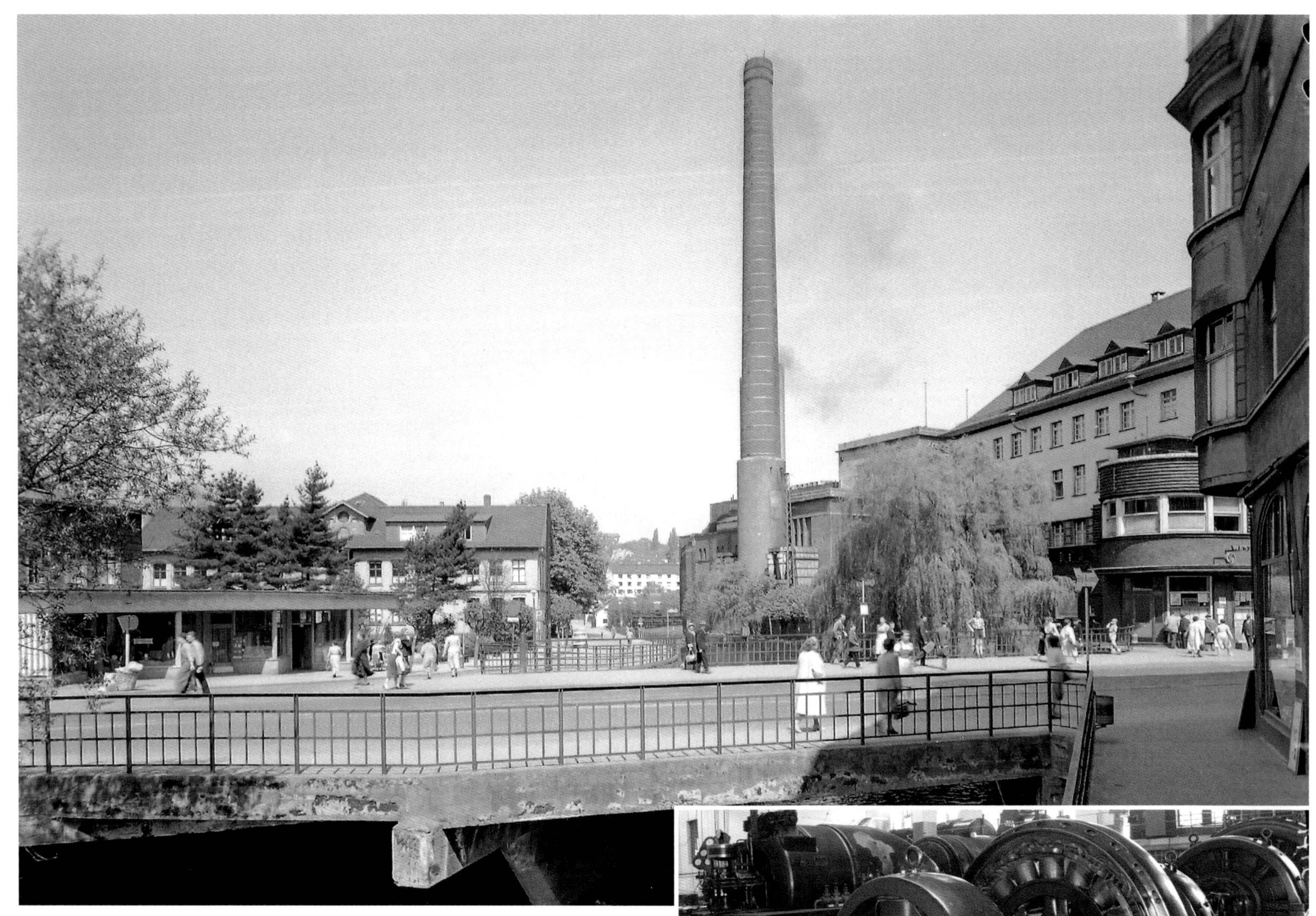

Als eine der wenigen Kommunen in Deutschland besaß Gevelsberg bereits 1890 ein eigenes Kraftwerk. Wie es sich für einen Pionier des Fortschritts gehörte, wurde zu dieser Zeit auch die Entscheidung getroffen, sich von den bisherigen Gaslaternen zu verabschieden und die Straßenbeleuchtung zu elektrifizieren. Beinah hätte Gevelsberg mit dieser innovativen Investition einen Geschwindigkeitsrekord aufgestellt – leider war Berlin schneller. Dies tat dem wirtschaftlichen Aufschwung der Stadt jedoch keinen Abbruch. In Gevelsberg standen alle Zeichen auf Vorwärts.

Die zweite Generation im Einsatz

Eines steht fest: Über Langeweile im Leben konnte sich Hans Günter Lintl nicht beklagen. Weder beruflich noch privat. Schaut man auf den gradlinigen Kurs seines Vaters zurück, so führte die Vita des Sohnes dagegen streckenweise in ungeahnte Höhen, unterirdische Tiefen und sogar in unbekannte Welten.

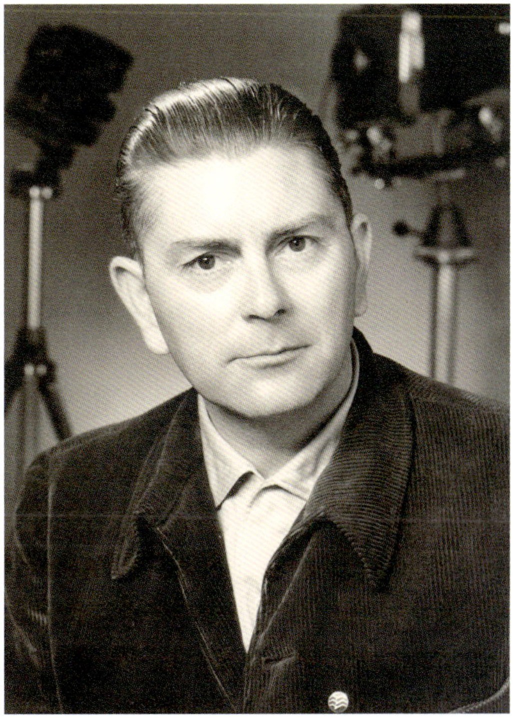

Abenteuer im versteinerten Riff

Schon in Kindertagen ging der Junge lieber allein auf Entdeckungstour als mit seinen Altersgenossen zu spielen. Es war ja auch viel spannender, in der unweit gelegenen Kluterthöhle herumzustromern. Für den kleinen Höhlenforscher ein Abenteuerspielplatz der außergewöhnlichen Art.

Die Leidenschaft, Neuland zu entdecken, hat Günter Lintl übrigens von seinem Vater geerbt: „Auch ich erkundete diese und andere Höhlen mit Begeisterung. Wenn die Höhlenforschung damals meine einzige Freizeitbeschäftigung gewesen wäre – wer weiß, was daraus noch hätte werden können.“

Über die klassische Laufbahn zum erfolgreichen Fotografen. Hans Günter Lintl hat seine berufliche Karriere sorgfältig geplant.

Erfolg im Beruf – Liebe inbegriffen

Was aus Hans Günter Lintl werden sollte, war jedoch bereits frühzeitig klar und beschlossen: Natürlich Fotograf wie sein Vater Anton. Folgerichtig begann die berufliche Laufbahn des Juniors in den altbekannten Gleisen. Vier Jahre Ausbildung im väterlichen Atelier, danach die obligatorischen Wanderjahre quer durch Deutschland, die Hans Günter in verschiedene Fotostudios führten; unter anderem zu Foto Blesius in Göttingen und dem Fotoatelier Schäfer in Elberfeld.

Mit dem Meisterbrief in der Tasche, den er 1936 in Berlin erworben hatte, kehrte der 24-Jährige in seine Heimatstadt zurück. Hier arbeitete er zusammen mit seinem Vater im Atelier und fand dazu noch Zeit, sich in die Tochter des Küsters Heinrich Brinck zu verlieben, der für die Gemeinde der Erlöserkirche in Gevelsberg tätig war. 1939 führte Hans Günter Lintl seine Braut zum Traualtar; ein Jahr später kam der älteste Sohn Günter zur Welt. Aber die junge Frau gab sich keineswegs mit dem Dasein als Nur-Hausfrau und Mutter zufrieden. Wann immer es möglich war, begleitete sie ihren Mann auf seinen Fahrten. Und zwar unter abenteuerlichen Bedingungen.

Familie Lintl im Aufwind

Aus den Aufzeichnungen von Ruth Lintl

„Zu Außenaufnahmen in Firmen fuhren Anton und Hans Günter mit allerlei Gepäck beladen mit der Straßenbahn bzw. mit dem Autobus. Später kam ich dann mit. Wir fuhren mit dem Motorrad. Hans Günter auf dem Fahrersitz, das große Stativ im Futteral umgehängt. Ich auf dem Sozius, den Alukoffer auf den Knien und ein oder zwei Lampen in der Hand. Das war bestimmt vorschriftswidrig, aber wir haben es getan."

Kennengelernt hatte Hans Günter Lintl seine spätere Frau an einem Ort, der Mitte der dreißiger Jahre für viele Gevelsberger noch als ziemlich exotisch galt. Und zwar auf einem Acker bei Gut Steinhausen/Grundschöttel, wo eine Luftsportgruppe mit Segelflugzeugen das einfache Starten mit Hilfe von Gummiseilen trainierte. Mit von der Partie war ebenfalls Ruths Bruder. Es verwundert daher nicht, dass auch das Mädchen trotz elterlichen Verbots heimlich den provisorischen Flugplatz besuchte und dort die Bekanntschaft mit Hans Günter Lintl machte.

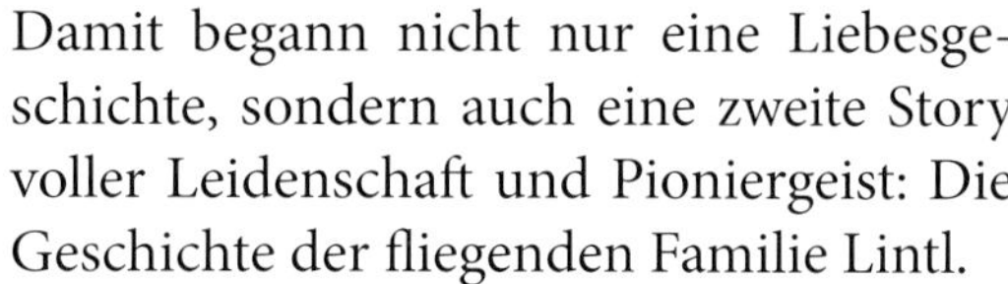
Damit begann nicht nur eine Liebesgeschichte, sondern auch eine zweite Story voller Leidenschaft und Pioniergeist: Die Geschichte der fliegenden Familie Lintl.

Günter Lintl mit den historischen Einzelheiten: „1953 wurde der Gevelsberger Luftsportverein LSV Möwe gegründet, in dem meine Eltern von Anfang stark engagiert waren. Zunächst bauten die Mitglieder Flugzeugmodelle für Flugwettbewerbe; später kam ein selbst gebautes Segelflugzeug, der sogenannten Schulgleiter SG 38, hinzu. Als immer mehr segelflugbegeisterte Menschen in den Verein eintraten, konnte man sich ein eigenes Segelflugzeug anschaffen, zum Hagener Aero Club wechseln und unterhalb der Hohensyburg auf einer Wiese neben der Ruhr fliegen, die dank guten Aufwinds ausgezeichnete Bedingungen für unser Hobby bot. Klar, dass unsere gesamte Familie den Sonntag auf dem Segelflugplatz verbrachte. Ebenso klar ist, dass meine Mutter, meine Geschwister und ich selbstverständlich auch Segelflieger geworden sind."

Während der aktiven Flugzeit sind hunderte attraktive Fotos entstanden – vom Boden aus und natürlich aus der Luft, vorzugsweise bei Flügen über das Ruhrtal.

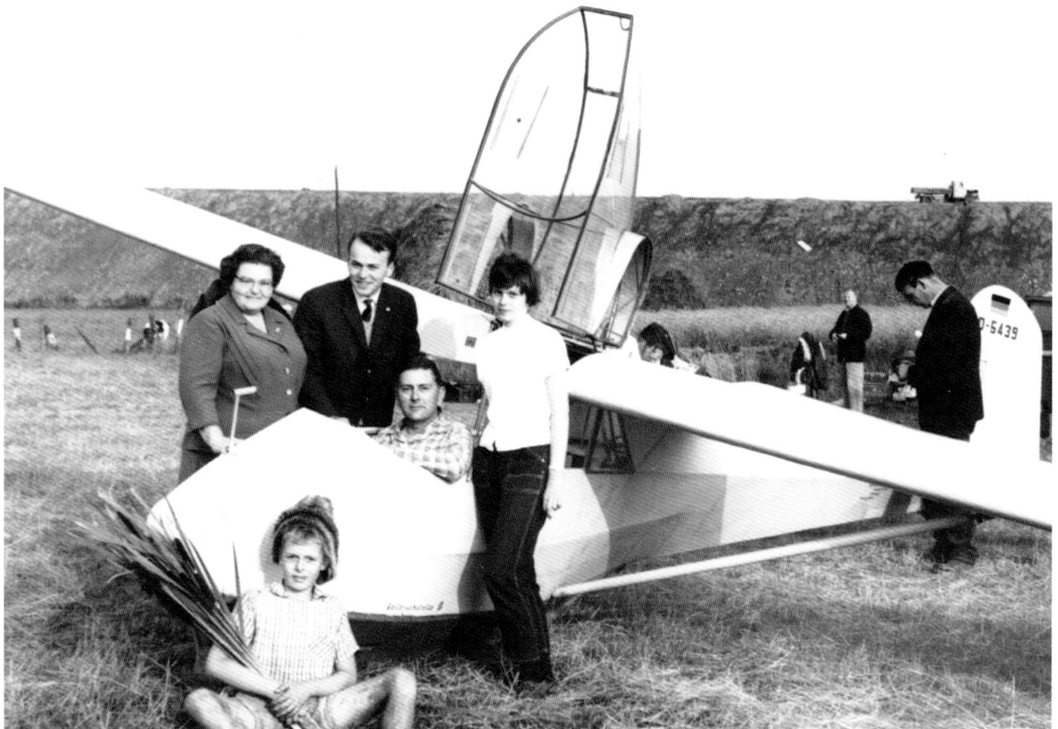

Ready for take off.
Familie Lintl ist startklar zum Segelflug.

Gute Fotos sind stets gefragt

Nach diesem Exkurs in luftige Höhen kehren wir zurück nach Gevelsberg zu Hans Günter Lintl und seinem bewegten Leben.

Nach kurzer Gefangenschaft bei den Amerikanern auf den berüchtigten Rheinwiesen kehrte Hans Günter bereits 1945 unbeschadet nach Hause zurück. Jedoch erwartete ihn dort kein Zuckerschlecken, denn das Geld zum Leben war nicht leicht verdient. Auch wenn Fotografen sogar in der harten Nachkriegszeit gefragt waren. Ob Hochzeiten, Familienfeste, Portraits von Alt und Jung: Alles, was den Menschen lieb und wichtig war, sollte im Foto festgehalten werden.

Vor der Selfie-Zeit. Wer ein ansprechendes Portrait haben wollte, ging früher selbstverständlich in ein professionelles Fotostudio.

Hans Günter Lintl, ganz der Qualität und Sorgfalt des traditionellen Handwerks verschrieben, legte dabei großen Wert auf genaues, reproduzierbares Arbeiten. Die Schwarz-Weiß-Fotos aus seiner Hand waren stets brillant und scharf; notwendige Retuschen in Negativ und Positiv wurden zurückhaltend mit einer feinen Bleistiftmine ausgeführt. Anders als bei etlichen Mitbewerbern, deren Portraitaufnahmen unnatürlich glatte Gesichter zeigten, die an Porzellanpuppen erinnerten. Sohn Günter ist sich sicher, auch heute noch zu erkennen, ob es sich bei einem Bild um ein Lintl-Foto handelt oder nicht.

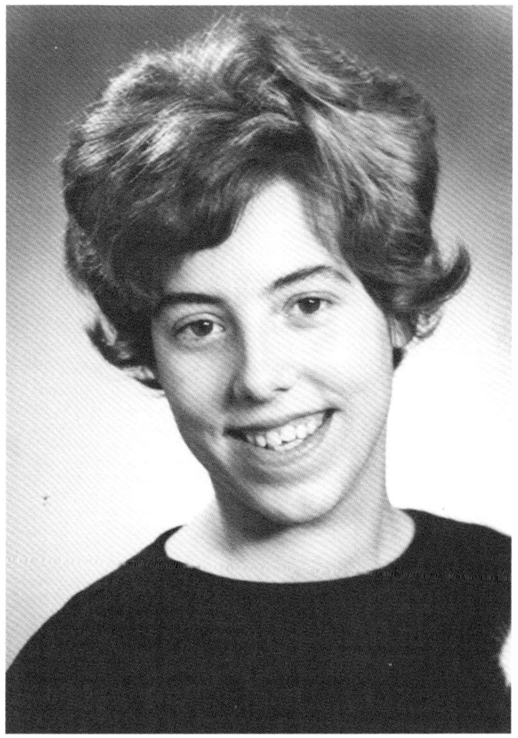

Auch für Hochzeitspaare war das Fotostudio Lintl eine bevorzugte Anlaufstelle, um den wichtigsten Tag in ihrem Leben im Bild verewigen zu lassen. Dabei präsentierten sich die jungen Leute lange nicht so locker und fröhlich wie heutige Paare. Das Ja zur Ehe war ein Entschluss von erheblicher Tragweite, der gut überlegt werden musste. Entsprechend ernsthaft schauten die frisch Vermählten in die Kamera.

Ein Foto vom schönsten Tag des Lebens. Im Atelier Lintl wurden Hochzeitspaare ins rechte Licht gesetzt.

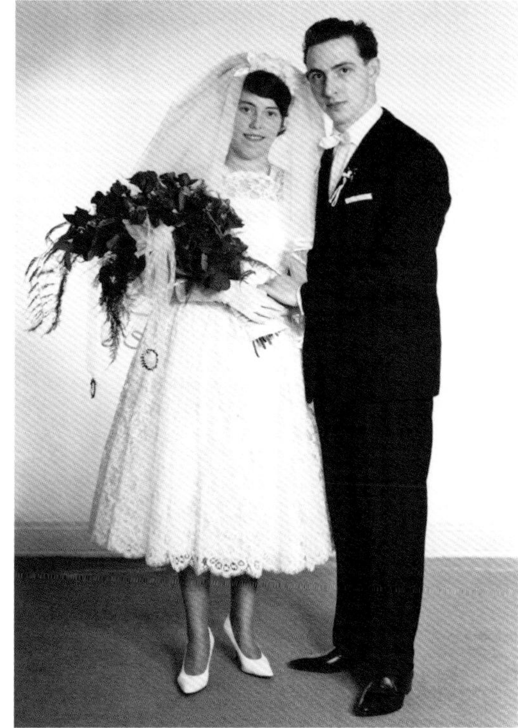

Langsam geht es bergauf

Während die Menschen nach dem Ende des Zweiten Weltkriegs begannen, mit Erfindergeist und Tatendrang ihr wiedergewonnenes Leben einzurichten, musste Hans Günter Lintl noch eine Zeit lang mit dem Mangel zurechtkommen. Zum Fotografieren wird Material gebraucht, und das war zu dieser Zeit äußerst knapp. Fotopapier vom Großhandel in Köln gab es nur gegen gesammeltes Rollfilmpapier, und so wurden auch die Kinder herangezogen, um mitzuhelfen. Sie hatten die Aufgabe, 1,80 Meter lange Papierstreifen aufzurollen, in die der Film zum Schutz vor Lichteinfall eingeklebt war. Dabei war Fleiß angesagt, damit eine ausreichende Menge zum Einwechseln zusammenkam.

Mit dem Wirtschaftsaufschwung kehrte auch bei Lintls ein bescheidener Wohlstand ein. Ein Motorrad der Marke BMW wurde angeschafft, später stieg man auf einen Fiat 500 Kombi um. Auch ein Telefon gehörte zu den aktuellen Errungenschaften dieser Zeit.

Die Wende zum Besseren begann am 20. Juni 1948 mit der Einführung der Währungsreform. Ab sofort galt in den drei westlichen Besatzungszonen die Deutsche Mark als alleiniges gesetzliches Zahlungsmittel. Einen Tag später wurden pro Kopf und Nase 40 DM ausbezahlt. Nicht viel Geld, doch es reichte aus, um die Menschen zu motivieren, anzupacken und sich den Lebensunterhalt zu verdienen.

Auch die Gevelsberger krempelten die Ärmel auf. Denn um den Wiederaufbau zu meistern, wurde jede Hand gebraucht. Im Vergleich zu den zerstörten Nachbarstädten war Gevelsberg einigermaßen glimpflich davongekommen, wie eine Statistik aus dem Bürgermeisteramt dokumentiert. Demnach fielen fünf Häuser mit 39 Wohnungen den Bombenangriffen zum Opfer; an weiteren 75 Gebäuden hatte der Krieg seine Spuren hinterlassen. Ebenso mussten etliche stark lädierte Straßen instandgesetzt werden.

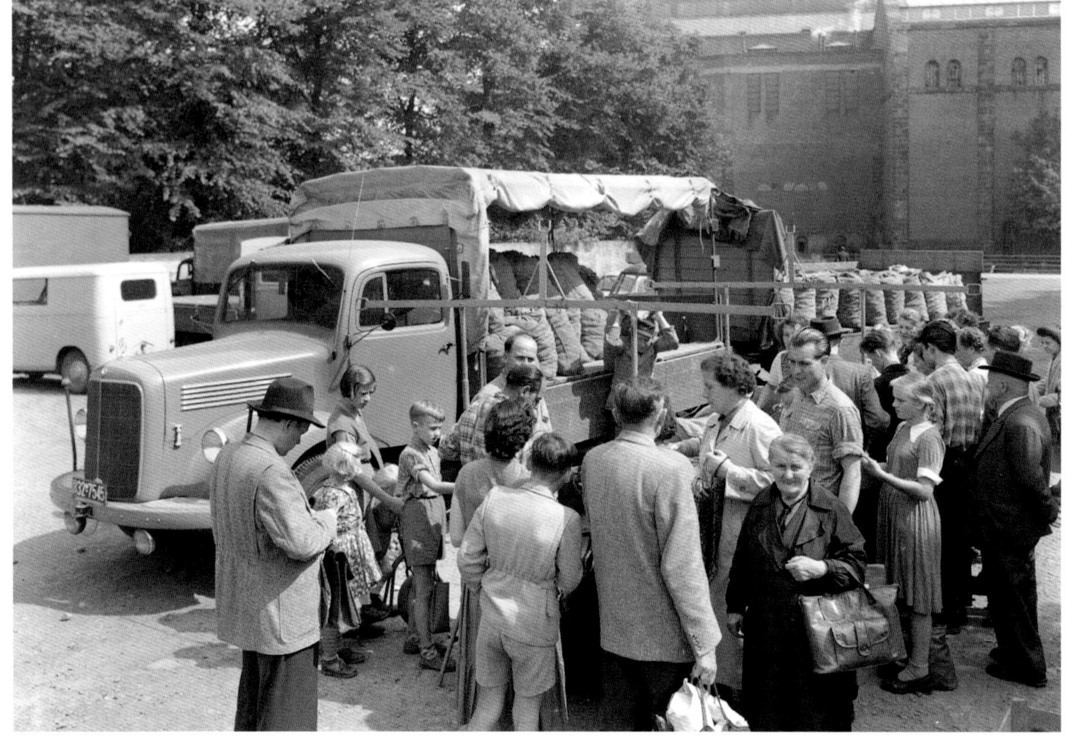

Kartoffelkauf am LKW war in den fünfziger Jahren nichts Ungewöhnliches.

Viel Betrieb im Straßenverkehr

Mit dem zunehmenden Verkehrsaufkommen ergab sich auch die Notwendigkeit, Gevelsberg an das deutsche Autobahnnetz anzubinden. 1955 wurde mit den Arbeiten begonnen; fünf Jahre später war es geschafft. Gevelsberg verfügte nun mit eigenen Auf- und Ausfahrten am Waldschlösschen in Silschede und am Heilmannsbruch in Haßlinghausen über den langersehnten Anschluss an die Bundesautobahn. Für die Autofahrer bedeute die neue Direktverbindung eine wesentliche Erleichterung.

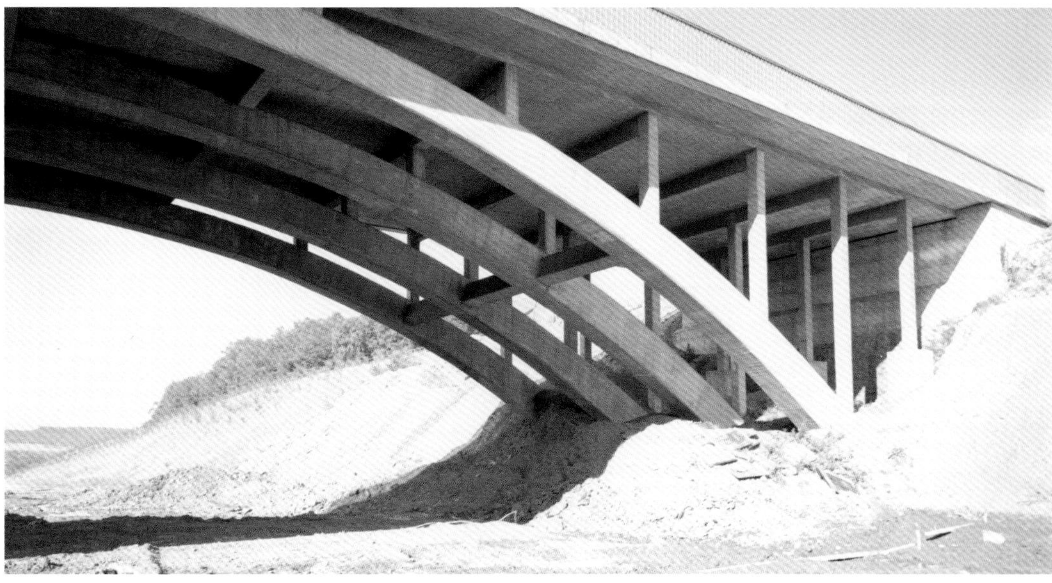

Brückenschlag über die Autobahn. Damals ein Projekt für die Zukunft, heute fast schon außer Dienst. Inzwischen ist die Querung über die A 1 schon so marode, dass PKW nur noch eingeschränkt und LKW überhaupt nicht über die Brücke fahren dürfen.

Zug um Zug hin und zurück

Aber nicht nur der private Verkehr auf den Straßen nahm zu. Auch die Bahn rüstete auf. Denn die prosperierende heimische Industrie von Gevelsberg brauchte ebenfalls gute Verkehrsanbindungen auf der Schiene, um Rohstoffe ins Werk zu holen und fertiggestellte Produkte auf den Weg zum Kunden zu schicken.

Von den zahlreichen Eisenbahnstrecken sind mittlerweile etliche buchstäblich auf dem Abstellgleis geendet. Die Talbahn, genannt Teckel, mit ehemals vier Bahnhöfen in Gevelsberg ist heute nur noch für den Transport gewerblicher Güter freigegeben.

Lediglich an drei Tagen im Jahr kehrt der Nostalgie-Zug zurück auf die alte Strecke, um seine Passagiere in gute, alte Zeiten zu befördern. Die Rheinische Strecke wurde zu S-Bahnlinie umgebaut und fährt vier Bahnhöfe im Stadtgebiet an. Dagegen ist die Route von Gevelsberg West nach Witten längst schon eingestellt und damit Geschichte. Einzig die bergisch-märkische Strecke von Köln nach Hagen, die noch aus der Mitte des neunzehnten Jahrhunderts stammt, hatte bei den Verantwortlichen eine Überlebens-Chance und fungiert jetzt als Hauptstrecke - allerdings ohne Gevelsberger Bahnhof.

Gut geschaltet und geregelt. Im Stellwerk vom alten Bahnhof Nord gab es viel zu tun.

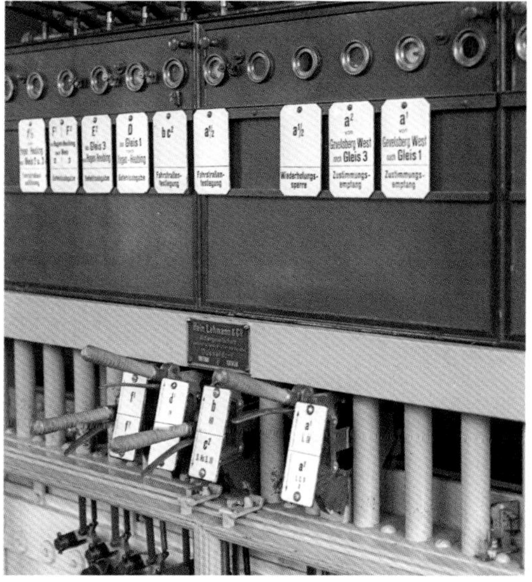

Das Gevelsberger Wirtschaftswunder

Mit dem Tanz der Kräne und Bagger entwickelte sich die Stadt in den folgenden Jahren zu einer Riesenbaustelle. Nicht weiter verwunderlich, denn laut Stand vom 1. Februar 1950 war die Einwohnerzahl Gevelsbergs auf 27.616 Personen angestiegen. Darunter Kriegsheimkehrer und tausende Flüchtlinge. Leute, die Wohnraum benötigten und Arbeitsplätze suchten.

Und es wurde gebaut. Beispielsweise am Rande des Stadtwalds, wo die sogenannte Krefft-Siedlung mit 240 Wohnungseinheiten entstand. Auch die Wirtschaft investierte kräftig; Fabriken siedelten sich an, der Einzelhandel zeigte Präsenz mit neuen Läden, der Bau einer Autobahnzufahrt wurde in Angriff genommen. Alle Zeichen standen auf Vorwärts: Der Aufschwung hatte Gevelsberg erreicht.

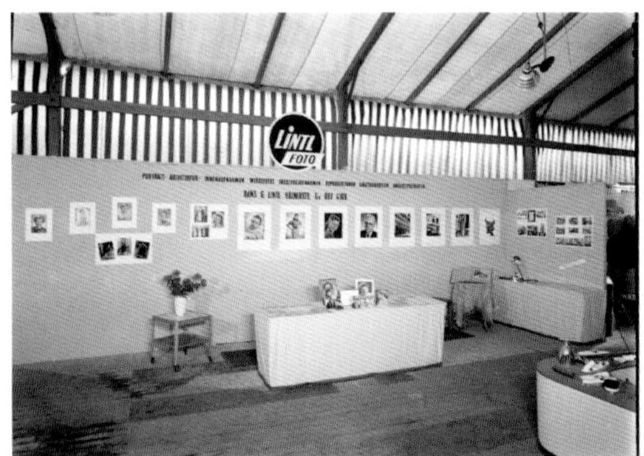

Bereits 1953 zeigten Industrie, Handel und Gewerbe in Gevelsberg bei einer großen Herbstmesse wieder ganze Leistungsstärke. Mit dabei: Das Fotoatelier Lintl mit einem eigenen Messestand.

Ein Paradebeispiel für das reale Wirtschaftswunder lieferte die Mittelstraße, bis heute eine beliebte Einkaufsmeile der Stadt. Bereits 1951 gab es auf der ‚Gevelsberger Kö' 147 Geschäfte. Die erste Neonreklame, der erste Zebrastreifen und die Eröffnung des ersten Selbstbedienungsladens in Deutschland – die Mittelstraße wurde zum Trendsetter in der Stadt.

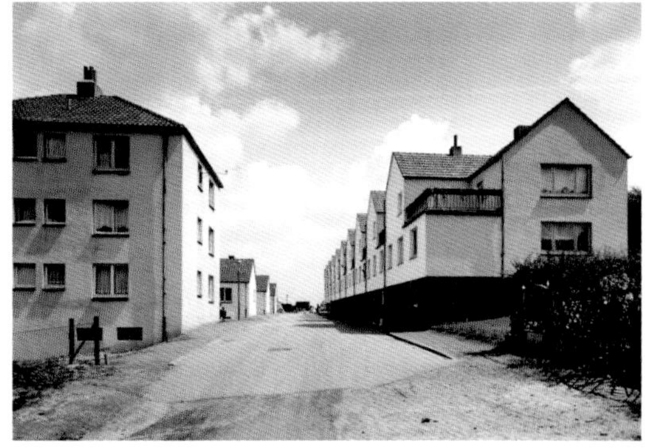

Die Krefft-Siedlung in Gevelsberg schaffte in der Nachkriegszeit dringend benötigten Wohnraum.

Unverkennbar Horten. Die Wabenfassade hat das Warenhaus an jedem Standort schnell berühmt gemacht. Auch in der Mittelstraße setzte die einzigartige Architektur ein weithin sichtbares Zeichen.

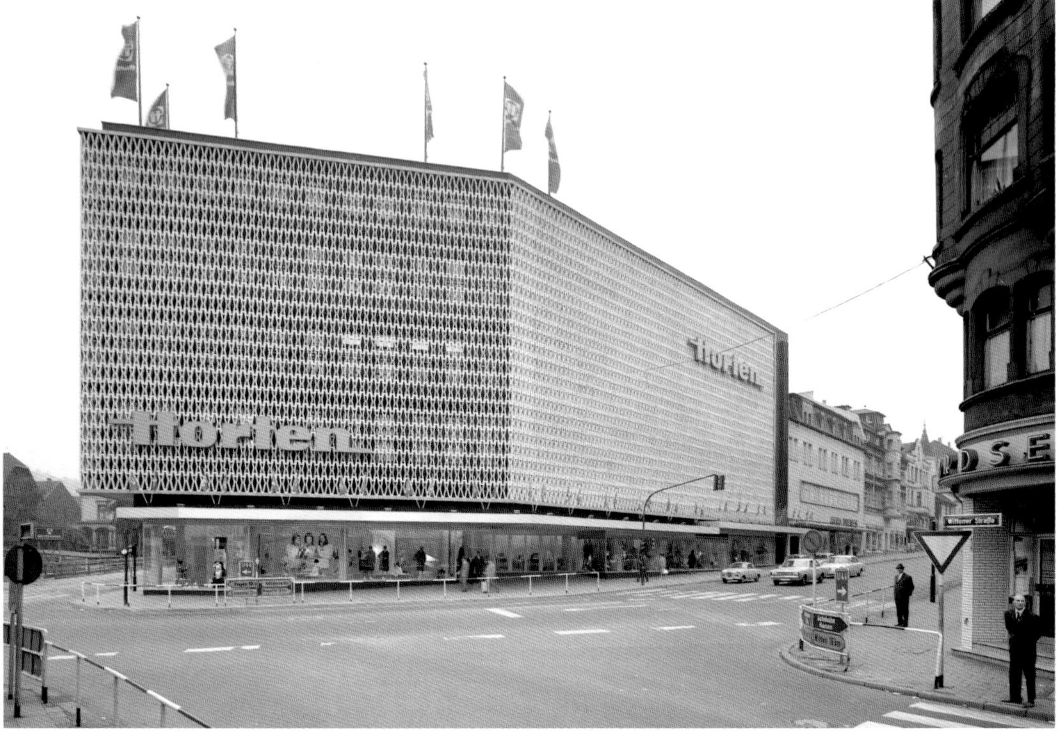

Die Kaufkraft stieg, man konnte sich wieder etwas leisten. 1953 besaß jeder siebzehnte Gevelsberger bereits ein Auto. Damals eine außerordentlich teure Anschaffung. Beispielsweise kostete ein PKW der Marke DKW in der Basisversion knapp 6000 DM – mehr, als einer durchschnittlichen Arbeitnehmerfamilie mit zwei Kindern im Jahr zur Verfügung stand. Denn der monatliche Brutto-Verdienst lag gerade einmal bei rund 450 DM.

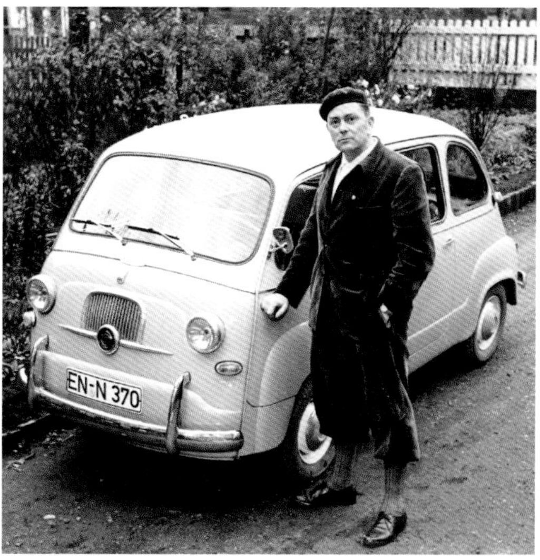

Erfolgreich in Fahrt. Hans Günter Lintl mit seinem neuen Fiat Multipla.

Eine Lizenz für Marketing und Werbung

Im Fotostudio Lintl machte sich die boomende Konjunktur ebenfalls positiv bemerkbar. Die Auftragsbücher füllten sich mit neuen, interessanten Aufgaben. Vor allem im Bereich Wirtschaft wartete auf Hans Günter Lintl viel Arbeit. Denn die Unternehmen entdeckten das Medium Fotografie für ihr Marketing und wollten ihre Werke, ihre Mitarbeiter, ihre Fertigung und Produkte einer breiten Öffentlichkeit vorstellen. Natürlich mit dem Ziel, potenzielle Zielgruppen anzusprechen und neue Kunden zu gewinnen. Hans Günter Lintl nahm die Herausforderung an. In den 50er und 60er Jahren gestaltete er zahlreiche Prospekte, Broschüren und Kataloge, hielt das Werden und Wachsen der Stadt im Bild fest und schaffte so eine Sammlung von Zeitzeugnissen, die für Gevelsberg wohl einzigartig ist.

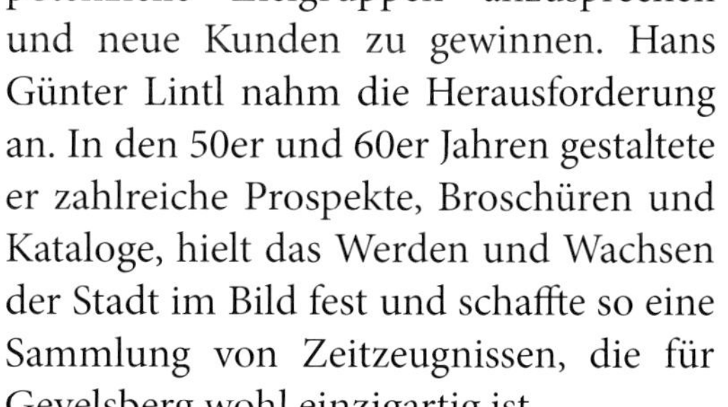

Das neue Kiepe-Hochhaus prägte das Stadtbild von Gevelsberg in beeindruckender Weise.

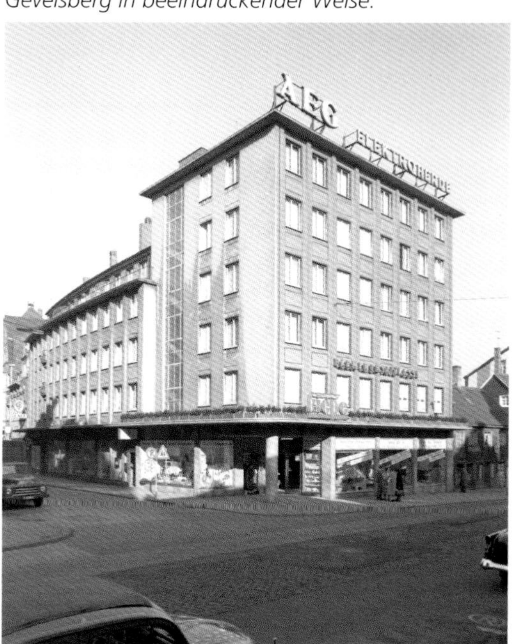

Ordentliche Werbung, die sich sehen lassen kann.

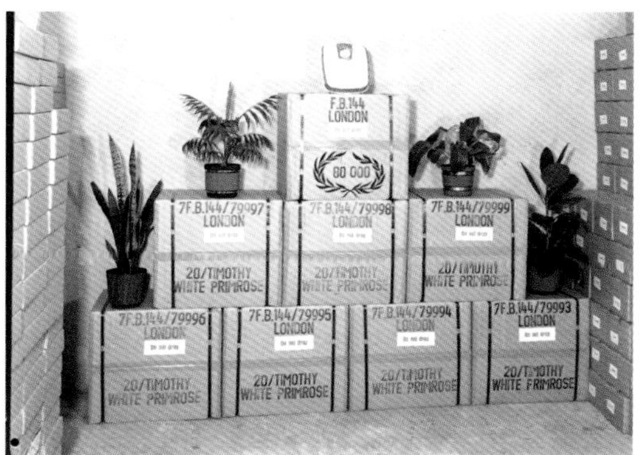

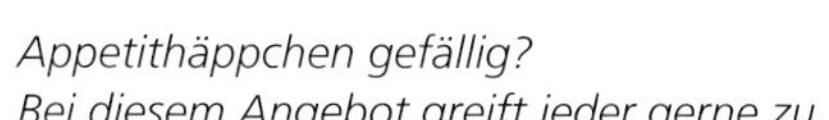

Appetithäppchen gefällig?
Bei diesem Angebot greift jeder gerne zu.

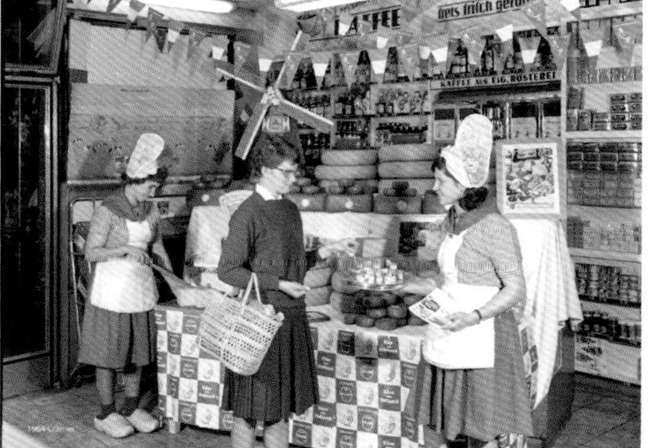

Die neue Freiheit unterm Zirkuszelt

Die Zeit verging. Und das Schicksal mischte die Karten neu. Mit dem Eintritt in den Ruhestand begann für Hans Günter Lintl ein bislang unbekanntes, aufregendes Leben abseits der gewohnten bürgerlichen Konvention. Er gab sein Geschäft auf, hängte die Fotografie an den sprichwörtlichen Nagel und schnupperte erstmals Zirkusluft. Von da an wurde alles anders. Der ehemalige Fotograf aus Gevelsberg wagte den Sprung in die Arena und ging mit verschiedenen Zirkusbetrieben jeweils einige Wochen im Jahr auf Tournee. Günter Lintl erläutert, wie das damals möglich war: „Um mit einem Zirkus eine Zeit lang durchs Land zu ziehen, boten Interessenten als Gegenleistung an, kleinere Arbeiten zu übernehmen. Etwa Briefe frankieren, Mailings oder Prospekte falzen und ähnliches. Dafür durfte man seinen Campingwagen auf dem Zirkusplatz abstellen.“

Hans Günter Lintl genoss das quirligbunte Zirkustreiben, das ihn für die arbeitsreichen Berufsjahre zuvor vollauf entschädigte. Er entdeckte sein Herz für wilde Tiere, wobei es ihm vor allem die Elefanten angetan hatten. Er schloss langjährige Freundschaften mit Clowns und Akrobaten und legte selbstverständlich mit Hand an, wenn etwas zu erledigen war. Bei diesen Gelegenheiten trug Hans Günter Lintl stets seinen alten, braunen Kittel aus dem Fotolabor. Aus Sentimentalität oder weil es einfach praktisch war – wir werden es nicht mehr ergründen. So erkannten ihn auch die Elefanten in einem Zirkus in Schweden wieder.

Der starke Fels in der Familie

Ruth Lintl reagierte auf die Begeisterung ihres Mannes für das Zirkusleben wie gewohnt mit Pragmatismus und Souveränität. Eigenschaften, die ihr dabei halfen, über 50 mitunter schwierige Ehejahre erfolgreich zu organisieren. Dabei stand ihre Familie stets im Mittelpunkt allen Denkens und Handelns. Auch bei wenig Geld in der Kasse gelang es der patenten Frau, ihre Lieben über die Runden zu bringen. Ebenso profitierte Ehemann Hans Günter von dem selbstlosen Einsatz seiner Frau, die ihm beruflich wie privat den Rücken freihielt.

Auch jetzt in der neuen Lebensphase änderte sich daran nichts. Während Hans Günter Lintl mit dem einen oder anderen Zirkus unterwegs war, hatte Ruth zu Hause genug zu tun. Sie kümmerte sich beispielsweise um die Pflege ihres geliebten Gartens und widmete sich verstärkt einer wiederentdeckten Lieblingsbeschäftigung aus vergangenen Jahren: Dem Bau von Modell-Segelflugzeugen und Drachen. Nachdem Ruth Lintl aus Altersgründen nicht mehr selbst fliegen konnte, fand sie hiermit eine Aufgabe, die ihr Befriedigung verschaffte.

Ruth Lintl ist es auch zu verdanken, dass die Chronik der Familie Lintl überhaupt zustande kam. Im hohen Alter von 87 Jahren begann sie ihre Notizen, die für die nachfolgenden Generationen zu wertvollen Erinnerungen wurden.

Unermüdlich für die Familie im Einsatz. Ruth Lintl meisterte jede Herausforderung auf ihre ganz persönliche Art.

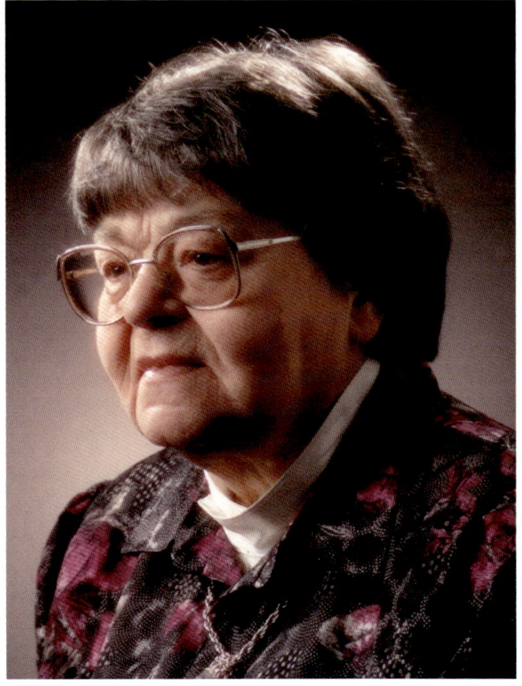

„Aus meinem analogen Tagebuch" Günter Lintl

Der richtige Moment für Architektur

Das Fotografieren von Gebäuden ließ sich keineswegs mal eben schnell erledigen. Dazu war der Aufwand viel zu groß. Bevor es richtig losging, musste erst einmal der geeignete Standort ausgewählt werden. Auch der Stand der Sonne spielte eine wichtige Rolle.
Passten die Voraussetzungen, begann der umständlich Aufbau der Kamera. Zunächst die Montage auf dem Stativ, dann das Justieren mit einer Wasserwaage und die Einstellung der Schärfe mit Hilfe einer Lupe auf der Mattscheibe. Danach die Belichtung mit einem Belichtungsmesser ermitteln, den Verschluss am Objektiv schließen, Blende und Belichtungszeit einstellen, den Verschluss spannen, die Kassette mit dem Negativ einlegen und den Schieber aufziehen.
Und dann: Warten auf den richtigen Augenblick. Denn Menschen und Autos störten in der Regel die Architektur-Aufnahme.
Etwas Besonderes waren Aufnahmen von Schaufenstern, die wegen der Lichtreflexe am Tage in der Dunkelheit gemacht wurden. Falls trotzdem Spiegelungen auf der Scheibe auftraten, mussten zwei Personen ein schwarzes Tuch halten.

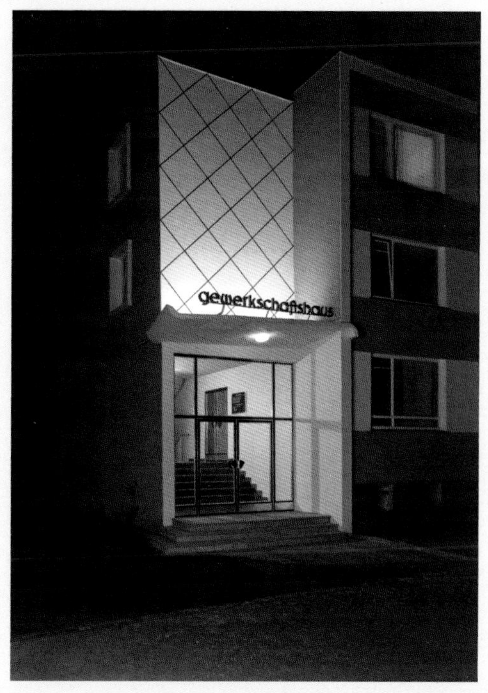

Fortschritt im Bilde

Anno 1949 bringt Zeiss Ikon, Dresden, mit der Contax S die erste Spiegelreflexkamera mit festem Dachkantprisma auf den Markt. Auch die schwedische Firma Hasselblad hat Innovatives zu bieten: Die Marke präsentiert erstmals eine einäugige Mittelformat-Spiegelreflexkamera mit auswechselbaren Filmmagazinen. Im selben Jahr wird das Agfacolor Negative/Positiv-Verfahren für farbige Papierbilder offiziell eingeführt.

Fünf Jahre später startet Leitz mit der Leica M3 die M-Reihe mit Bajonettobjektiven. Wenige Monate später kommt mit der Agfa Automatic 66 die erste Kamera mit Zeitautomatik in den Handel. Ebenso sensationell: Der Kodak Royal-X Pan gilt als schnellster Film der Welt.

Von 1958 bis 1964 meldet die Fotoindustrie weitere Erfolge. Angefangen vom ersten Diaprojektor mit Fernbedienung aus dem Hause Leitz über die Agfa Optima, die erstmalig mit einer Programmautomatik ausgestattet wurde, bis zur Polaroid-Kamera, die nun auch farbige Sofortbilder liefern kann. Eine praktische Erfindung, die bei den Fotofreunden gut ankommt, ist das komfortable, bedienungsfreundliche Filmkassetten-System Instamatic der Firma Kodak.

Ein großer Wurf gelingt ebenfalls der Asahi Pentax mit der Spotmatic SP. Die Serie mit der ersten M42-Spiegelrefelxkamera mit TTL-Belichtungsmessung entwickelt sich zu einem der erfolgreichsten Kamerasysteme der 1960er Jahre. Dies erklärt, weshalb der M42-Schraubanschluss in dieser Zeit zum Industriestandard wurde.

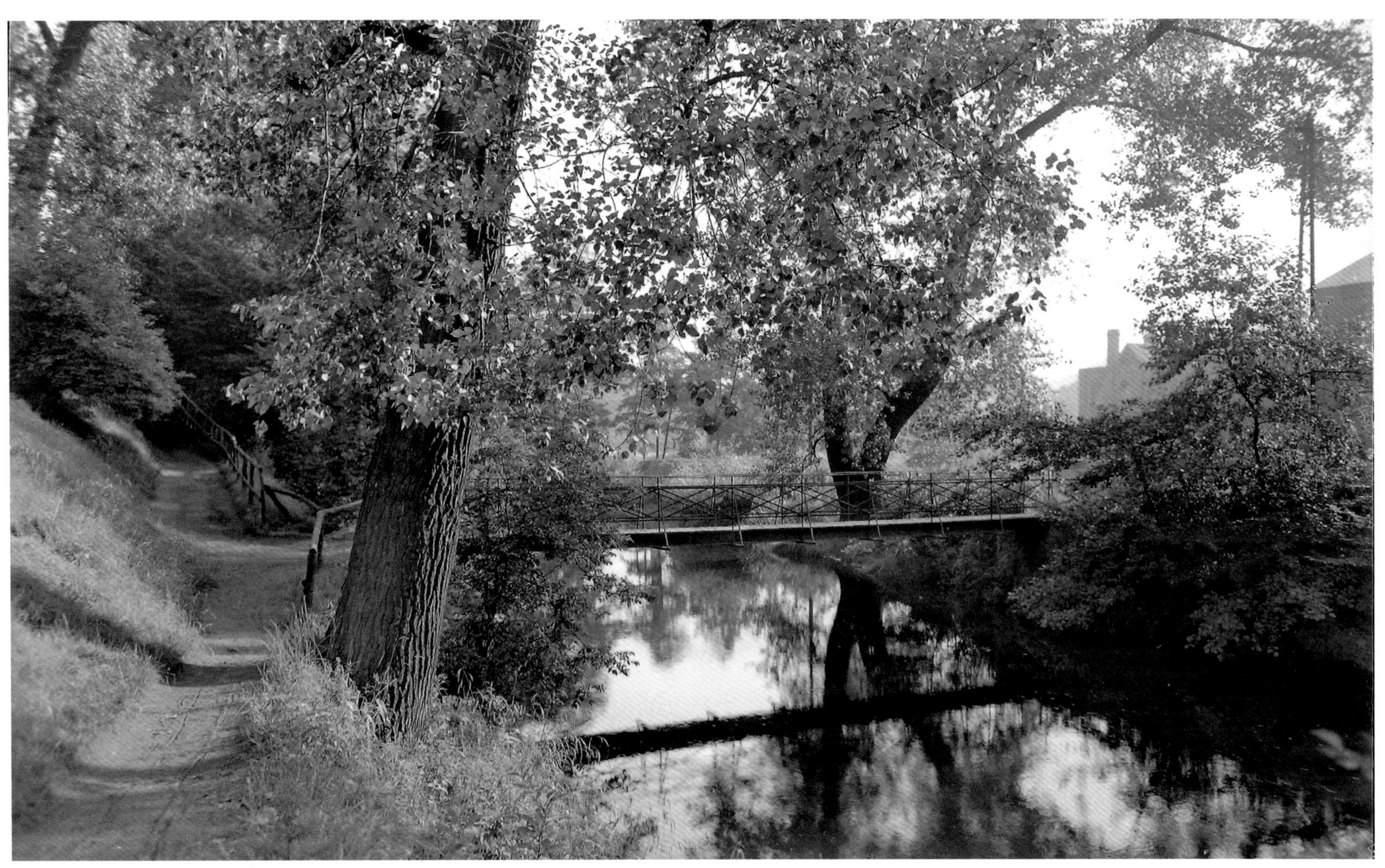

Über 42 km legt die Ennepe von der Quelle im Märkischen Kreis bis zur Mündung in die Volme im Hagener Stadtteil Eckesey zurück. Auf seinem Weg durchquert der Fluss auch Gevelsberg und wird dort zu einem markanten Element im Ortskern. Obwohl in ihrem Verlauf stellenweise kanalisiert, bietet die Ennepe Lebensraum für zahlreiche Tiere und Pflanzenarten. Entlang des Ufers entstanden im 19. und 20. Jahrhundert zahlreiche Industriebetriebe, unter anderem Hammerwerke und Kleineisen-Fabrikationen. Da die Ennepe direkt hinter dem Haus der Lintls vorbeifließt, hatte die Familie stets eine besondere Beziehung zum Fluss.

Auf zu neuen Horizonten

Deutschland 1940. Kein idealer Zeitpunkt, um ein Kind in die Welt zu setzen. Hans Günter und Ruth Lintl haben es trotzdem gewagt. Ein Jahr nach ihrer Heirat wurde Stammhalter Günter geboren - in eine ungewisse Zukunft

Diese Sorgen beschäftigten den kleinen Günter natürlich nicht. Die ganze Welt war für ihn ein Abenteuer. Die Ennepe, die direkt am Elternhaus vorbeifließt, verlockte zum Plantschen und Spielen. Und dann war da noch die Höhle.

Günter in der Unterwelt

Günter Lintl erinnert sich genau: „Ich war zehn Jahre alt, als mein Vater mich zum ersten Mal in die Kluterthöhle bei Ennepetal mitnahm. Nur mit einer Karbidlampe und einem simplen Plan zu Orientierung ausgerüstet, machten wir uns auf den Weg durch die Unterwelt. Dieses Erlebnis hat mich zutiefst berührt und meine Leidenschaft für Höhlen bis heute erhalten."

Schnell wurde aus der Begeisterung ein ernsthaftes Anliegen, den außergewöhnlichen Kosmos unter der Erde nachhaltig zu schützen. Grund für Günter Lintl, den Arbeitskreis Kluterthöhle mit zu gründen und aktiv an der Erforschung der Höhlen rund um Ennepetal teilzunehmen.

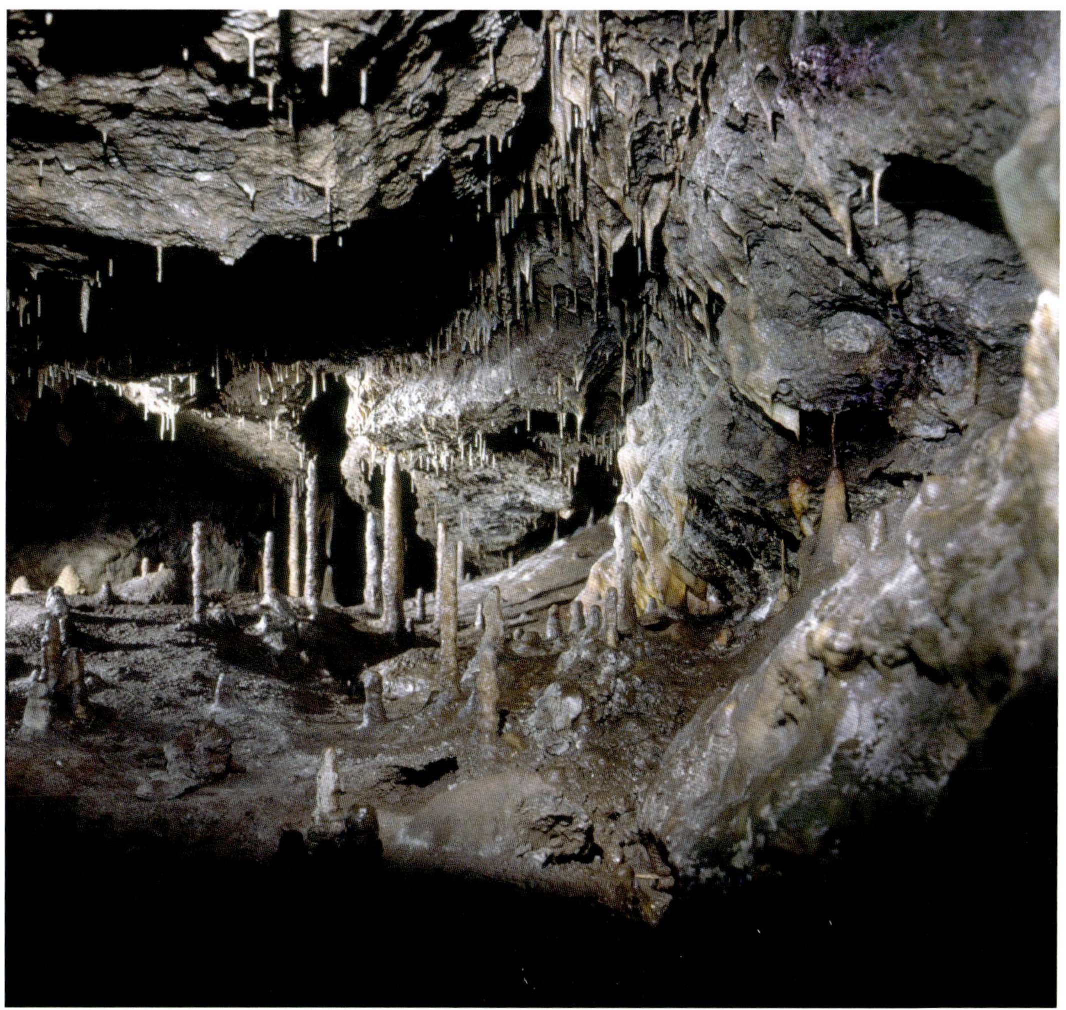

Geheimnisvolle Höhlenwelten sind für Fotografen mit Entdecker-Gen ein gesuchtes Motiv von einzigartiger Ausstrahlung.

Der Ernst des Lebens beginnt.

Als Günter Lintl mit 14 Jahren die Schule verließ, war es angesichts der aktuellen Situation auf dem Arbeitsmarkt aussichtslos, einen Ausbildungsplatz im Bereich Fotografie zu bekommen. Doch für die Eltern stand fest: Der Junge tritt in die Fußstapfen von Vater und Großvater und wird ebenfalls Fotograf. Ohne Lehrstelle aber schwierig bis unmöglich.

So kam es, dass Vater Hans Günter die Ausbildung seines Ältesten selbst übernahm. Es folgten recht harte Jahre, denn Hans Günter Lintl war Vertreter der alten Schule, ließ keinen Fehler durchgehen und legte bei der Beurteilung von Fleiß und Leistung strenge Maßstäbe an. Das bedeutete für Günter Lintl: Lernen, Lernen, Lernen. Bereits während seiner Lehrzeit ging er für sechs Monate zum Porträtfotografen Schack in Lippstadt, um sich dort weitere Kenntnisse anzueignen. 1958 konnte Günter Lintl die Fotografenlehre im väterlichen Betrieb erfolgreich beenden.

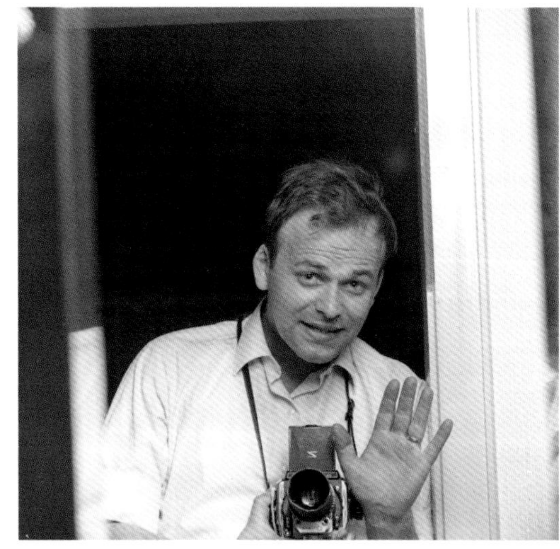

Auf den richtigen Standort kommt es an. Mal am Fenster, mal mit beiden Beinen fest auf dem Boden und mal dem Himmel nah im Segelflieger. Günter Lintl wusste schon in jungen Jahren, wie eine Aufnahme gut gelingt.

Ein Hobby wird zur Massenbewegung

Immer mehr Leute begeisterten sich in dieser Zeit für die faszinierende Fototechnik und griffen selbst zu Kamera und Belichtungsmesser. Die Industrie kam dem neuen Massentrend mit bedienungsfreundlichen Fotoapparaten entgegen. Nun konnte jedermann mit einigem Geschick seine Urlaubfotos selbst anfertigen. Doch den meisten fehlten die Ausrüstung und das Wissen, die Filme auch selbst zu entwickeln.

Damit eröffnete sich für Hans Günter Lintl und seinen Sohn ein zusätzliches Geschäftsfeld. „Wir nahmen die Filme entgegen, entwickelten die S/W-Filme, vergrößerten diese und konnten unseren Kunden pünktlich wie vereinbart die fertigen Fotos überreichen. Da kam in den meisten Fällen richtig Freude auf", berichtet Günter Lintl.

Selbstverständlich erfüllte das Atelier auch andere Kundenwünsche zuverlässig und präzise. Ob weitere Fotoabzüge, Vergrößerungen oder Reproduktionen: Das Team erledigte sämtliche Arbeiten mit professioneller Sorgfalt.

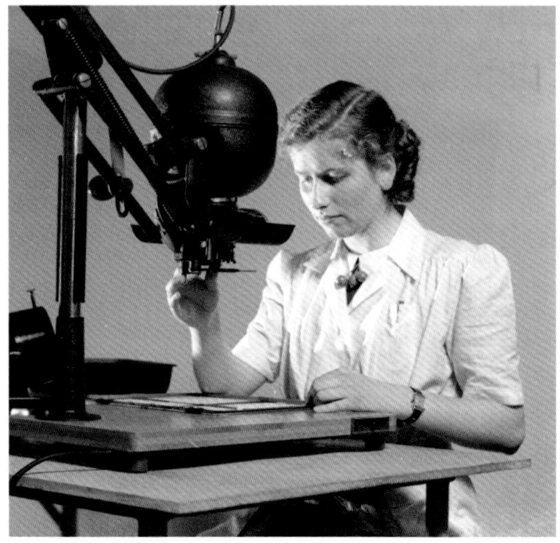

Viele Jahre leistete Erika Heier als bewährte Fotolaborantin im Lintl-Team ganze Arbeit. Zum Beispiel beim Vergrößern von Amateurfilmen.

Neue Standortbedingungen und ihre Folgen

Während seiner Lehr- und Wanderjahre und auch danach hatte Günter Lintl nie den Kontakt mit Daheim verloren. Wenn im Atelier Unterstützung gebraucht wurde, war der Sohn zur Stelle. Dabei blieben ihm die Veränderungen in seiner Heimatstadt natürlich nicht verborgen. Die Wirtschaft wuchs, neue Unternehmen siedelten sich an, die Zahl der Geschäfte in der Innenstadt nahm stetig zu. Zum Leidwesen der Lintls entdeckte aber auch die Konkurrenz die Vorteile, die Gevelsberg mit seiner guten Infrastruktur und einer konsumfreudigen Bevölkerung zu bieten hatte. Es dauerte daher nicht lange, bis mit dem Atelier Seuren und dem Fotogeschäft Klocke ernst zu nehmende Wettbewerber auf den Plan traten.

Die wenig optimistischen Perspektiven für die künftige Geschäftsentwicklung gaben Günter Lintl zu denken. Die drängende Frage hieß: Lohnt sich die Übernahme der Firma oder nicht? Seine Entscheidung fiel eindeutig aus. Mit Mitte Zwanzig entschloss sich der Fotograf aus Gevelsberg, zu neuen Horizonten aufzubrechen. 1965 nahm er Abschied von seinem gewohnten Leben und orientierte sich neu. Düsseldorf wartete bereits auf ihn.

Starke Leistung im XXL-Format

Günter Lintl fand bei der Firma Großfoto Wendel ein Arbeitsfeld, das ein Höchstmaß an technischer Kompetenz verlangte. Das Düsseldorfer Unternehmen hatte die wachsende Bedeutung erkannt, die großformatige Bilder für den Bereich Werbung und Marketing künftig haben würden, und sich konsequent auf das vielversprechende Marktsegment spezialisiert.

Als Fotograf im Labor wurde Günter Lintl an seinem neuen Arbeitsplatz mit anspruchsvollen Aufgaben konfrontiert. Zunächst ging es darum, die handwerkliche Herstellung von Großfotos zu erlernen. Hier war Improvisationstalent gefragt, auch wenn das solide Fachwissen Günter Lintls zumeist ausreichte, die komplexen Aufträge problemlos auszuführen. Schon bald wechselte der Gevelsberger in die Reproabteilung des Unternehmens, wo er nach kurzer Einarbeitungszeit Verantwortung in leitender Stellung übernahm. Aber Günter Lintl wollte sich nicht auf seinen Lorbeeren ausruhen. Er besuchte regelmäßig Lehrgänge und Kurse, um neue Kenntnisse zu erwerben und praktisch einzusetzen.

1970 legte Günter Lintl vor der Handwerkskammer Düsseldorf seine Prüfung zum Fotografenmeister ab. Ein Titel, der im Zuge der politischen Neuordnung des Meisterwesens im Handwerk heute nicht mehr verpflichtend ist. Das mag man zu Recht bedauern, denn damit geht eine wichtige Garantie für Qualitätsarbeit verloren.

Erfolgreich im Nebenjob

Während seiner Tätigkeit bei Wendel wurde Günter Lintl zu einem anerkannten Fachmann rund um das vielschichtige Thema Großfoto. Ob komplizierte Montagen, schwierige Kaschierungen, die Umsetzung von Foliengrafik oder die Realisierung von Ausstellungen und umfangreichen Projekten: Dies alles und viel mehr gehörte für Günter Lintl zur alltäglichen Routine.

Trotz dieses Full-Time-Jobs fand er Zeit für seine eigentliche Leidenschaft: Das Fotografieren. Nach Feierabend und an den Wochenenden ging Günter Lintl auf Motivsuche. Nicht nur eine ideale Gelegenheit, um schöne Bilder mitzubringen. Wesentlich wichtiger waren die Verbindungen zu Firmen, Vereinen und einflussreichen Persönlichkeiten in der Region, die der junge Fotograf bei seiner Freizeitbeschäftigung zu knüpfen wusste.

Schließlich machte er seinen Nebenjob offiziell, beantragte mit dem Einverständnis seines Arbeitgebers einen Gewerbeschein und gründete 1972 einen eigenen, kleinen Bildverlag. Die Selbständigkeit nach Geschäftsschluss stellte sich schon bald als Erfolgsidee heraus, denn Günter Lintls Fotos waren vielfach gefragt.

Alle bitte recht freundlich!

Seit Günter Lintl das Fotografieren zur Chefsache gemacht hatte, konnte er sich über einen Mangel an interessanten Projekten nicht beklagen. Dabei war bei der Realisierung der Aufgaben neben fotografischem Know-how oft auch Talent zum Organisieren und Koordinieren unerlässlich.

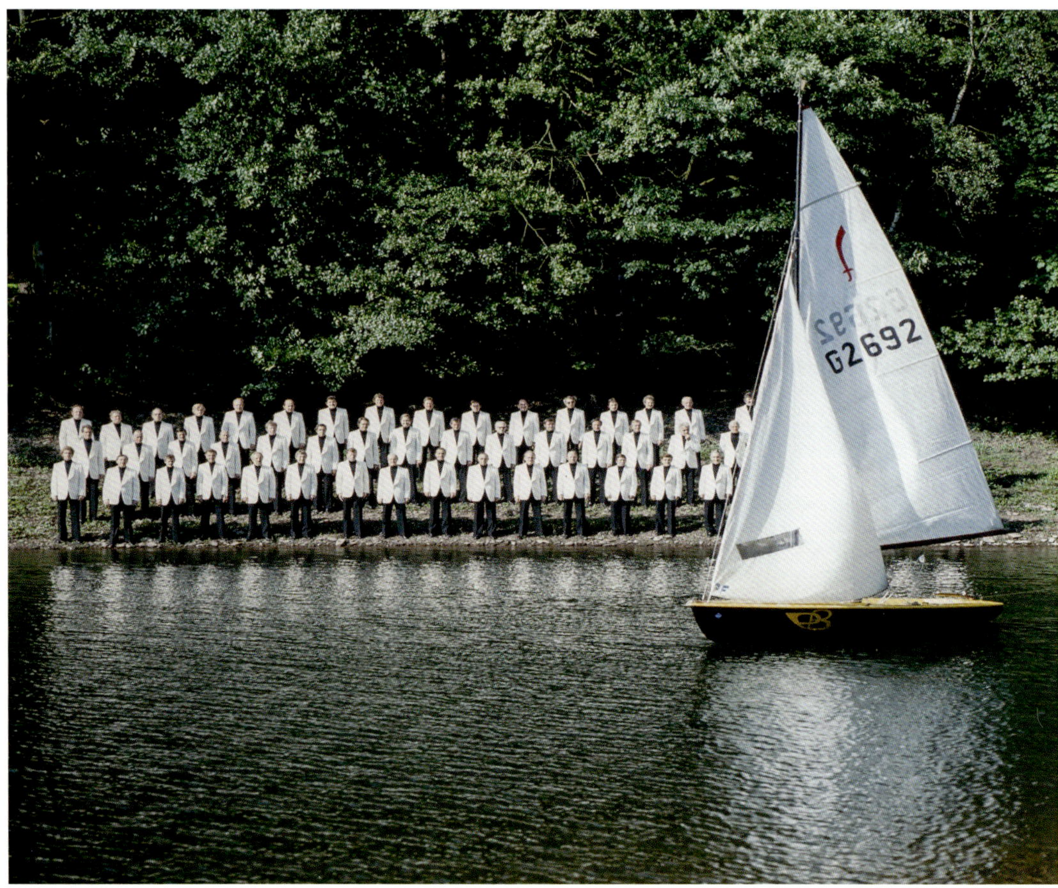

Perfektes Timing von Boot und Menschen. Dank präziser Foto-Regie war das aufwendige Coverbild mit dem Heilenbecker Männerchor schnell im Kasten.

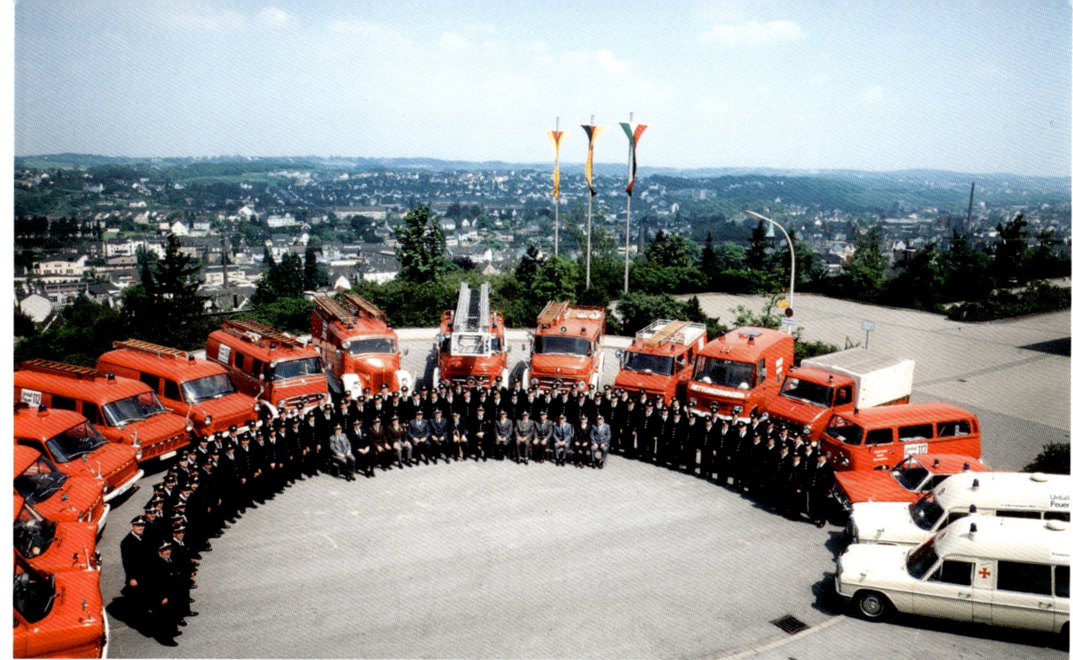

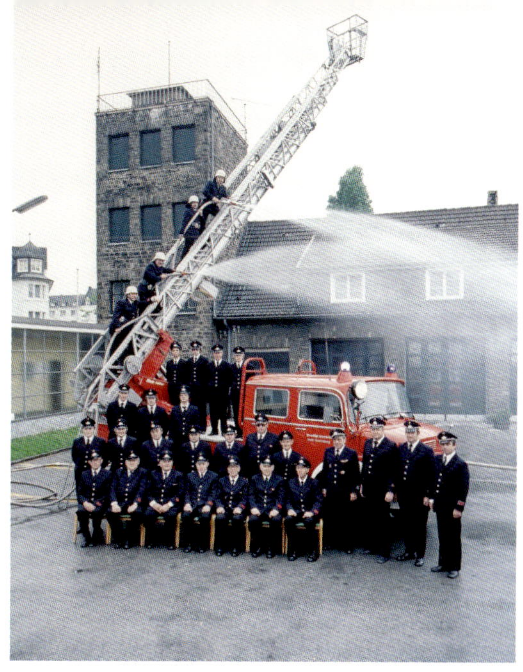

(Bild oben links) Der Löschzug 1 der Feuerwehr Gevelsberg hat Aufstellung genommen. Exakt positioniert von Günter Lintl mit Hilfe von Kreide und Bindfaden.

(Bild oben rechts) Wasser marsch! Die Gevelsberger Feuerwehr in Aktion – perfekt für ein Foto wie aus dem richtigen Leben.

Zum Beispiel, als Günter Lintl beauftragt wurde, eine Bild-Idee für das Cover einer Langspiel-Platte des Heilenbecker Männerchors zu finden. Heilenbecke ist ein Stadtteil von Ennepetal und bekannt für seine Talsperre, eine der ältesten in Südwestfalen. Bei der Fotoplanung kam Günter Lintl ein günstiger Umstand gelegen. Er hatte erfahren, dass der Gevelsberger Künstler Hans Peter Kremer den Wunsch geäußert hatte, einmal auf der Talsperre zu segeln. Nun ging alles Schlag auf Schlag. Günter Lintl holte sich die Genehmigung, verabredete sich mit dem Freizeitsegler, arrangierte die Gruppe am Tag des Fotoshootings am Ufer in 80 Metern Entfernung zur Kamera und brachte zudem die Geduld auf, erst dann auf den Auslöser zu drücken, als das Boot in der perfekten Position im Objektiv auftauchte. Das Wetter spielte ebenfalls mit, so dass das Titelbild für die Heilenbecker Sangesfreunde keine Wünsche offen ließ.

Auch die Feuerwehr liefert für jeden Fotografen ein dankbares Motiv. Denn „Wasser marsch" stößt beim Betrachter stets auf ungeteilte Aufmerksamkeit. Aber was ist, wenn Schläuche und Wasser gar keine Rolle spielen? In diesem Fall sind andere Utensilien hilfreich, fand der smarte Kreative heraus.

Dabei ging es darum, den gesamten Fuhrpark von Löschzug 1 der Gevelsberger Feuerwehr möglichst eindrucksvoll abzulichten. Kurzentschlossen beorderte Günter Lintl die Flotte auf einen geeigneten Platz oberhalb der Stadt, wo jedes Fahrzeug exakt die Position einnehmen musste, die der Meisterfotograf vorab mit Kreide und Bindfaden markiert hatte. Der Aufwand zahlte sich aus: Im fertigen Foto stehen die Feuerwehrautos wie abgezirkelt genau im Kreis und machen einen tatsächlichen wehrhaften Eindruck.

Rot sieht man ebenfalls auf einer anderen Aufnahme, die Günter Lintl für die Festschrift fotografierte. Hier allerdings durften die Feuerwehrleute das Löschwasser spritzen lassen.

Zurück im alten Revier

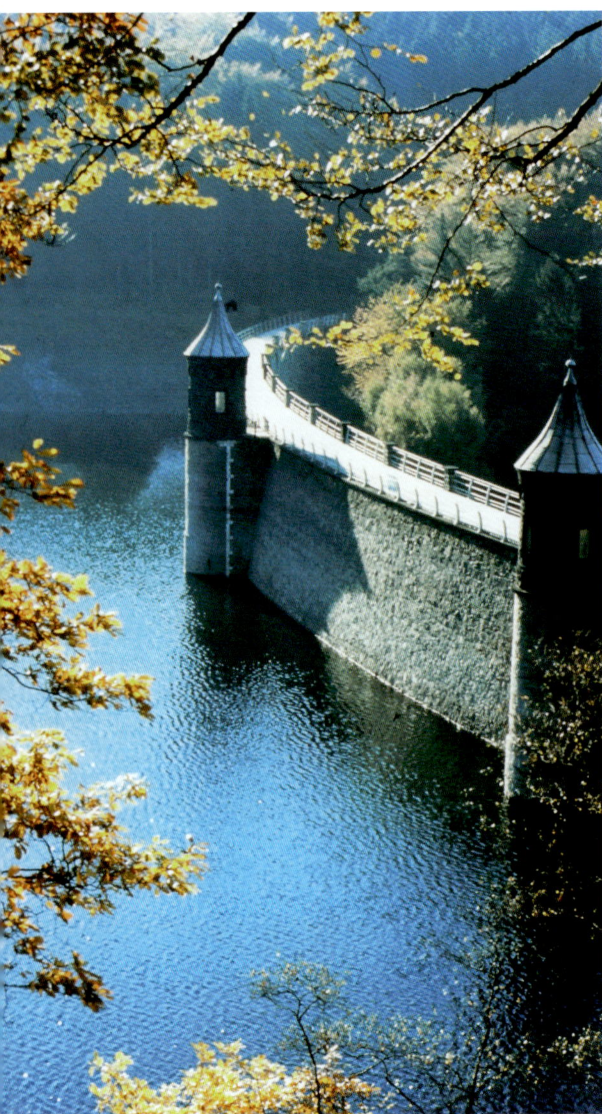

Die Hasper Talsperre in Ennepetal fotografierte Günter Lintl als eines der ersten Motive am Anfang seiner Selbständigkeit.

Die Selbständigkeit brachte Günter Lintl auch wieder zurück zu seinen heimatlichen Wurzeln. Seit Mitte der 1980er Jahre fotografierte und gestaltete er für kommunale Auftraggeber eine Vielzahl unterschiedlicher Objekte; darunter Bildbände mit traumhaften Landschaftsfotos aus dem Kreis Ennepe, Kalender mit Industriemotiven und historischen Städtebildern, Prospekte für die Stadtwerbung und illustrierte PR-Informationen.

Ein Auftrag, der sich mit der Ausgestaltung der Krankenzimmer im neu erbauten Schwelmer Krankenhaus Martfeld befasste, liegt Güner Lintl heute noch am Herzen. „Zunächst galt es, einen Wettbewerb zu gewinnen, den der verantwortliche Architekt Baltzer aus Wuppertal unter drei Fotografen ausgeschrieben hatte. Mir kam natürlich mein Heimvorteil zugute, denn ich war in der Lage, gute Fotos von Landschaften aus der Region und Ansichten von Gevelsberg, Ennepetal und Schwelm einzureichen. Daher gab es keine Schwierigkeiten, die geforderten Musterfotos in 30 x 30 cm in ausreichender Zahl beizubringen. Mit dem Sieg über die Mitbewerber in der Tasche, habe ich dann geeignete Motive herausgesucht und mich für zwei zueinander passende Landschaften entschieden. Daraufhin mussten 300 Fotos im Format 60 x 60 cm angefertigt werden; das Aufziehen der einzelnen Fotos auf eine 16 mm dicke Spanplatte mit weißem Kantenumleimer habe ich selbst in die Hand genommen. Genauso wie das Aufhängen der Doppel-Bilder in den insgesamt 150 Krankenzimmern. Ein wahrer Kraftakt. Aber ich habe ihn geschafft und durfte die Broschüre für die Eröffnung des neuen Krankenhauses auch noch fotografieren."

Die Beziehungen zum Krankenhaus wurden in der Folgezeit weiter intensiviert. Für einen Hersteller medizinischer Geräte hat Günter Lintl beispielsweise zahlreiche Produktfotos angefertigt. Sogar im OP war er live dabei – ein Erfahrung der besonderen Art.

Auch im historischen Schloss Martfeld war der Fotograf ein gern gesehener Gast. In dem außergewöhnlichen Ambiente dokumentierte er die wertvollen Artefakte und Sammlungen des Hauses für einen Bild-Katalog.

Ein Kontakter in besonderer Mission

Nach 13 Jahren in der Reproduktion warteten auf Günter Lintl neue Herausforderungen im Wendel-Außendienst. Sein Auftrag: Neue Kunden zu gewinnen und an das Unternehmen zu binden. Dies versetzte Günter Lintl in die Lage, die geschäftlichen Kontakte aus seiner selbständigen Tätigkeit zusätzlich für die Firma Wendel zu nutzen. Im Rückblick stellt Günter Lintl zufrieden fest: „Etliche Firmen sind durch mein Zutun zu treuen Großkunden geworden, die Wendel Arbeit und Umsatz sicherten."

Als das Großlabor 1996 seine Arbeit einstellte, wechselte Günter Lintl in die Nachfolgefirma, die von Christa Goetzke, Mitglied der ehemaligen Wendel-Geschäftsleitung, weitergeführt wurde. Auch an seinem neuen Arbeitsplatz war Günter Lintl als Kontakter unterwegs. Neben der Betreuung zahlreicher Unternehmen übernahm er verstärkt die Beratung bekannter Künstler wie Gerhard Richter, Heinz Mack und Klaus Rinke, die das Medium Fotografie für die Gestaltung ihrer Kunstwerke einsetzen wollten.

Bekannte Künstler auf der Liste. Gerhard Richter, Heinz Mack und andere ließen sich gern von Profi Günter Lintl bei der fotografischen Gestaltung ihrer Fotoeditionen beraten. (copyright © Gerhard Richter 2018, nr. 24052018)

Auf dem Weg zur künstlerischen Fotografie

Technische Kreativität ist an sich durchaus schön und gut. Ein Fotograf mit künstlerischen Ambitionen wird sich jedoch auf Dauer nicht damit zufrieden geben. Günter Lintl erging es genauso. Auslöser für die Neuorientierung war ein historisches Bild aus den Anfängen der Fotografie mit den damals notwendigen langen Belichtungszeiten. Ein Fotodokument, das Wasser auf besonders eindrucksvolle Weise darstellte. Fortan war dies ein Thema, das Günter Lintl nicht mehr losließ. Mit viel Aufwand hatte er sich daraufhin mit den Strukturen von fließendem Wasser an alten Wehren der Ennepe befasst und seine Impressionen in eine einzigartige Bildsprache umgesetzt. So entstand das umfangreiche Bildwerk ‚Wasser in der Zeit'.

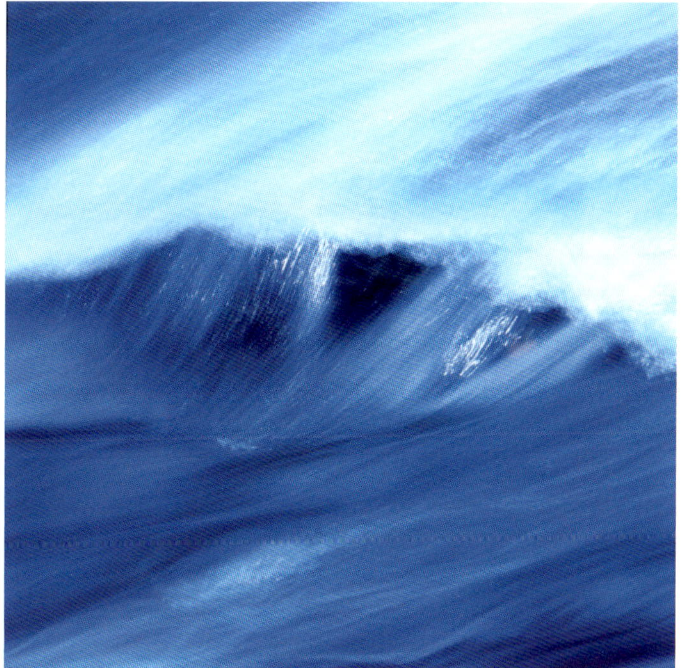

Alles fließt. Fotokunst des Augenblicks. Für seine Ausstellung „Wasser in der Zeit" erhielt Günter Lintl viel Lob und Anerkennung.

Seine Fotoschau eroberte als Einzelausstellung das Rathaus von Gevelsberg und ging weiter auf Tournee nach Ennepetal, Remscheid, Düsseldorf und Hamburg. Sogar im fernen Brüssel machten die Foto-Exponate made by Lintl Station.

Günter Lintl erhielt Kontakt zu Firmen und Behörden, die auf seine Arbeiten aufmerksam geworden waren und ihn nun mit eigenen Aufgaben betrauten. Unter anderem kam ein Mitarbeiter aus dem NRW Bauministerium mit der Bitte um Unterstützung auf ihn zu. Ein Glückfall, wie sich bald herausstellte. Günter Lintl fotografierte für das Ministerium historische Stadt- und Ortskerne, Kunst am Bau, jüdische Friedhöfe und fahrradfreundliche Städte, die Umnutzung von alten Fabrikgebäuden und viele Industriedenkmäler im Bundesland.

Beim NRW-Touring sollte es nicht bleiben. Günter Lintl reiste sogar nach Sankt Petersburg in Russland, um dort eine Ausstellung mit seinen Fotos über Stadtentwicklung zu managen und zu betreuen.

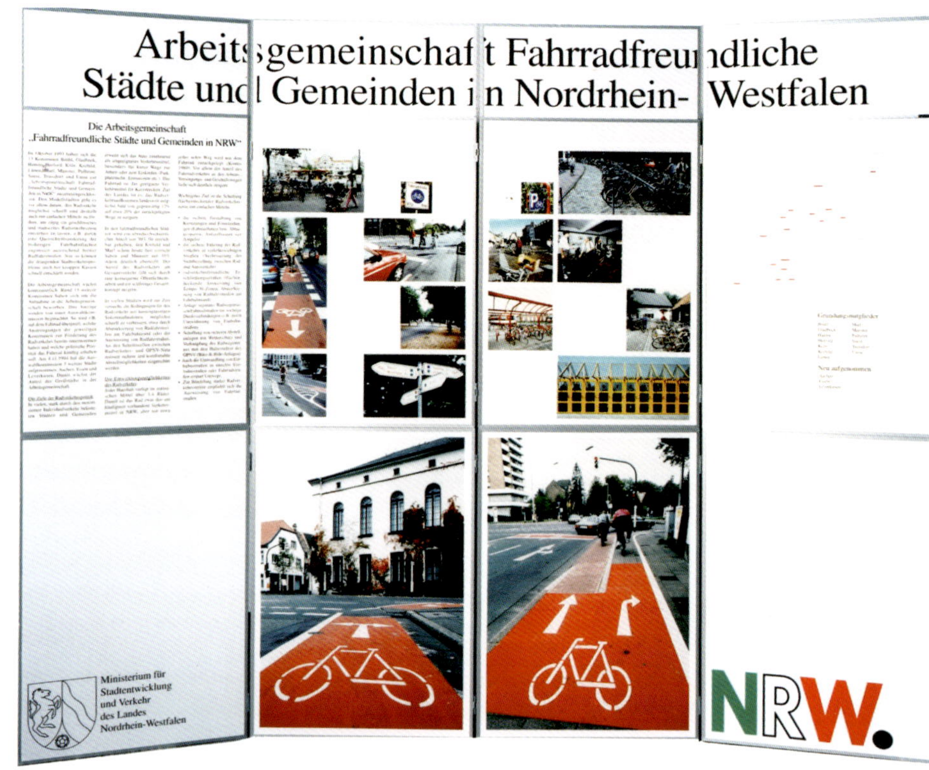

Für die Ausstellung zum Thema „Fahrradfreundliche Städte und Gemeinden“ war Günter Lintl mit seiner Kamera in ganz NRW unterwegs.

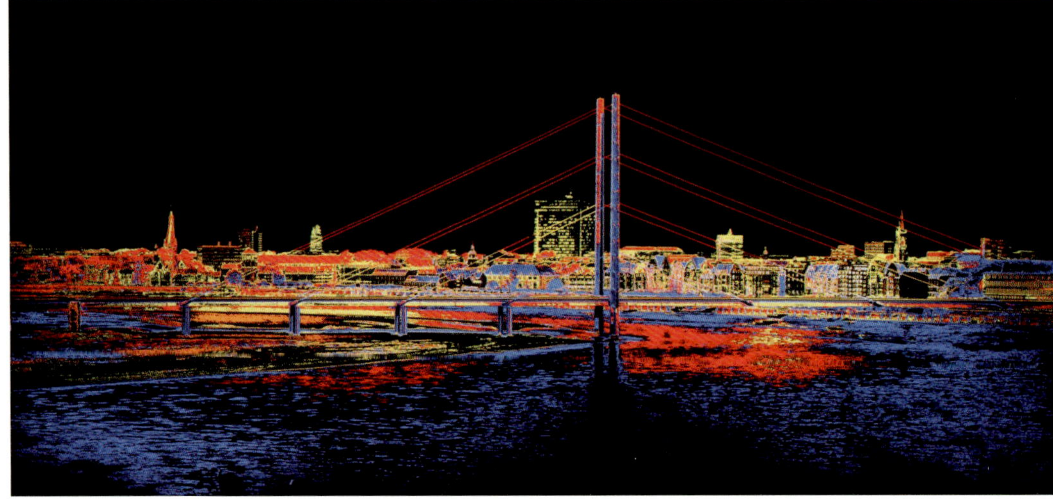

Die Düsseldorfer Rheinbrücke, von Günter Lintl effektvoll in Szene gesetzt. Was sich heute am Computer schnell realisieren lässt, benötigte vor einigen Jahren noch viel Zeit, Aufwand und fototechnisches Können.

Meisterqualität an der Wupper

Seit 1990 in Wuppertal zu Hause, ist Fotografenmeister Günter Lintl auch hier ein gefragter Ansprechpartner. Unter anderem arbeitet er für die örtliche Industrie- und Handelskammer und ist zudem in Wirtschaft und Industrie mit seiner Kamera im Einsatz.

Zu den Highlights am neuen Standort zählte sicherlich das Projekt Regionale 2006. „Ich habe die Ideen der Agentur fotografisch für die Dauer der Regionale umgesetzt und dadurch meine neue Heimat ausgiebig kennen und schätzen gelernt“, zieht Günter Lintl Bilanz.

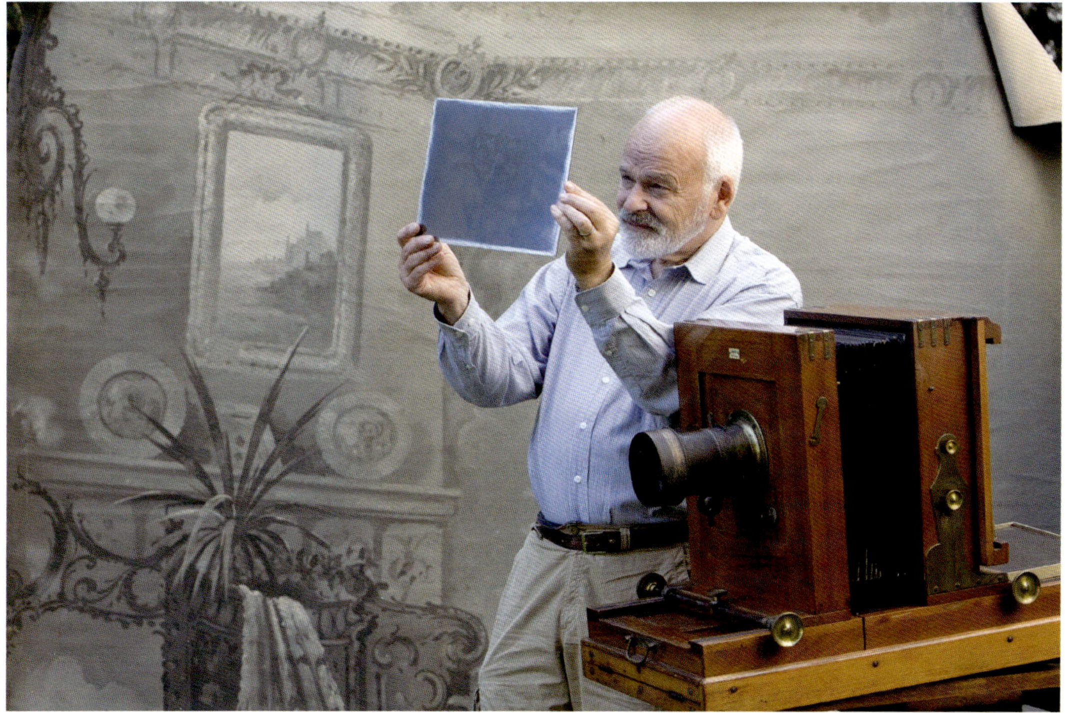

Etwas unhandlich, aber überaus vielseitig im Gebrauch: Die Atelierkamera, die sowohl mit Platten als auch mit Planfilmen funktionierte, kam für viele Aufnahmen zum Einsatz.

Hier zeigt sich übrigens sehr deutlich, wie der Fortschritt das Arbeiten erleichtert. Mit einer professionellen Digitalkamera lässt es sich wesentlich komfortabler fotografieren als mit der hochwertigen, aber ziemlichen unhandlichen Atelierkamera, die im Fotostudio Lintl bis zur Geschäftsaufgabe für Aufnahmen aller Art genutzt wurde.

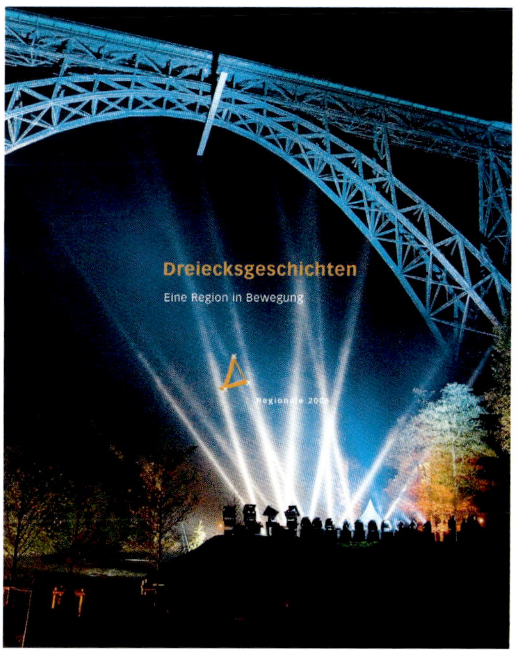

Günter Lintl hat die Regionale 2006 im Städtedreieck Wuppertal, Remscheid, Solingen fotografisch begleitet.

In seinem Atelier beschäftigt sich Günter Lintl zurzeit intensiv mit der Pflege des umfangreichen Fotoarchivs, in dem hunderte Bilder aus drei Lintl-Generationen auf Katalogisierung warten. Das schier unerschöpfliche Reservoir hat dem engagierten Fotografen bereits reichlich Material für seine Vorträge geliefert. Im Umkreis sind die unterhaltsamen Präsentationen historischer Fotos vom Segelfliegen und aus den Städten Gevelsberg und Ennepetal bei vielen Besuchern bereits Kult. Als nächstes plant Günter Lintl eine Vorführung über die Gevelsberger Städtepartnerschaft mit Vendôme in Frankreich.

„Aus meinem analogen Tagebuch“ Günter Lintl

Blitz bringt Licht ins Dunkel

Nur mit Hilfe der Fotografie kann die unvergleichliche Höhlenlandschaft ans Tageslicht geholt und gezeigt werden. Da in der Klutert offenes Feuer verboten ist, bietet der Blitz die einzige Möglichkeit, ein gutes Foto zu machen.

Als erstes lege ich mit Kamera und Stativ eine Aufnahmeposition fest, stelle den Fotoapparat ein und weise meinen Assistenten an, eine schwarze Pappe vor das Objektiv zu halten. Währenddessen suche ich mit einem Elektronenblitz für mich den geeigneten Standort. Auf meinen Zuruf löst der Mitarbeiter die Kamera über die Einstellung B für Zeitaufnahme aus und entfernt die Pappe vom Objektiv. Daraufhin bediene ich den Blitz und die Pappe wird wieder vor das Objektiv gehalten. Anschließend begebe ich mich auf die Suche nach einem neuen Platz und wiederhole dort den gleichen Ablauf.

Durch mehrere Belichtungen auf ein Negativ entsteht so in der Summe ein professionelles Foto mit ansprechender räumlicher Darstellung der Höhlengänge. Dabei ist es durchaus eine Herausforderung für mich, die hochwertige Kamera-Ausrüstung auf den lehmigen und zum Teil sehr engen Wegen unbeschadet zu nutzen.

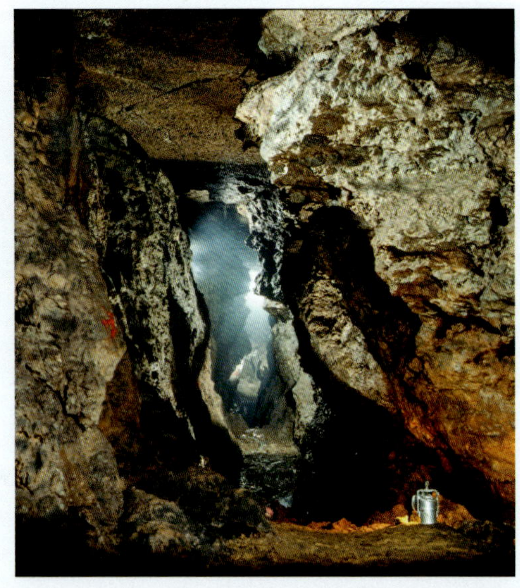

Fortschritt im Bilde

Die ganze Welt in Farbe. 1972 liegt der Verbrauch von Colorpapier und Schwarz/Weiß-Papier erstmals gleichauf. Nur fünf Jahre später wird Colorpapier dreimal mehr verwendet.

1976 gelingt Steven J. Sasson von Eastman Kodak eine Sensation. Er konstruiert die erste digitale Fotokamera und nimmt das erste Digitalbild mit 100 x 100 Pixel auf. Zwei Jahre später wird die Erfindung zum Patent angemeldet.

1976 kommt auch Fujifilm mit einer Neuheit auf den Markt und präsentiert den ersten hochempfindlichen Farbnegativfilm.

Die Canon A-1 und die Minolta XD-7 sind die ersten Multimode-Kameras mit mehreren wählbaren Belichtungsautomatiken – 1978 ist die Premiere im Handel.

2000 gibt es eine weitere fototechnische Premiere, die Geschichte machen sollte. Das japanische Unternehmen Sharp bringt das erste Kamera-Handy heraus. Vier Jahre später überraschen die Metz-Werke die Fachwelt mit dem ersten lernfähigen digitalen Blitzgerät. Außerdem machen Fotobücher beim Verbraucher Furore. Sie werden zum wichtigen Umsatzbringer der Großlabore.

Vor Ort im Fotostudio

Der Arbeitsplatz eines Fotografen sagt viel über die Art und Weise aus, mit der er an eine Aufgabe herangeht und die Umsetzung realisiert.

Nüchtern, ja sogar karg erscheint der Raum, in dem über drei Generationen so viele ausdrucksstarke Aufnahmen entstanden sind. Damit stellt sich die Frage: Wie gelingt es, in solch einer spartanischen Umgebung jederzeit Fotos mit Atmosphäre und Ausstrahlung zu produzieren? Günter Lintl gibt die Antwort: „Jeder Fotograf praktiziert seine ganz persönliche Lichtführung, die sozusagen zu einem individuellen Markenzeichen wird. Wir haben beispielsweise oft und gern mit besonderem Effektlicht gearbeitet, das unter anderem bei Portraitaufnahmen attraktive Glanzakzente aufs Haar zauberte."
Nicht nur bei den Haaren verstanden es die Profis, glänzende Ergebnisse zu erzielen. „Im Vorraum des Ateliers stand immer eine Dose Nivea, damit sich die Kunden vor dem Fotografieren die Haut eincremen konnten. Dadurch wirkte das Gesicht auf den Schwarz-/Weißaufnahmen wesentlich frischer und konturierter als ohne diesen zusätzlichen Glanzeffekt", erklärt Günter Lintl.

Das wichtigste Utensil der Fotografen ist zentral im Studio platziert: Eine große, alte Atelierkamera, die bis zum Ende von Lintl-Foto hervorragende Dienste geleistet hat. Selbstverständlich fehlte auch nicht das damals gebräuchliche schwarze Tuch, unter dem der Fotograf während der Arbeit stets so geheimnisvoll verschwand. Das Rätsel lässt sich schnell lösen. Vor der Aufnahme kontrollierte der Fotograf in der Kamera ein Mattscheibenbild, das auf dem Kopf stand. Zudem mussten der Bildausschnitt und die Schärfe über der Mattscheibe jedes Mal begutachtet werden.

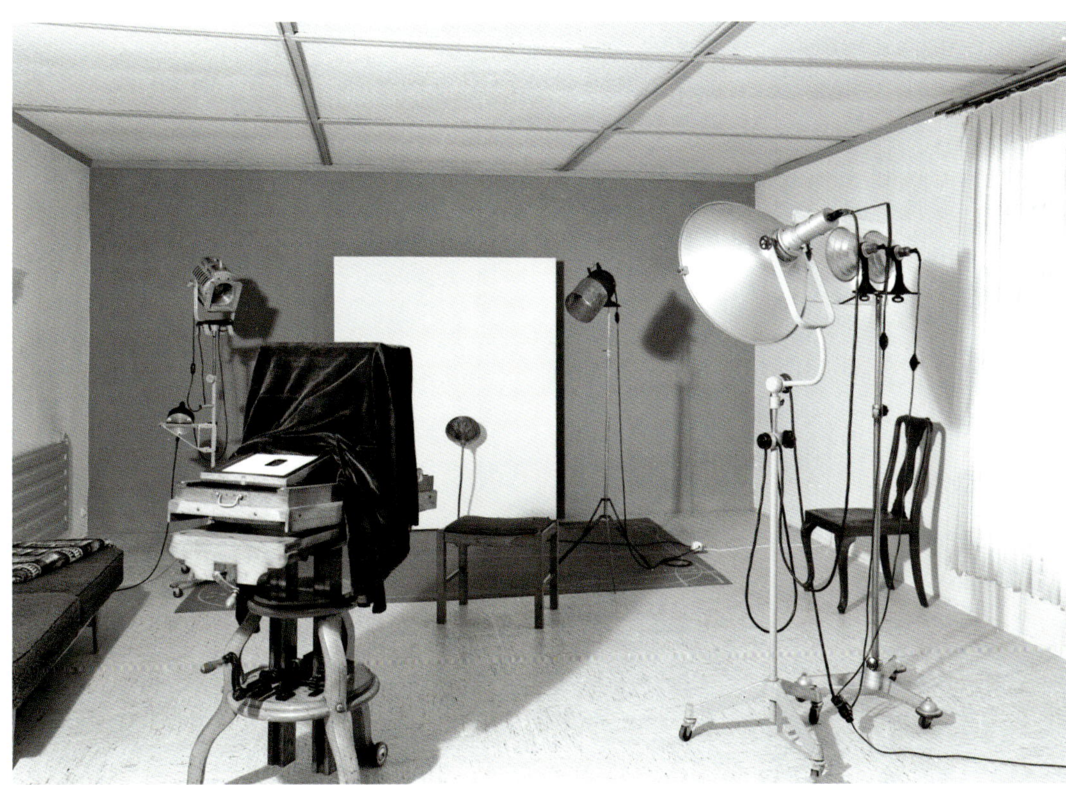

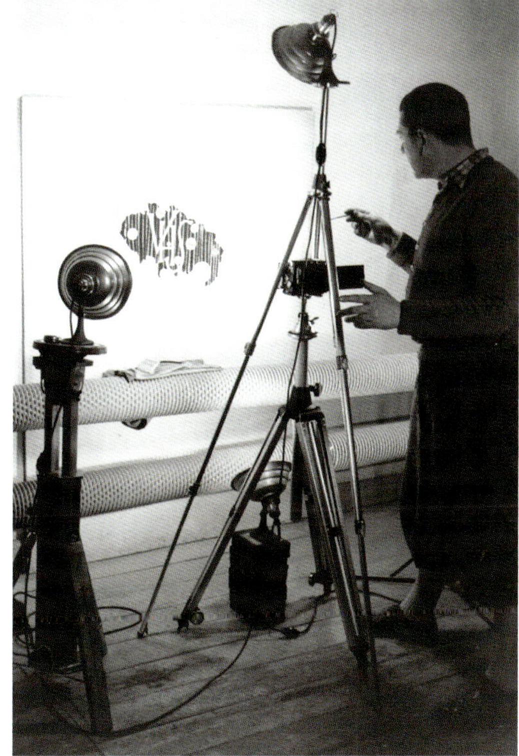

Das Werkzeug, mit dem erstklassige Fotos entstehen. Die Atelierkamera, im Studio Lintl sozusagen die Mutter aller Fotoapparate, kam viele Jahre vorzugsweise bei Personen-, Portrait- und Kinderaufnahmen zum Einsatz. Erworben wurde das Gerät seinerzeit bei Janssen & Co. in Köln.

Rechts daneben eine Kodak-Reisekamera Baujahr 1920 für Aufnahmeformate 20 x 25 cm. Wesentlich moderner ist das untere Modell, das sich ausgezeichnet zum Fotografieren von Produkten und Gebäuden eignete. Gut sichtbar: Die moderne Form einer optischen Bank.

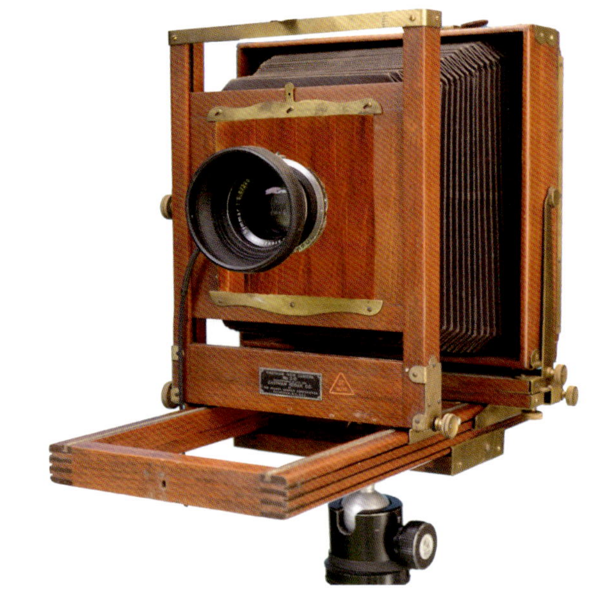

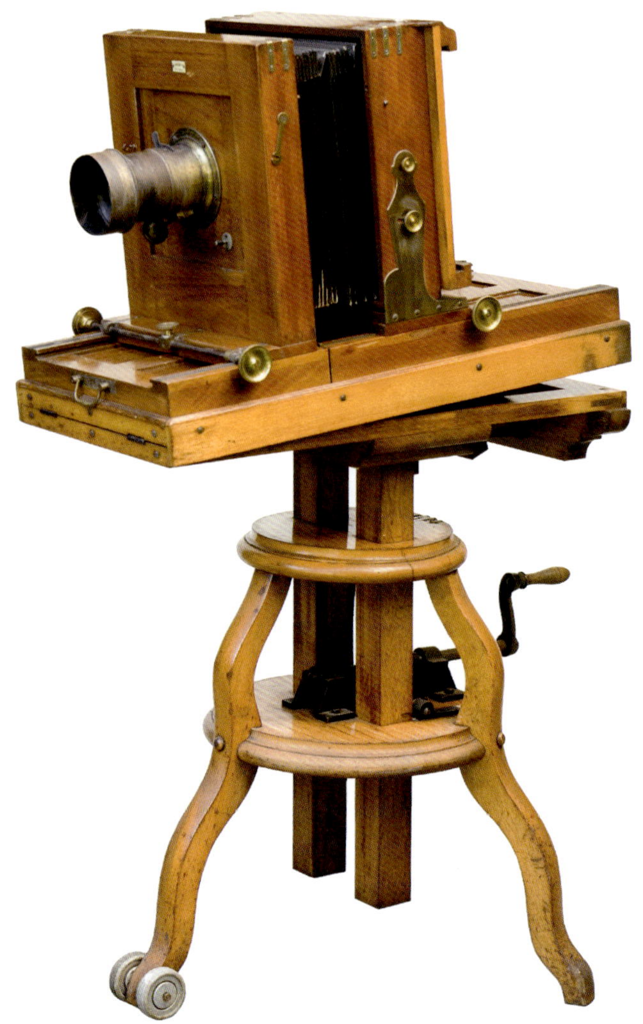

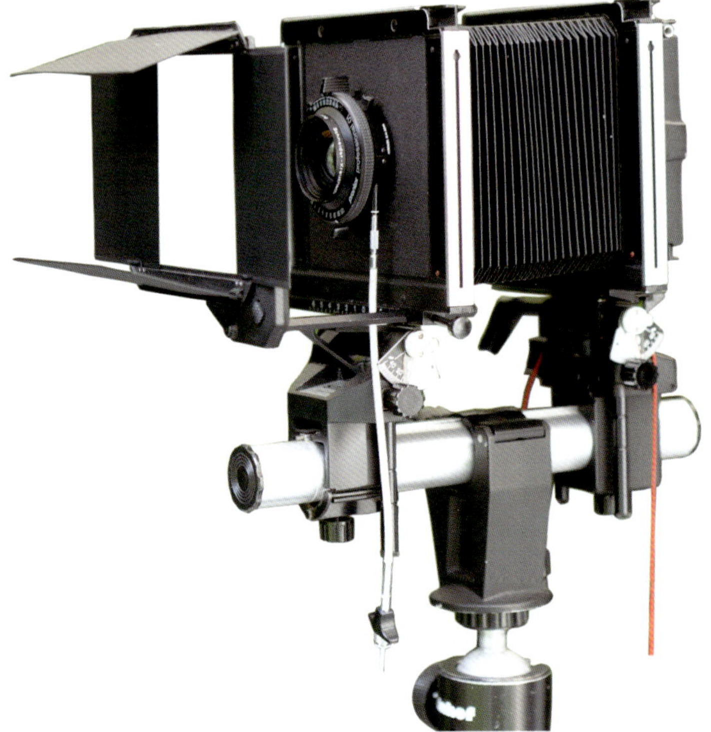

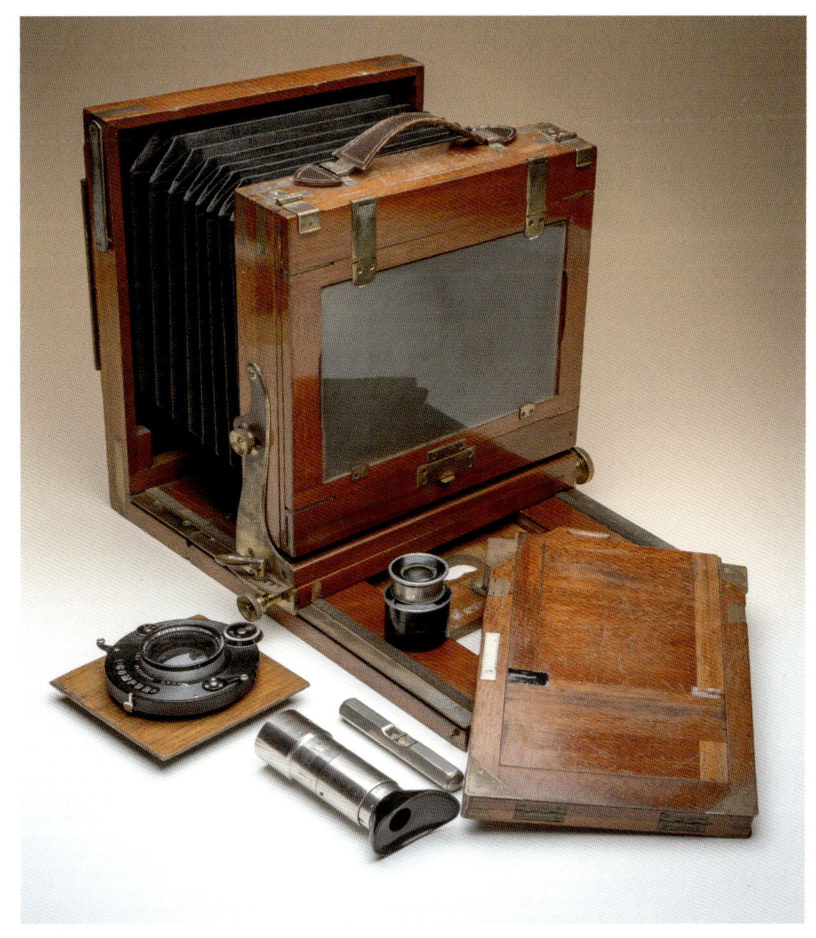

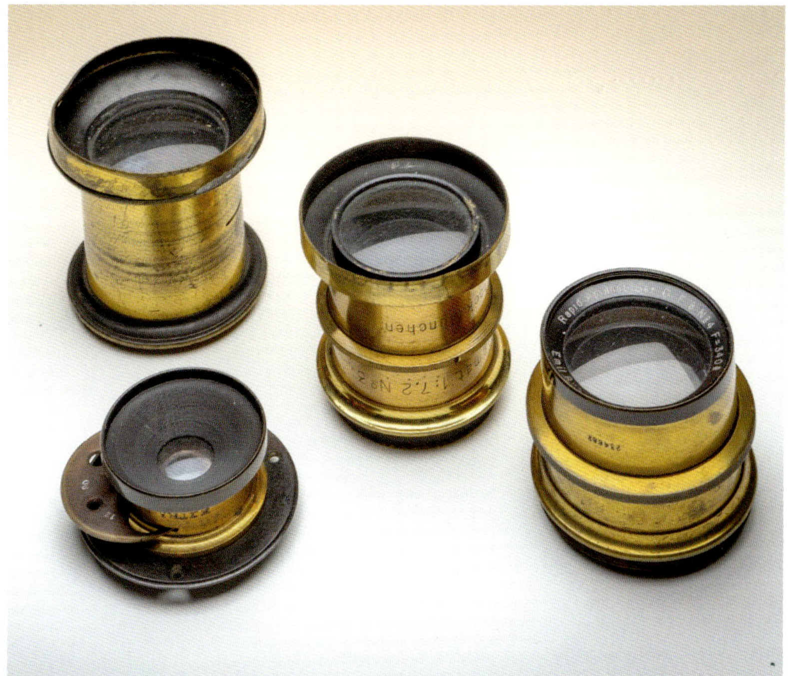

Je mehr, desto flexibler: Jede Menge Zubehör in Profiqualität versetzte die Lintls in die Lage, sehr wendig auf die Wünsche der Auftraggeber einzugehen. Unterwegs meist dabei, war die zusammenklappbare Reisekamera 13 x 18 cm ein überaus praktisches Utensil. Außerdem gehörten zur Ausrüstung unter anderem optische Belichtungsmesser, eine Wasserwaage, Lupen sowie Kassetten für Platten bzw. Filme. Und naturlich Objektive für alle nur denkbaren Aufgaben. Sogar ein innovativer Superweitwinkel zählte im Studio Lintl zum Standard.

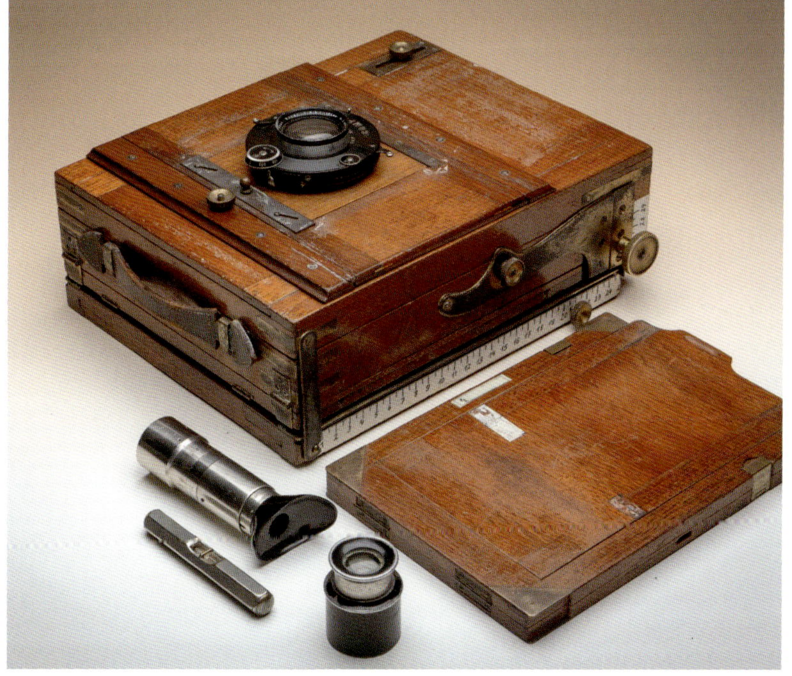

Negativretusche mit spitzem Stift

Fünf Zentimeter lang war die Spitze der Bleistiftmine in der Härte B, die bei Hans Günter Lintl für die Feinstarbeit verwendet wurde. Die Basis für die Retusche lieferten die Negative, auf denen Falten, Hautunreinheiten und andere kleine Schönheitsfehler der fotografierten Personen besonders gut zu erkennen waren.

Verständlicherweise hatte jedermann den Wunsch, auf seinem Foto so vorteilhaft wie möglich auszusehen. Nun lag es an der Kunst des Fotografen, die betreffende Person optisch ansprechend darzustellen. Dabei kam es darauf an, ein natürliches Äußere zu erzielen, aber keinesfalls das Bild durch zu viel Retusche zu verfälschen. Ein starres Gesicht ohne Mimik wirkte leblos und künstlich – selbst ein makelloser Porzellanteint machte diesen unechten Eindruck nicht wett.

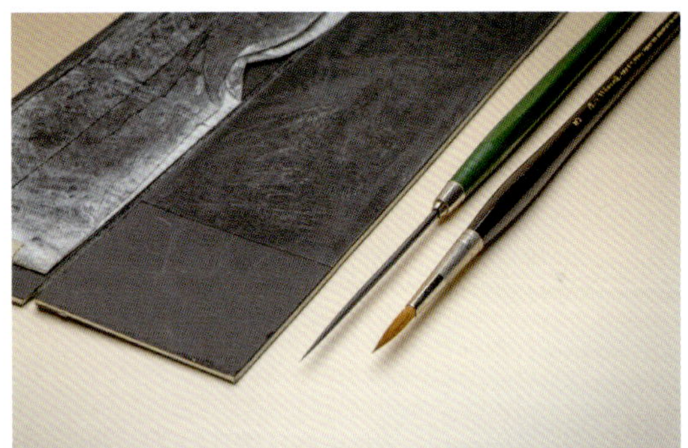

Deshalb nahm sich Hans Günter Lintl jede Menge Zeit, um mit der nötigen Sorgfalt unter der Lupe einem Portrait den endgültigen Schliff zu geben.

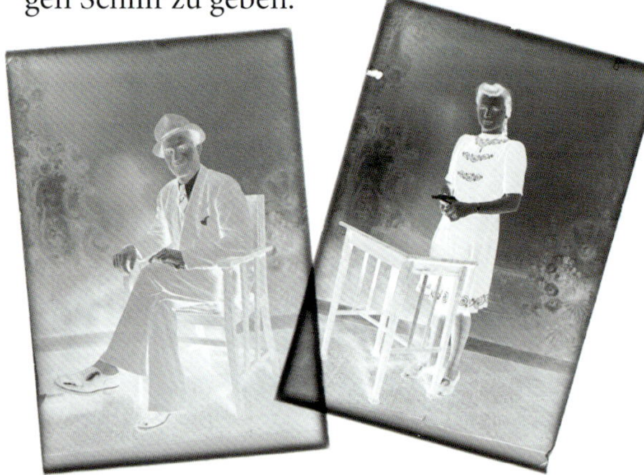

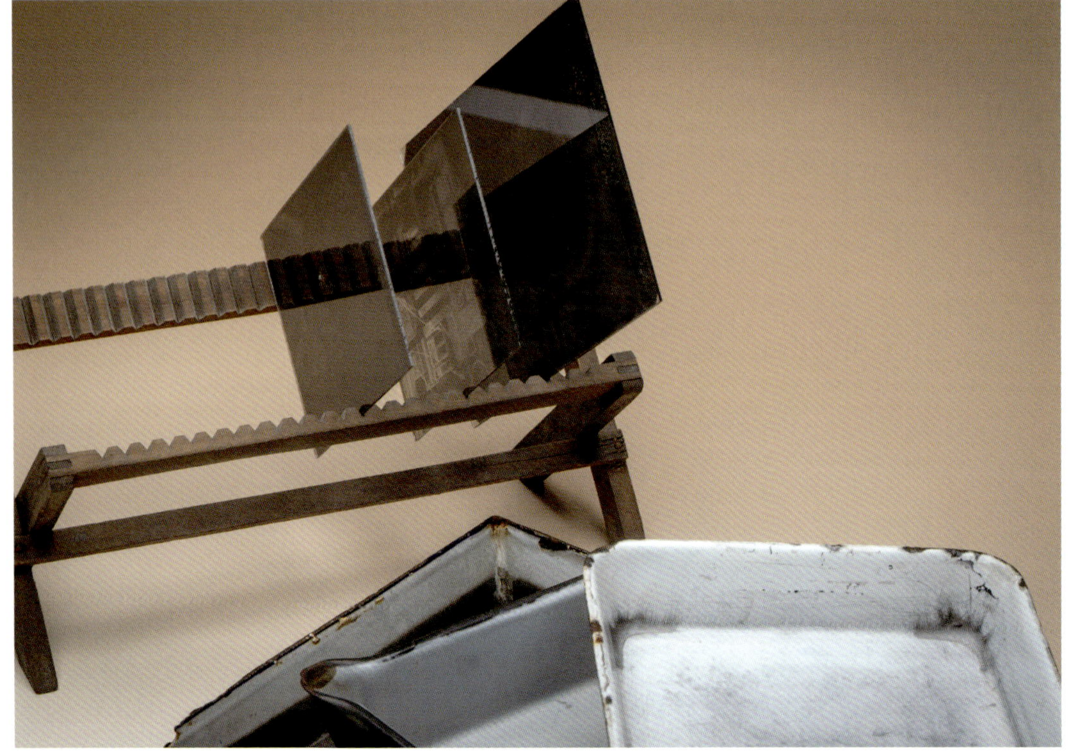

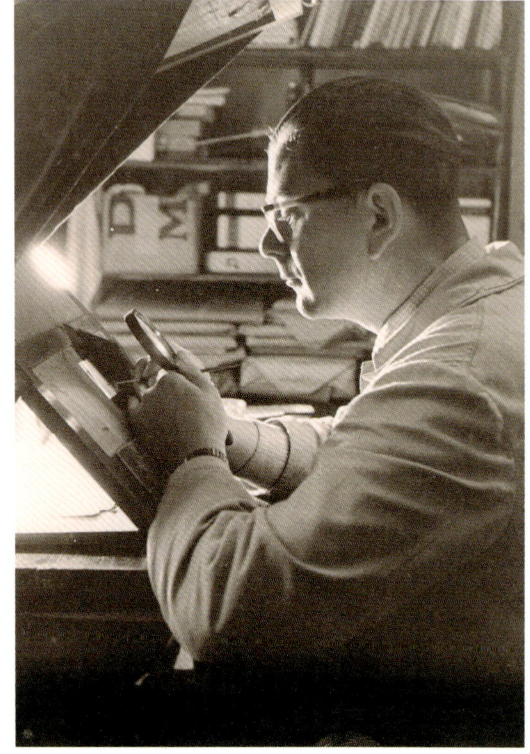

Für jedes Motiv die richtige Technik

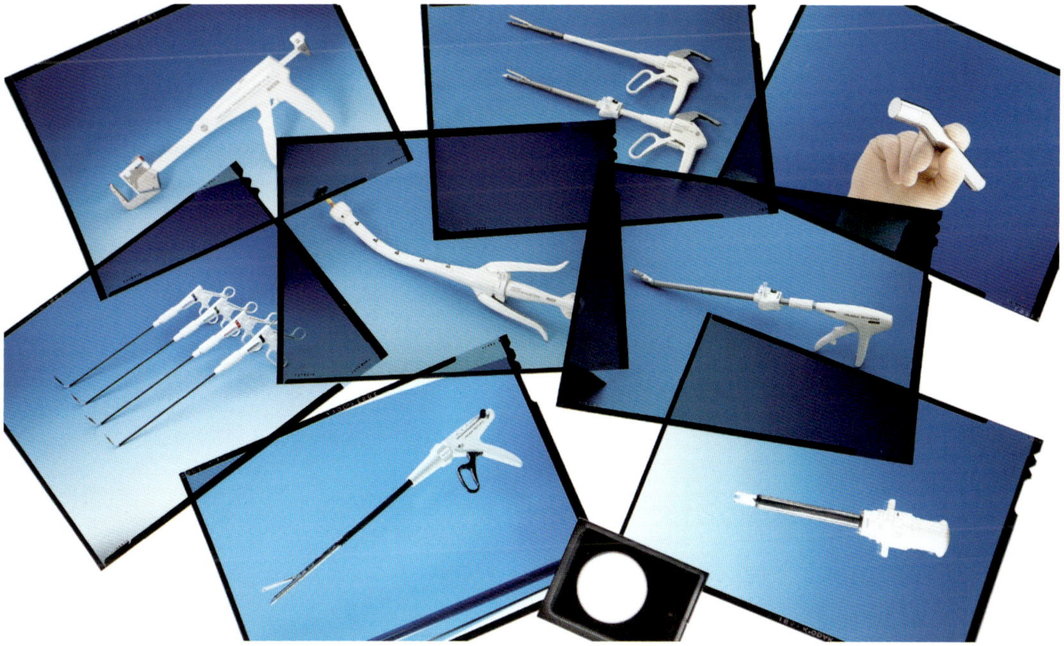

Ob Produktfoto oder Landschaftaufnahme: Lintls waren für jede Aufgabe und jeden Auftrag bestens gerüstet. Die Collage zeigt beispielsweise Aufnahmen verschiedener chirurgischer Instrumente, die Günter Lintl für die Illustration eines Prospektes gemacht hat. Schon auf den relativ kleinen Abbildungen wird deutlich, wie scharf, exakt und präzise die einzelnen Artikel im Bild dargestellt werden.

Die Qualität eines Fotos hängt ursächlich mit der Leistungsstärke der verwendeten Technik ab. Unter anderem spielt das Format der Vergrößerung eine entscheidende Rolle. Dabei gilt vor allem bei Landschaftsaufnahmen die Faustregel: Je größer, desto besser – wie hier beim Blick über Gevelsberg. Zum Einsatz kam bei diesen Shootings übrigens eine robust-zuverlässige Holzkamera Baujahr 1920 der Marke Kodak mit dem Aufnahmeformat 20 x 25 cm, allerdings mit modernen Objektiven bestückt.

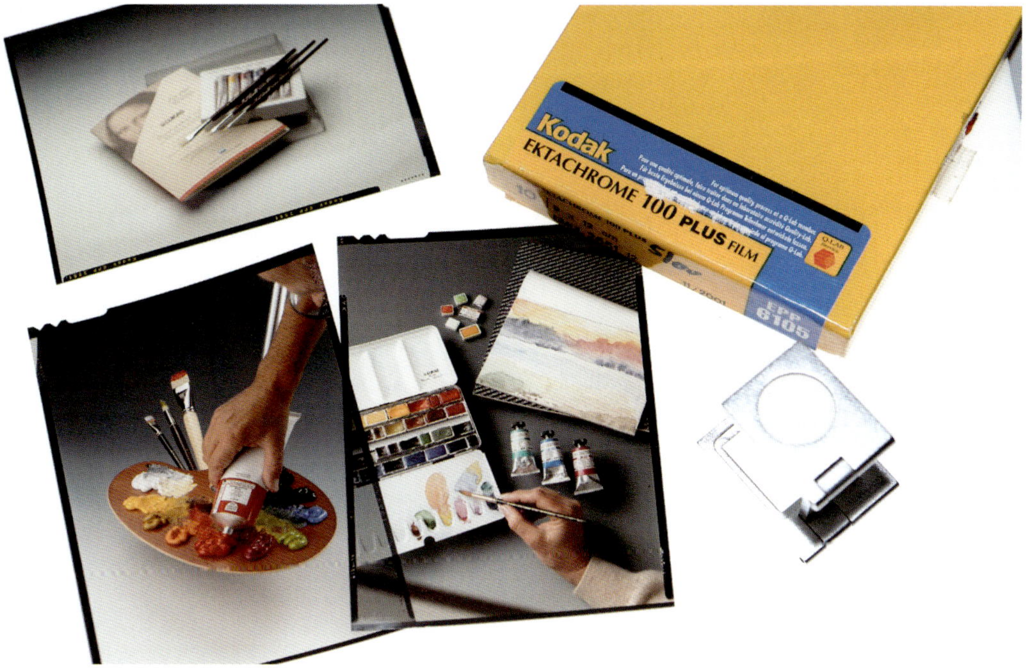

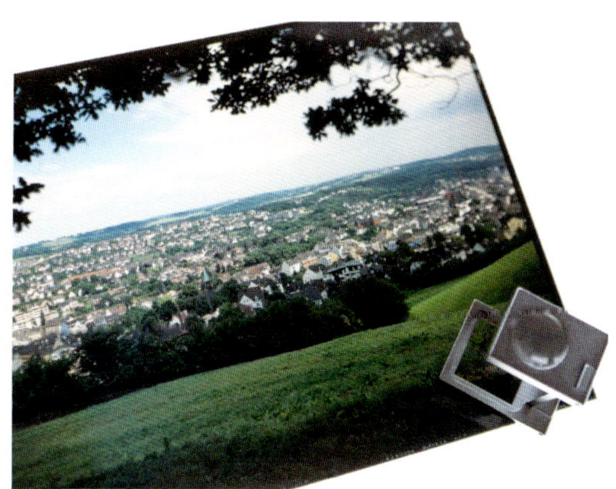

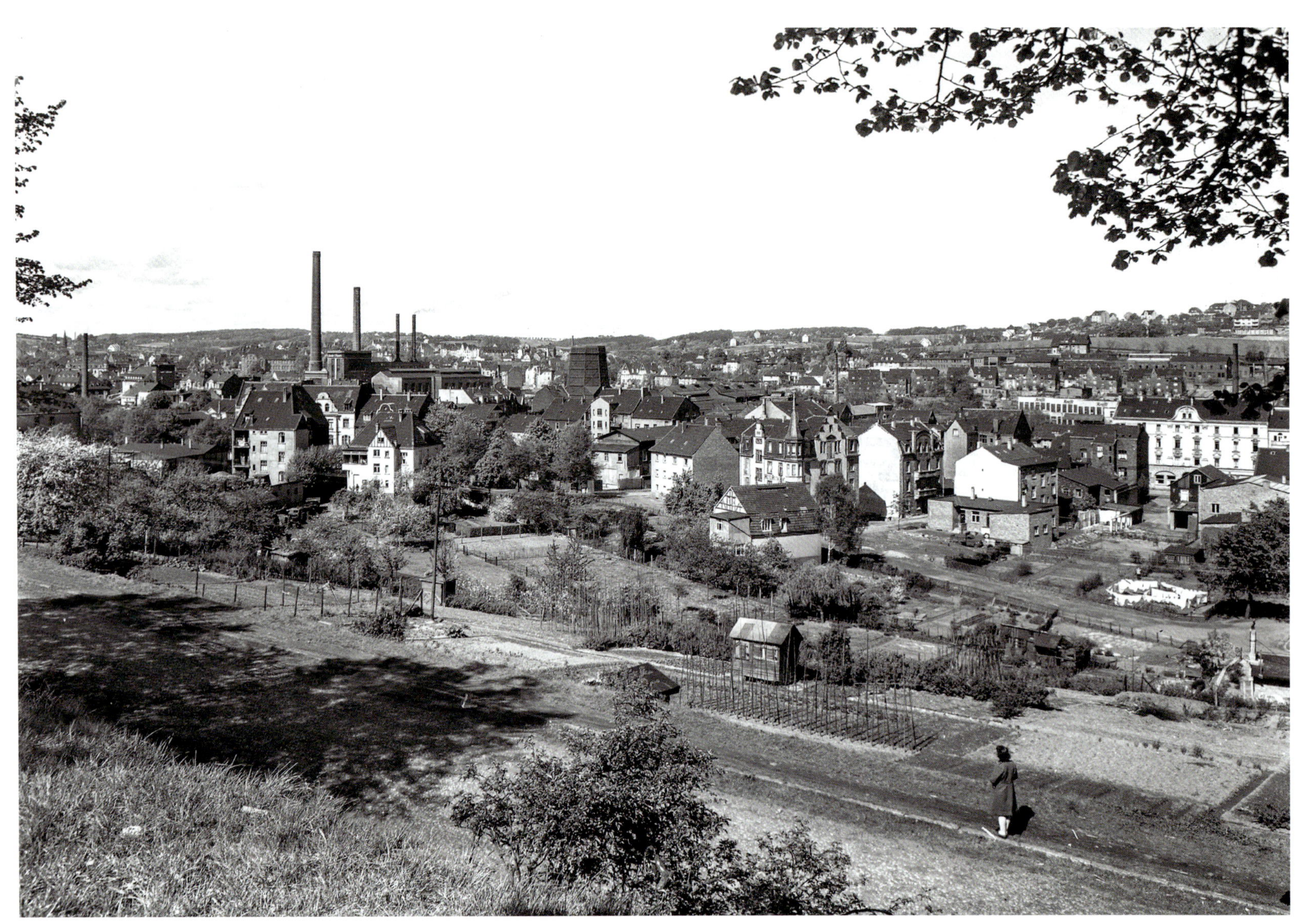

Gevelsberg im Grünen. Ein beschauliches Städtchen mit Potenzial. Als weithin sichtbares Zeichen signalisierten die Schornsteine der **Agfu** *(Aktiengesellschaft für wirtschaftliche Unternehmen des Ennepe-Ruhr-Kreises, seit 1963 AVU) die anhaltende Aufbruchsstimmung. So entwickelte sich Gevelsberg zu einem wirtschaftlich bedeutsamen Knotenpunkt in der Region. Mit einem attraktiven Umfeld zum Arbeiten, Wohnen und Leben. Beispielsweise sind die Gärten, die im Vordergrund der Aufnahme noch das Bild bestimmen, mittlerweile verschwunden und bebaut. Den noch freien Blick ins Grüne hat Hans Günter Lintl vom Bergisch-Märkischen Bahnhof aus im Foto festgehalten. Fast 120 Jahre lang in Betrieb, wurde der Fahrkartenschalter 1965 geschlossen und der Haltepunkt aufgegeben.*

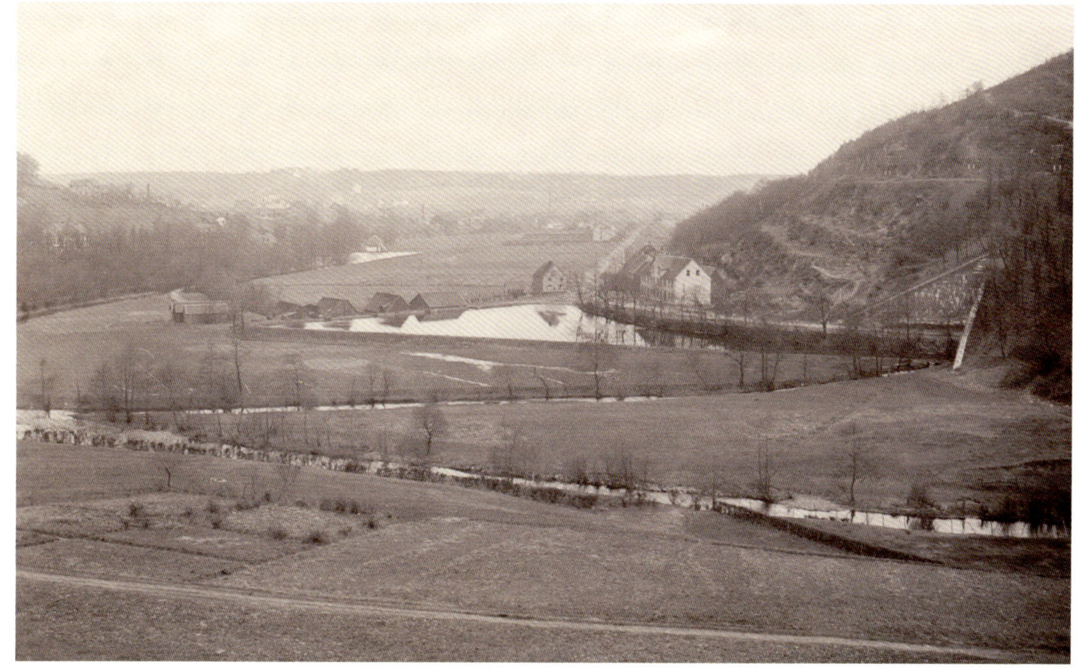

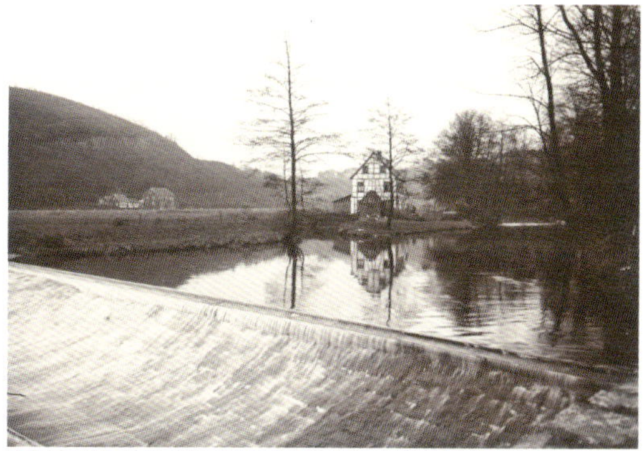

Schau ins Land mit unverstelltem Blick in die Ferne. Rund um den Kruiner Hammerteich war die Welt um 1910 noch weitgehend in Ordnung. Im Hintergrund gut zu sehen ist die Straßenanbindung an den Kruiner Tunnel, im Vordergrund zieht die Ennepe ihre Bahn durch die idyllische Landschaft.

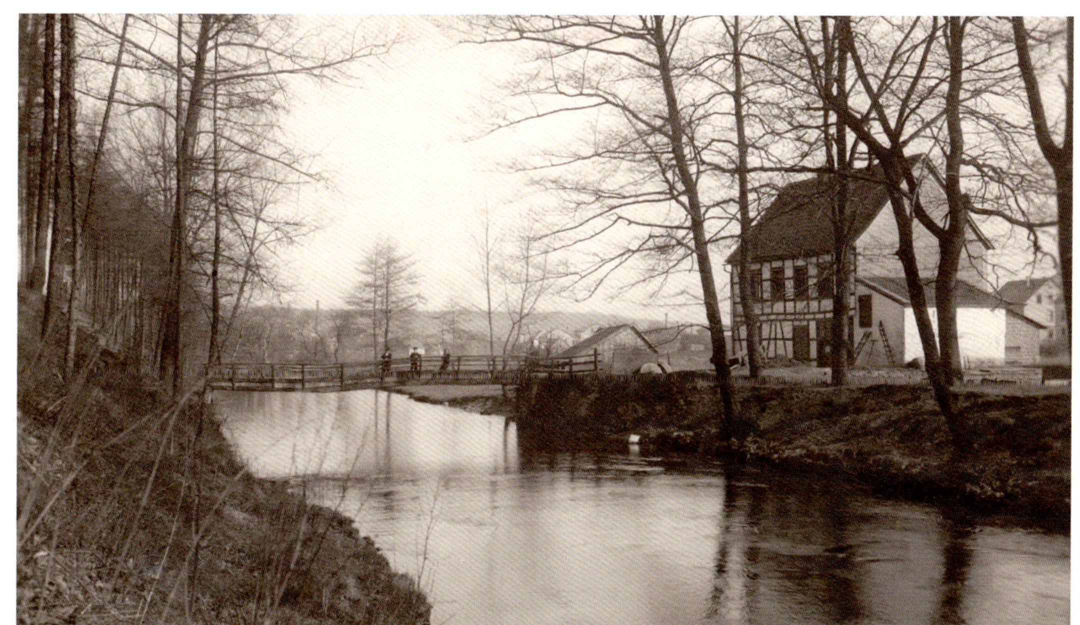

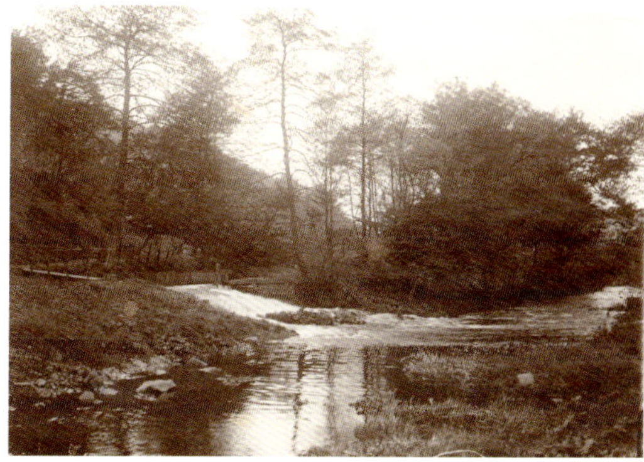

Die Ennepe lieferte die Wasserkraft für die wachsende Industrialisierung Gevelsbergs. Dringend benötigte Energie, damit Hammerwerke und Schleifkotten betrieben werden konnten. Vor allem an der Seufzerallee entstanden zahlreiche Wehre, um den Fluss zu stauen.

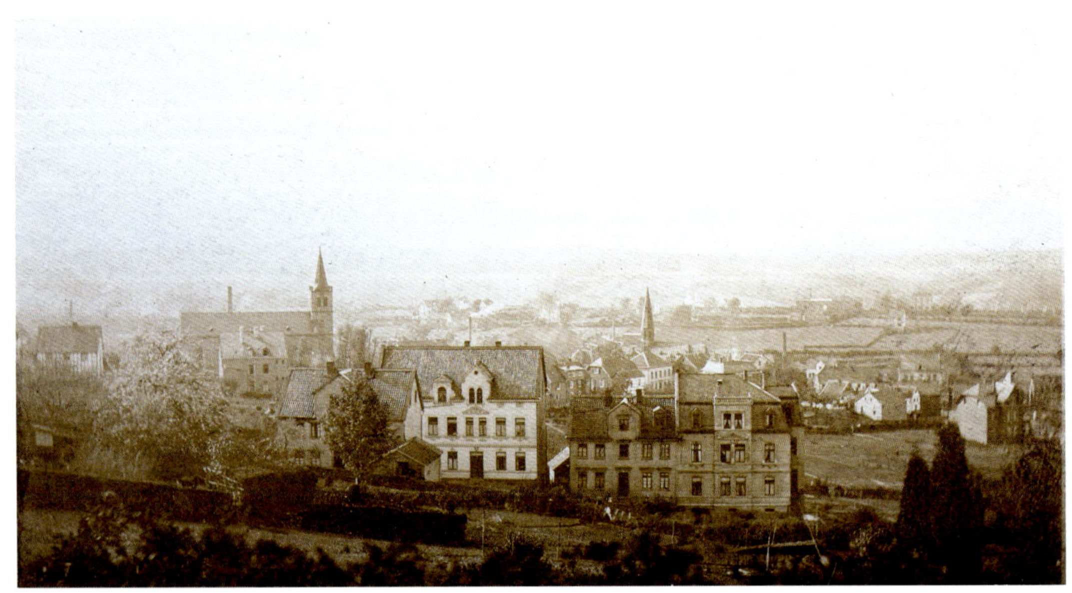

Postkartenmotive, fotografiert von Anton Lintl. Unter anderem eine historische Aufnahme mit der Erlöserkirche und eine typische Szene auf der Elberfelder Straße. Verkehrsberuhigung war damals noch kein Thema.

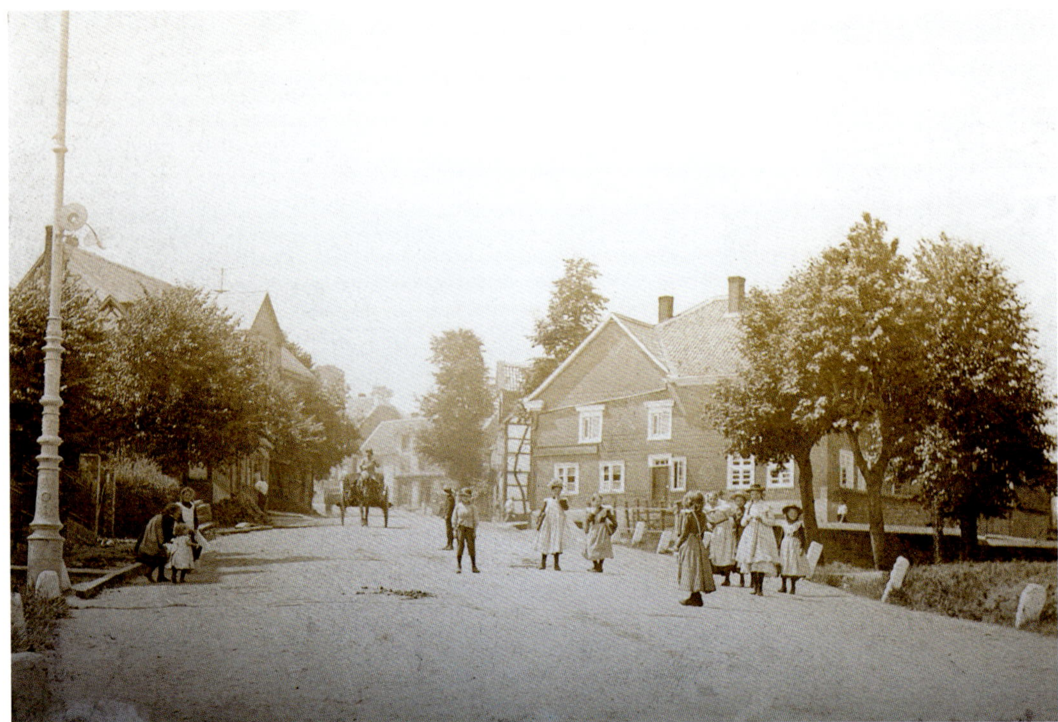

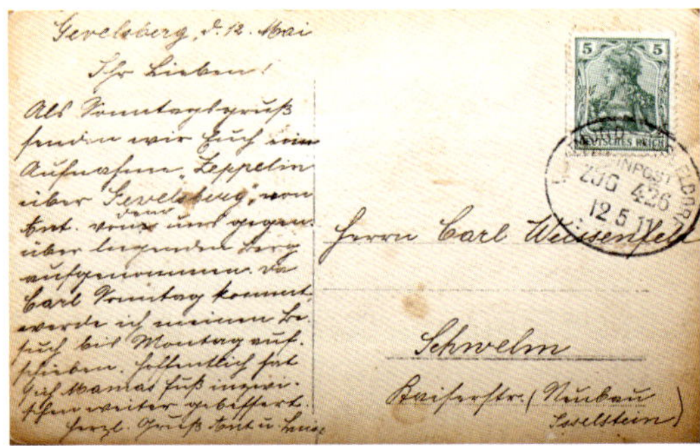

Gevelsberg, d. 12. Mai
Ihr Lieben!
Als Sonntagsgruß senden wir Euch eine Aufnahme v. Zeppelin über Gevelsberg, [illegible]

Herrn Carl Weissenfel[illegible]
Schwelm

Begegnung mit einem Luftschiff. Als 1929 erstmals der Zeppelin am Himmel über Gevelsberg auftauchte, drückte Anton Lintl auf den Auslöser. Die Postkarte, die an das spektakuläre Ereignis erinnert, wurde sofort an die Schwiegereltern nach Schwelm geschickt und liegt heute noch vor.

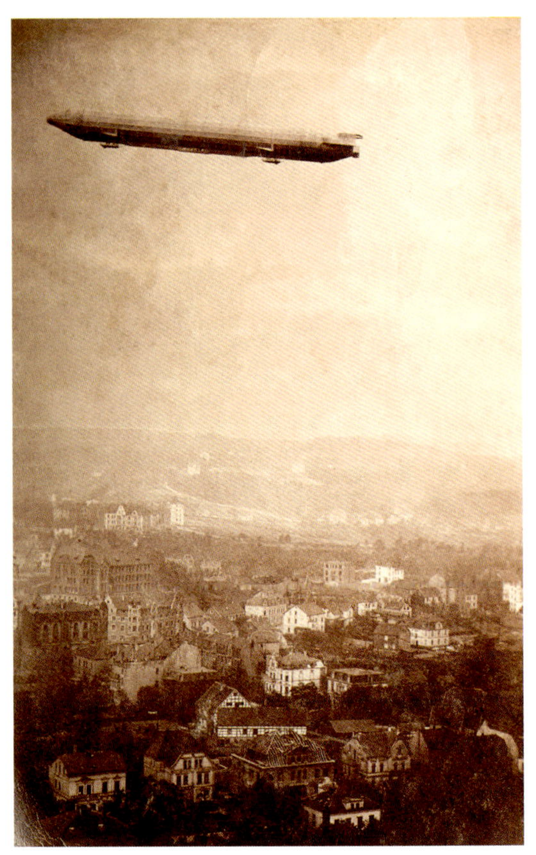

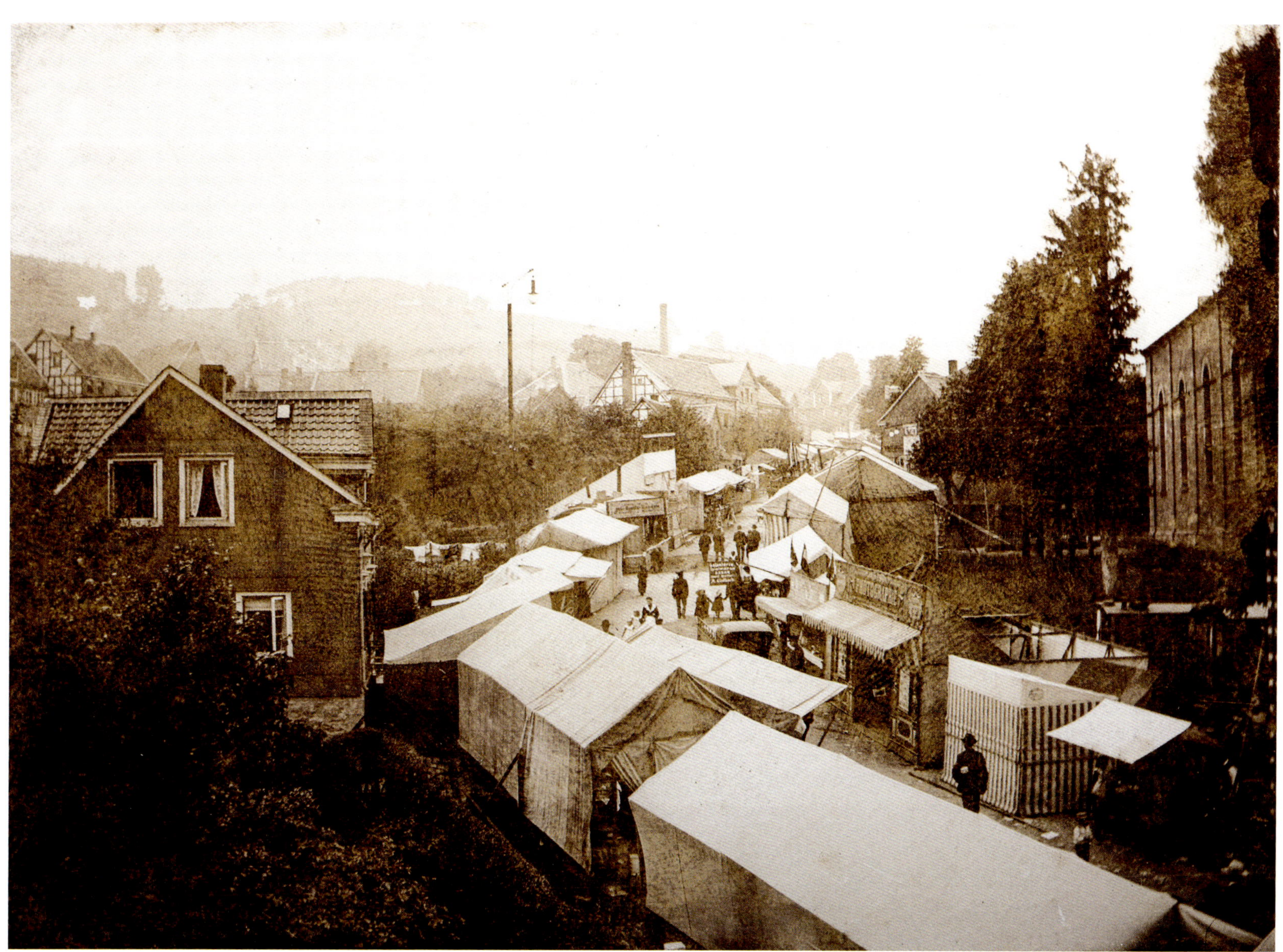

Shopping in alten Zeiten. Jedes Jahr zur Kirmeszeit lud eine kleine Budenstadt mit vielfältigen Angeboten zum Bummeln ein. Daran hat sich bis heute nicht viel geändert. Seit mehr als 200 Jahren findet die traditionsreiche Schiebekirmes statt, die sich zu einem beliebten Volksfest in und um Gevelsberg entwickelt hat. So zieht es jeweils am letzten Juniwochenende mittlerweile täglich zehntausende Besucher aus nah und fern in die Stadt, um rund um die Uhr ausgelassen zu feiern. Wer das Veranstaltungsgelände erkunden will, muss eine Steigung von bis zu 12 % bewältigen. Das macht durstig. Gut, dass die Ausschankbetriebe der heimischen Vereine stets reichlich vorsorgen.

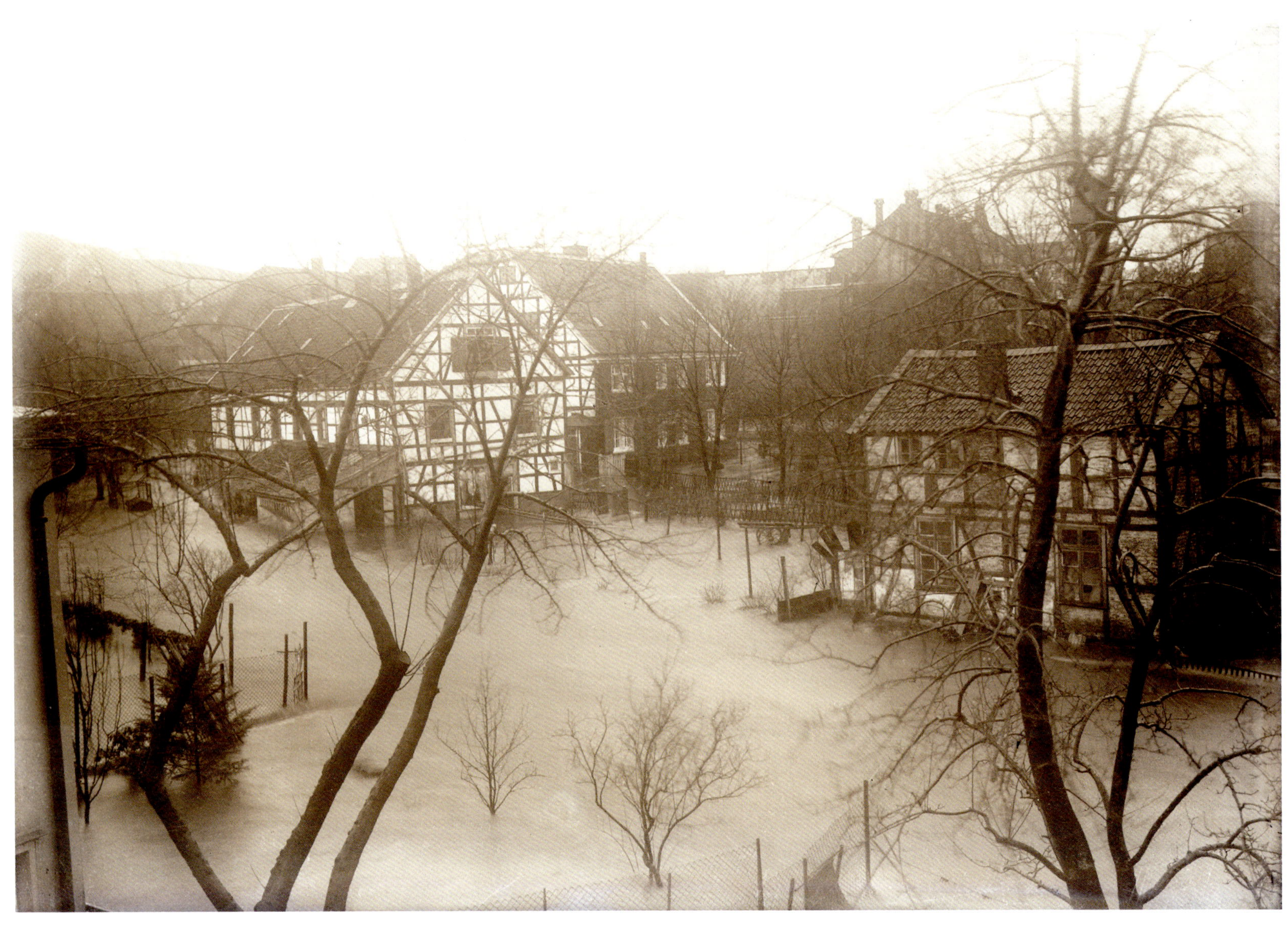

Land unter in Gevelsberg. Sylvester 1925 musste die Stadt das größte Hochwasser in ihrer Geschichte verkraften. Nach sintflutartigen Regenfällen trat die Ennepe über die Ufer und überschwemmte etliche Teile der Kommune. Betroffen war nicht nur die Mittelstraße, sogar die Ennepebrücke wurde überspült. Die Mitarbeiter im Rathaus mussten den Kampf gegen die Wassermassen letztendlich aufgeben. Wichtige Akten gingen unwiderruflich verloren. Auch die Lintls blieben von der Jahrhundert-Flut nicht verschont. Im Keller des Hauses stand das Wasser meterhoch. Nun hieß es die Ärmel aufzukrempeln, um die umfangreichen Aufräumarbeiten zu schultern.

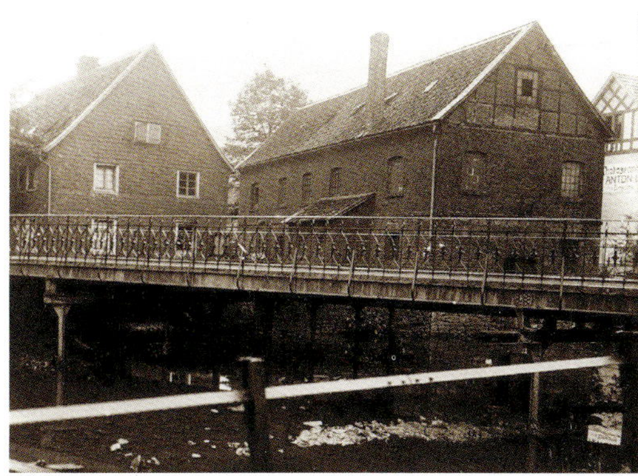

50 Jahre lang hatte die ehemalige Ennepebrücke an der unteren Mittelstraße gute Dienste geleistet. Doch das Alter war nicht spurlos an dem Bauwerk vorbeigegangen. 1930 sperrte die Polizei die Fahrbahn für Lastwagen über sechs Tonnen; Straßenbahnen und Busse durften die Brücke nur im Schleichtempo überqueren. 1932 wurde nach zehnwöchiger Bauzeit die neue Ennepebrücke fertiggestellt und im November offiziell dem Verkehr übergeben. Für den Neubau musste unter anderem die alte Lohngerberei weichen.

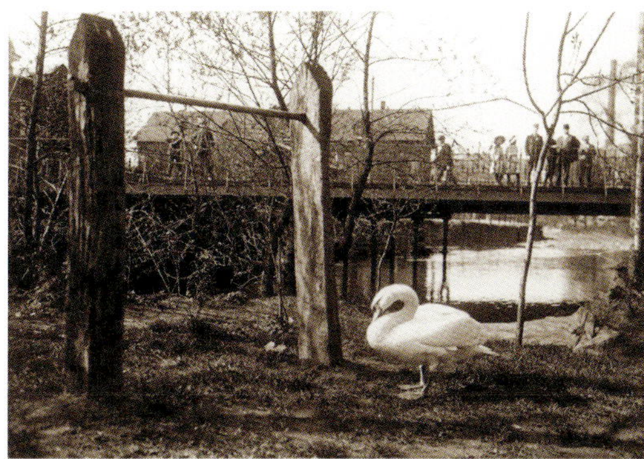

Gefiederter Besuch in Lintls Garten. Schwäne und andere Wasservögel machten oft Station auf dem Grundstück von Anton Lintl. Sicherlich in der Hoffnung, von der sympathischen Fotografenfamilie mit Futter versorgt zu werden.

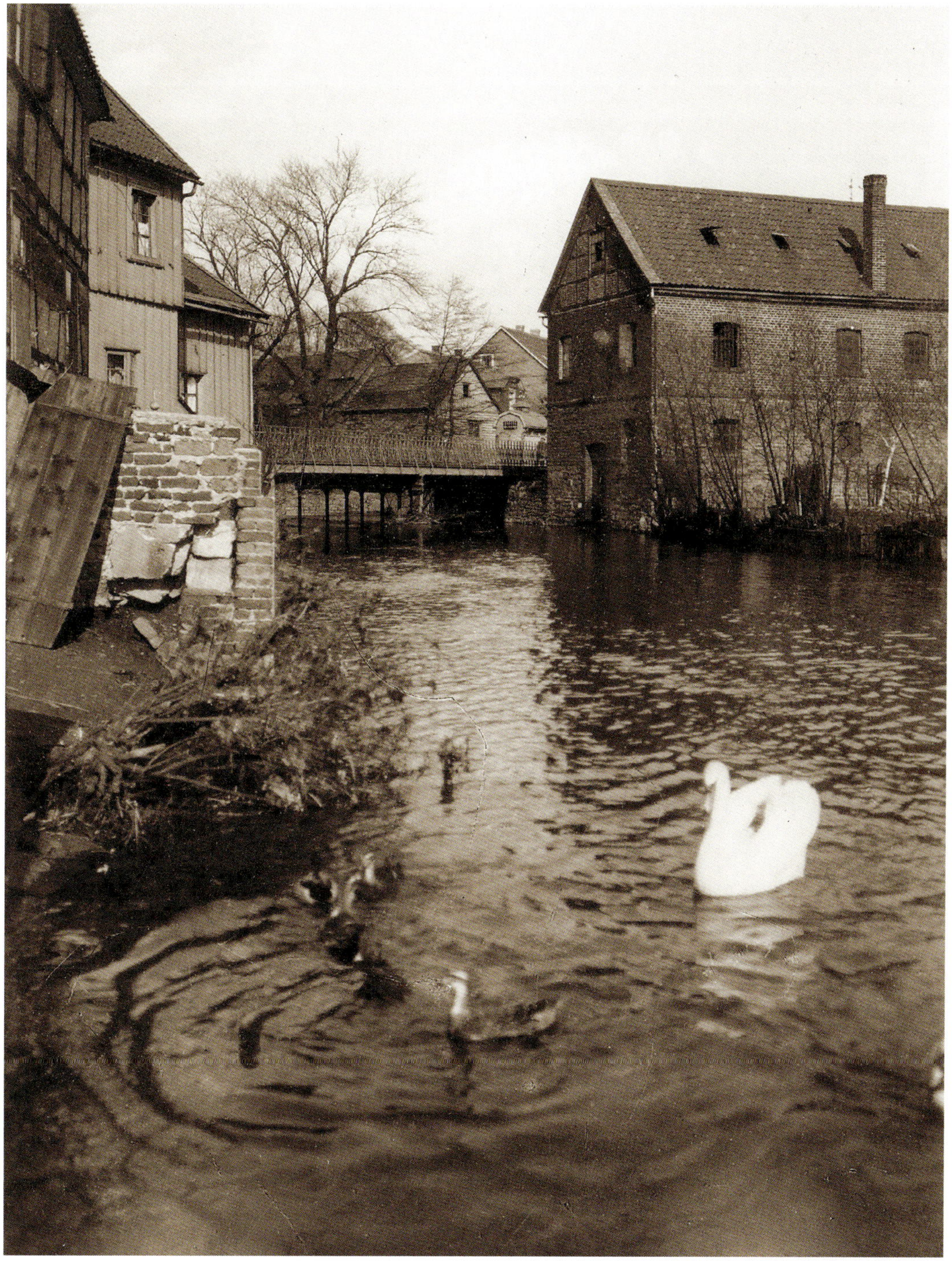

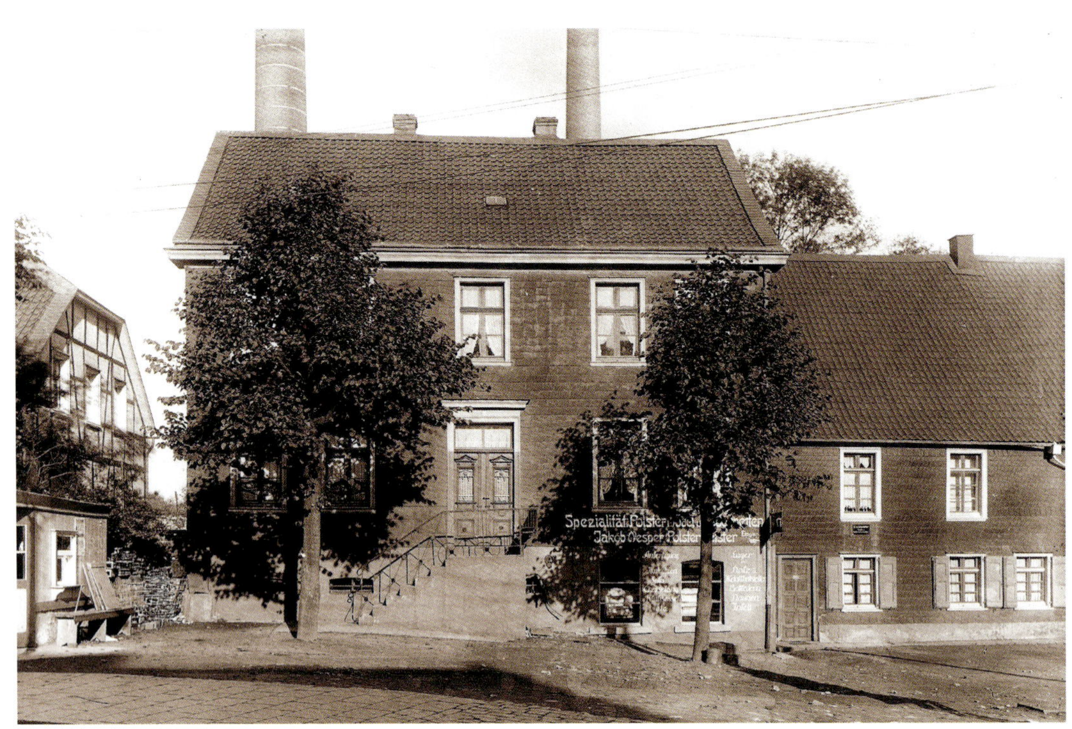

Nach der Jahrhundertwende bestimmten an vielen Stellen noch Fachwerkbauten und Schieferhäuschen das Stadtbild. Doch das Ende war abzusehen. So musste auch das alte Gebäude in der Bildmitte abgerissen werden, um dem geplanten Sparkassenbau Platz zu machen.

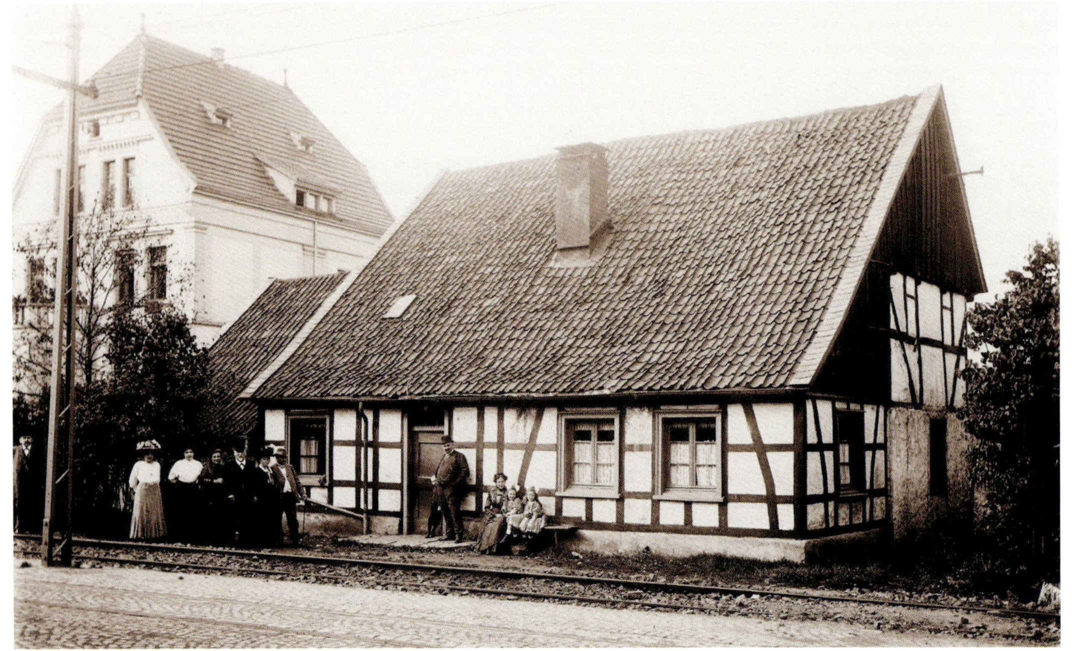

Das „Juffernhäuschen" am Ende der Kölner Straße stammte aus dem 18. Jahrhundert und gehörte damals einer Stiftsdame. Als die Jungfer ihr Domizil verließ, wurde 1829 im Gebäude die Briefsammelstelle Nirgena eingerichtet. 20 Jahre später ging die kleine Poststation in den Besitz der Industriellenfamilie Eicken-Krefft über. Wenig später erfolgte der Abriss. An gleicher Stelle ließen die Unternehmer eine prachtvolle Villa errichten.

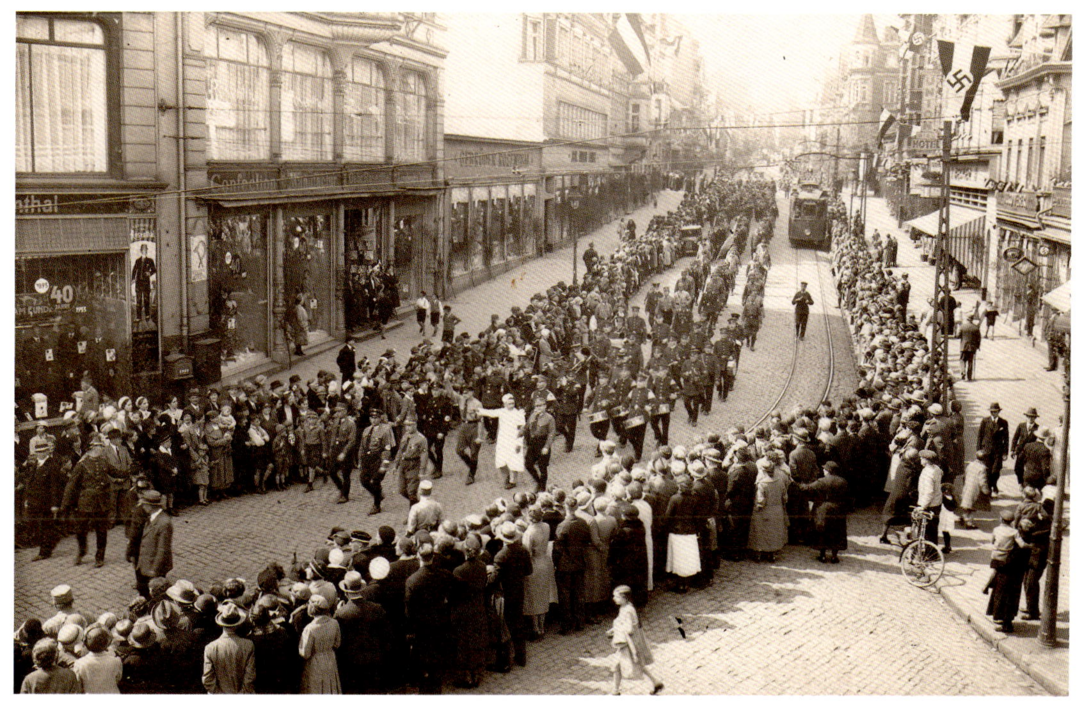

Überall in Deutschland fanden nach der Machtergreifung der Nationalsozialisten Massenaufmärsche der NSDAP statt. So auch in Gevelsberg. Wie auf dem Fotodokument zu sehen, verfolgten viele Bürger der Stadt die Demonstration der neuen politischen Macht. Eigentlich erstaunlich, da die Hitlerpartei bei der Wahl 1933 in Gevelsberg gerade mal 39 % für sich verbuchen konnte.

Für die Geschäfte und Firmen im jüdischen Besitz begann damit eine Zeit der Verfolgung, des Boykotts und Enteignung. Auch das bekannte Textilkaufhaus Rosenthal – links im Bild – bekam die Schikanen mit voller Wucht zu spüren. 1938 wurde das damals größte Handelsgeschäft der Stadt arisiert und durch das Kaufhaus Berkenbusch, die spätere Helmut Horten AG, übernommen. Die Eigentümer des Kaufhauses, Fedor und Johanna Rosenthal, kamen im KZ Sachsenhausen und im Ghetto Theresienstadt ums Leben.

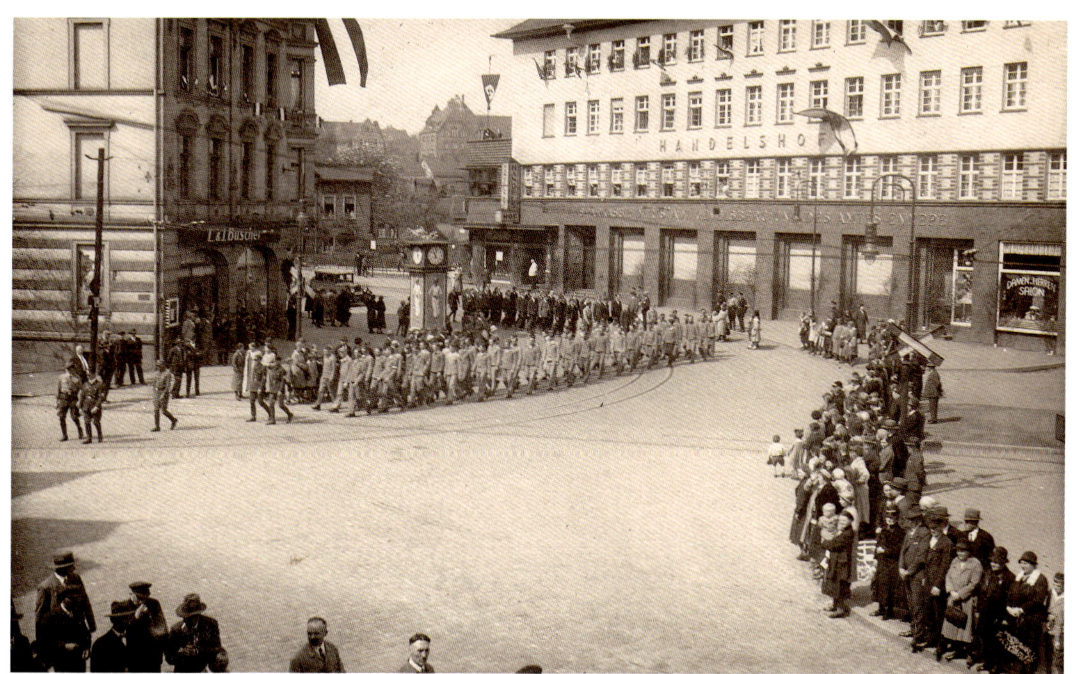

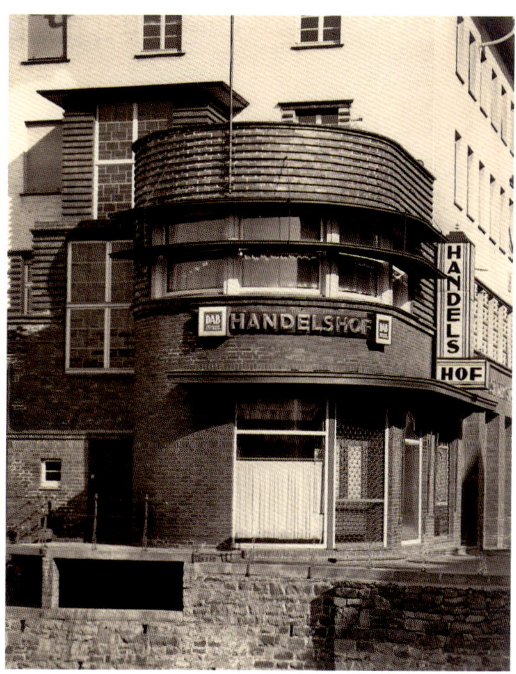

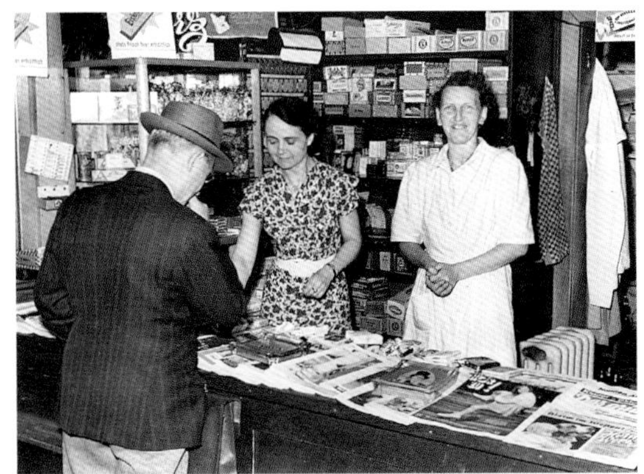

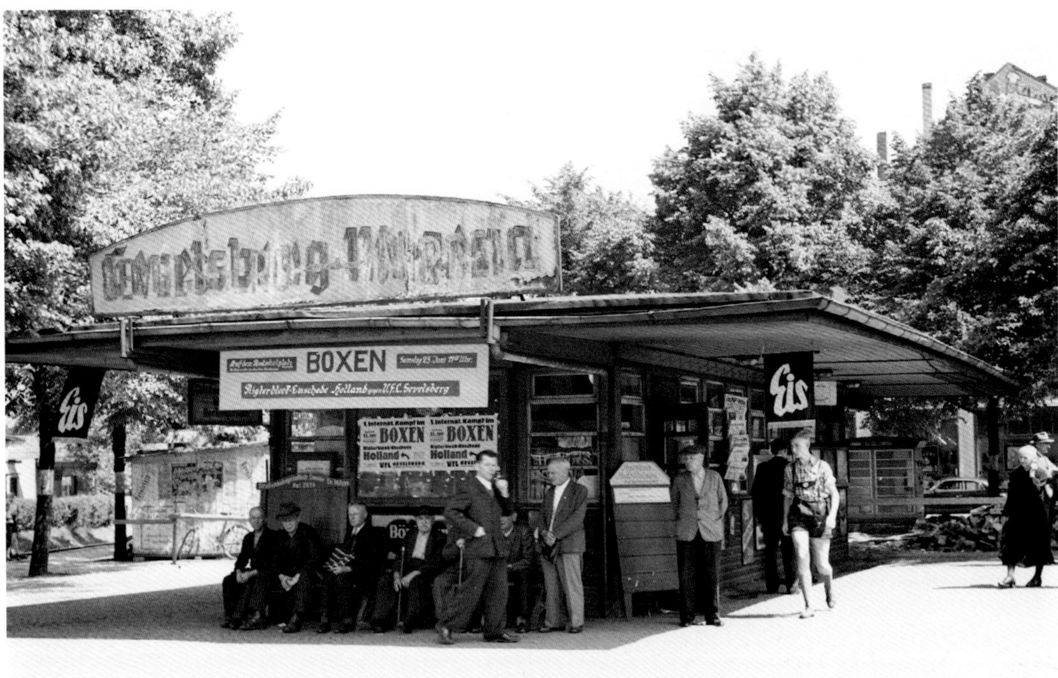

Der Pavillon am Nirgena-Platz, dem Gevelsberger Haltepunkt an der berühmten Teckel-Strecke von Hagen Hbf. bis Ennepetal-Altenvoerde. Hier konnten neben Zeitschriften und Tabakwaren natürlich auch Fahrkarten gekauft werden. 1968 stellte die Bundesbahn den Personenverkehr auf dem Teckel wegen mangelnder Rendite ein. Inzwischen verkehren auf der Traditionsstrecke an drei Tagen im Jahr erneut die Schienenbusse. Eine nostalgische Reminiszenz an alte Zeiten.

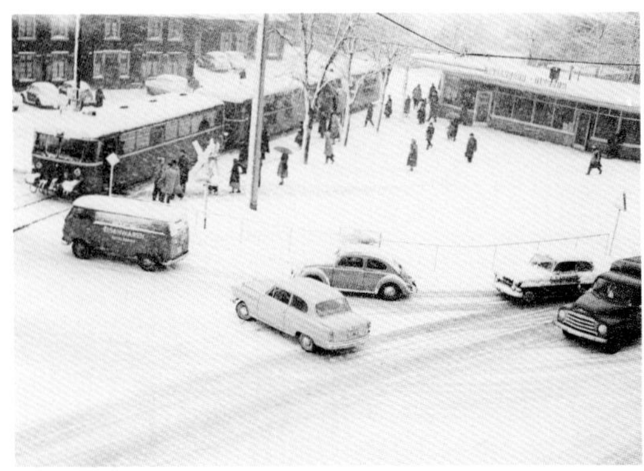

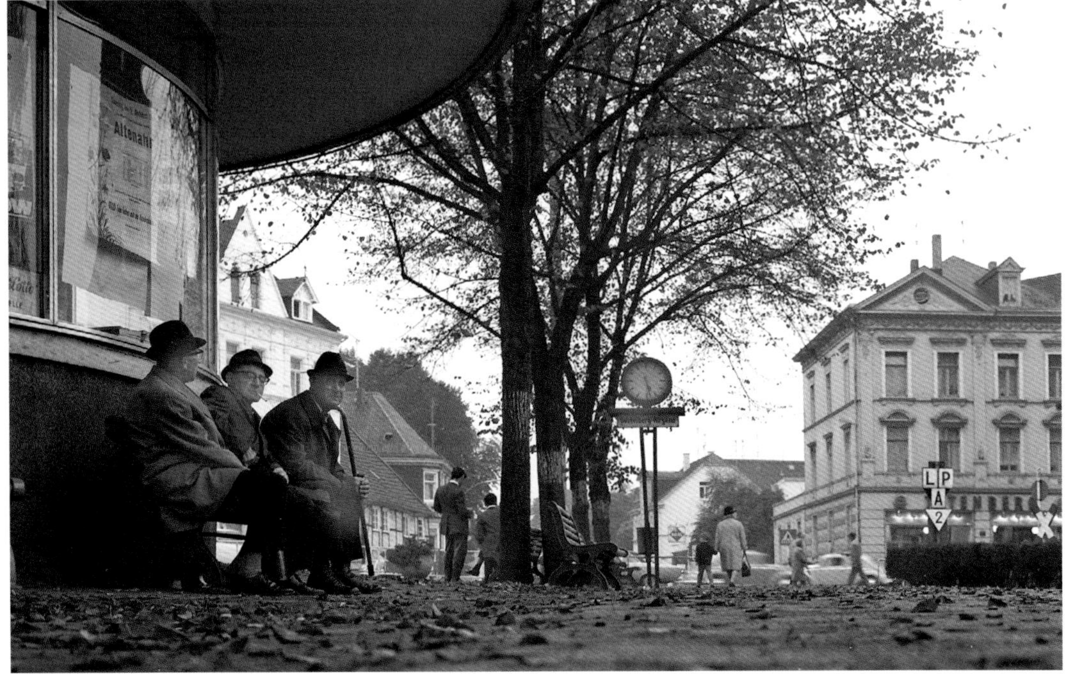

Noch heute streiten sich die Gelehrten über die Bedeutung des Wortes Nirgena. Am wahrscheinlichsten ist, dass der Begriff die Ortsbezeichnung „nahe am niedrigen Wasser" umschreibt. In der Tat nutzten im 18. Jahrhundert viele Fußgänger die seichte Stelle, um die Ennepe zu überqueren.

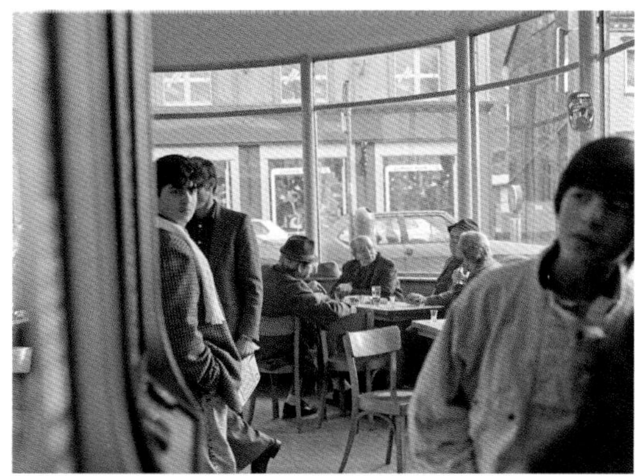

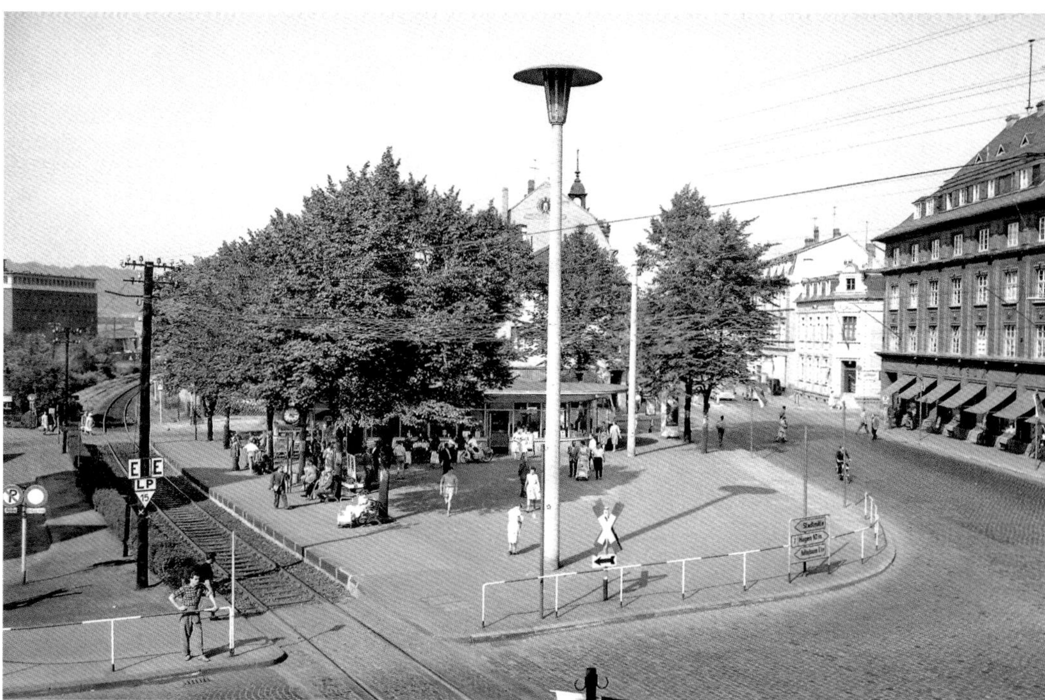

Schon immer gehörten der Nirgena und sein Umfeld zu den Lieblingskindern der städtischen Planer. Unter anderem überraschte Stadtbaurat Richard Niemeyer 1924 die Bevölkerung mit der Vision, den Platz mit Prunkbauten und imposanten Gebäudefronten zu umgeben. Sogar die Verlängerung der Wuppertaler Schwebebahn bis zum Nirgena wurde angedacht. Clou des Plans war jedoch unbestritten ein „Treffpunkt für Liebende", den der mitfühlende Beamte ebenfalls verwirklichen wollte.

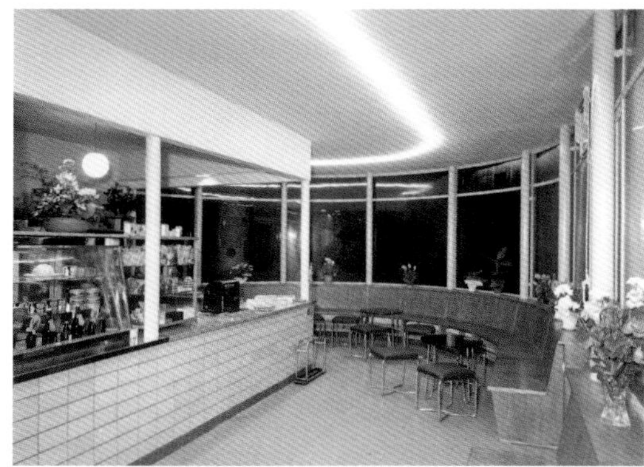

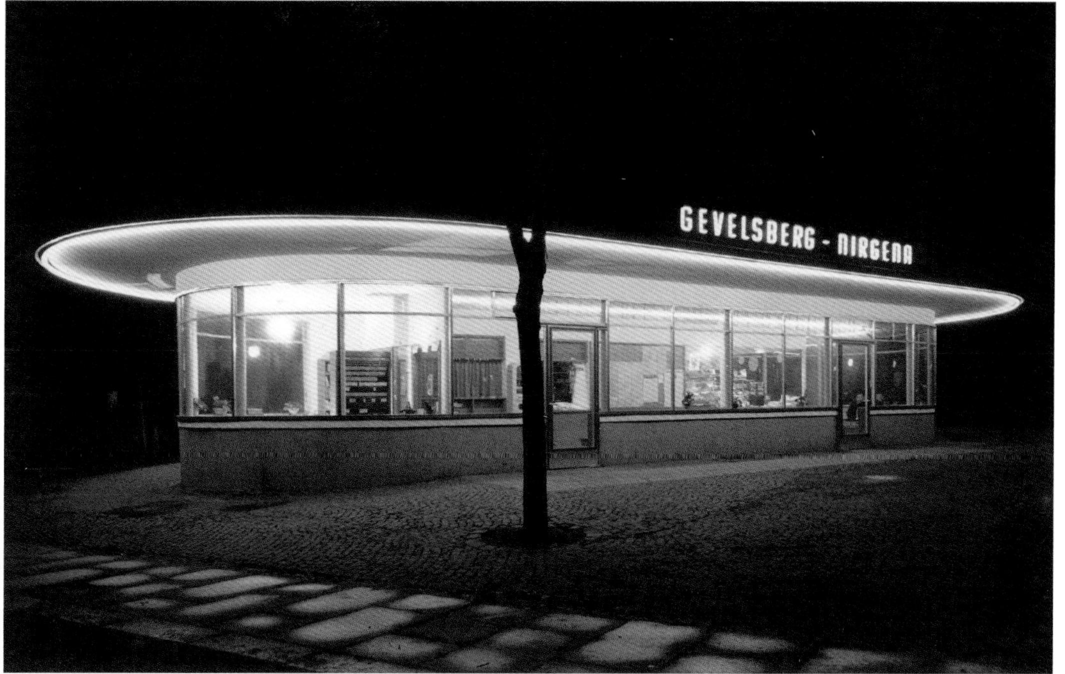

Nur die Kleinigkeit von 25 Millionen DM fehlte anno 1958 im Stadtsäckel, sonst wäre Nirgena womöglich ein U-Bahnhof mit einem 70 m langen Bahnsteig geworden. Stattdessen bekam der Platz einen neuen Pavillon im unverkennbaren Baustil der fünfziger Jahre spendiert. Die Nachtaufnahme von Foto-Lintl zeigt auf beeindruckende Weise das architektonische Konzept.

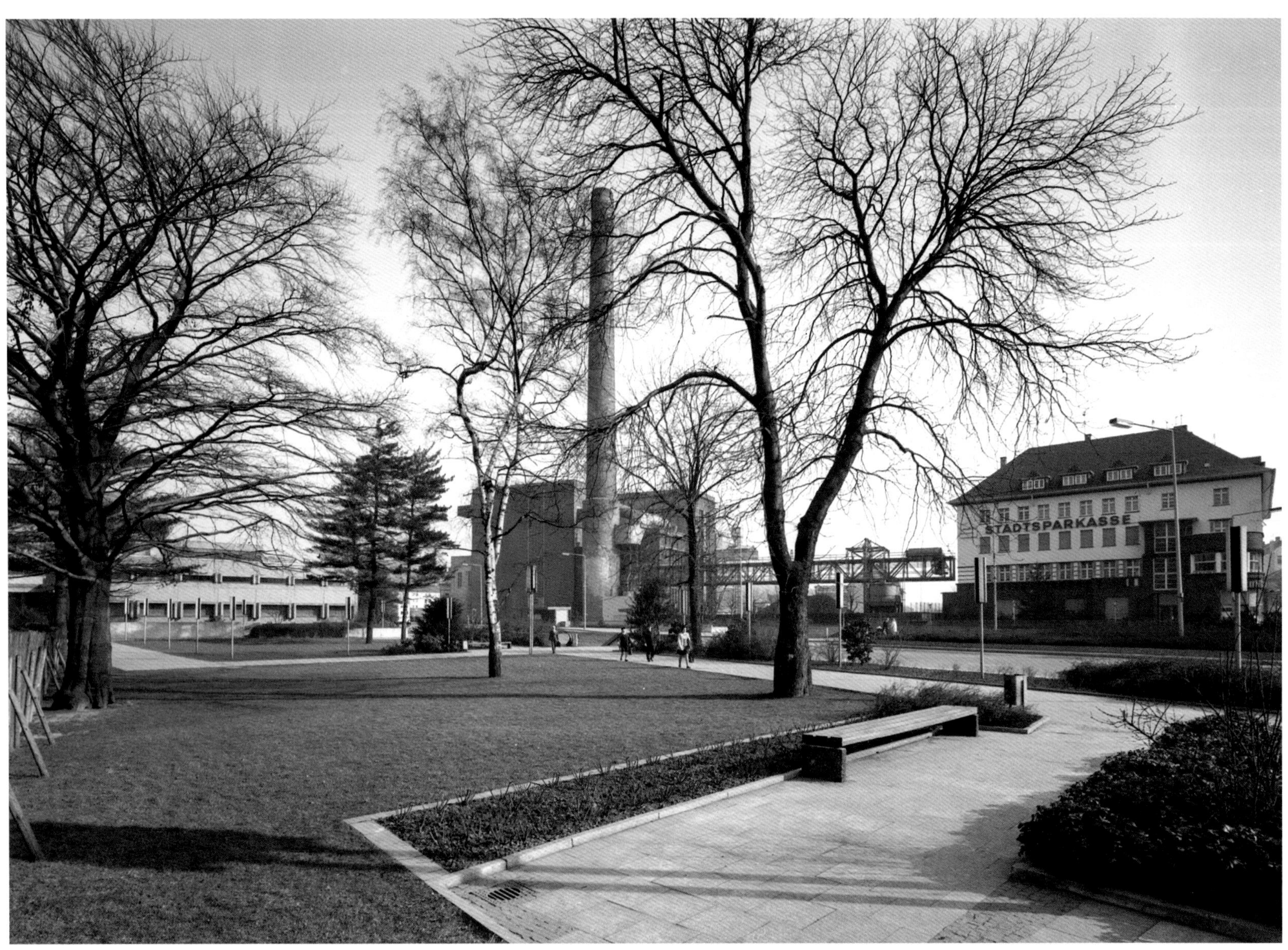

Ein gefälliges Ensemble mit Geschichte. Während sich im Vordergrund der gepflegte Stadtgarten ins Bild schiebt, ist links das neue Rathaus zu sehen. Nach der Grundsteinlegung im September 1966 ging der Baufortschritt schnell voran. Bereits zwei Monate später fand das Richtfest statt, am 1. Oktober 1968 wurde offiziell Einweihung gefeiert. Das Gebäude, das die Gevelsberger seit 1903 als Rathaus nutzten, hatte ausgedient und fiel der Abrissbirne zum Opfer. Zwischen Rathaus und Stadtsparkasse befindet sich das E-Werk. Auffallend ist der große Kran, über den die Kohle zum Heizen transportiert wurde. Mit der Abschaltung im Jahr 1976 fand eine bedeutende Firmenchronik ihr Ende.

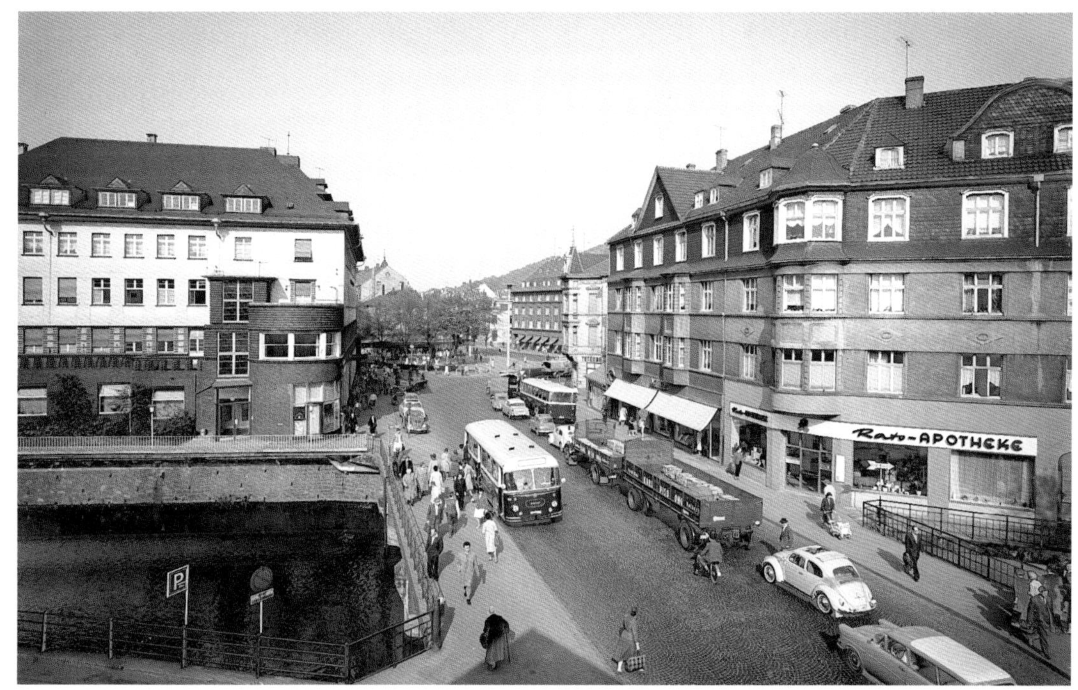

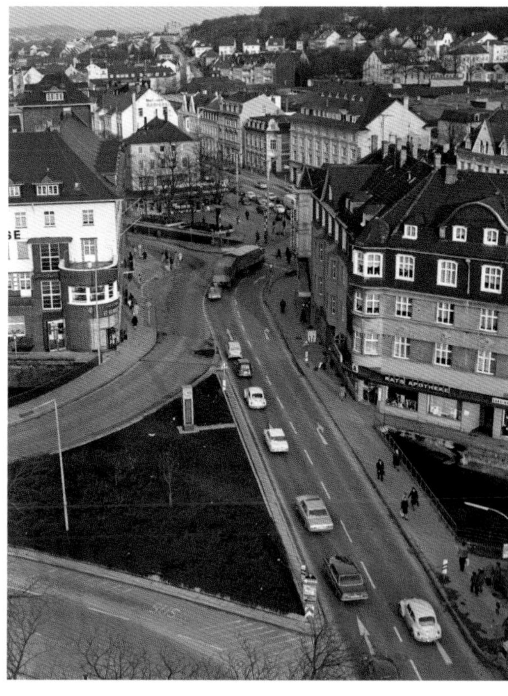

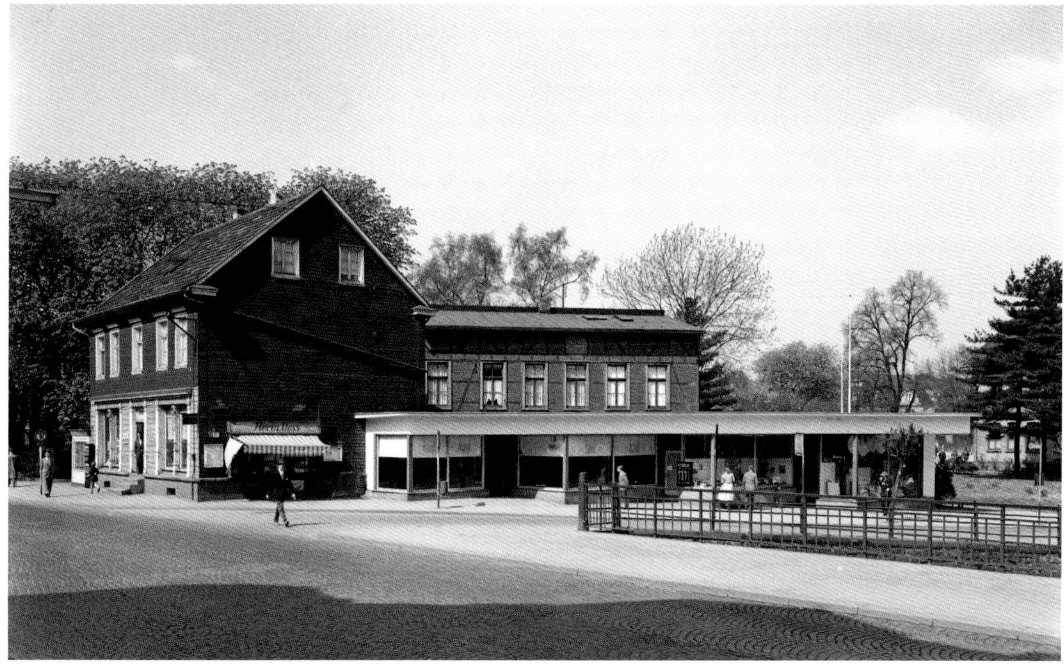

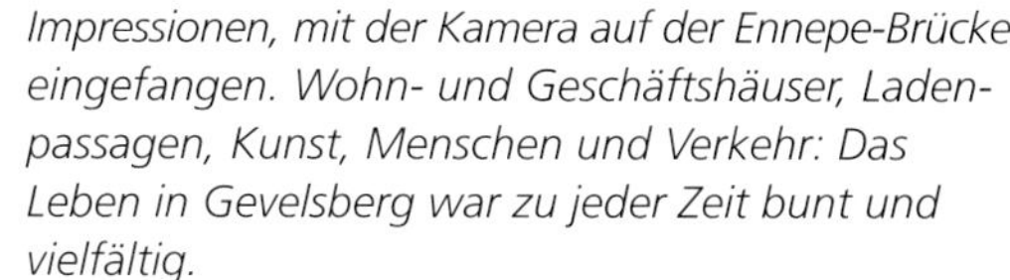

Impressionen, mit der Kamera auf der Ennepe-Brücke eingefangen. Wohn- und Geschäftshäuser, Ladenpassagen, Kunst, Menschen und Verkehr: Das Leben in Gevelsberg war zu jeder Zeit bunt und vielfältig.

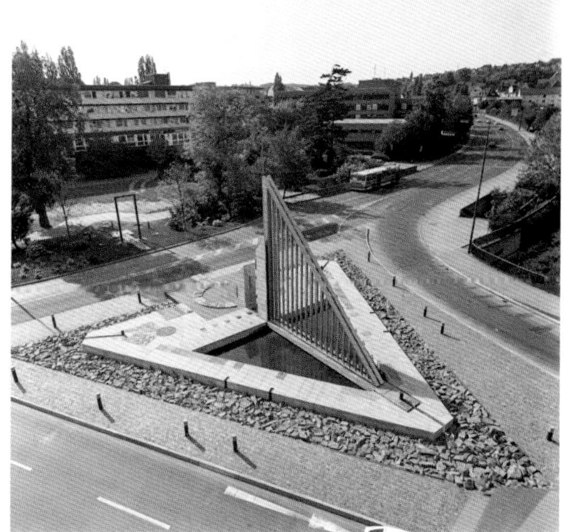

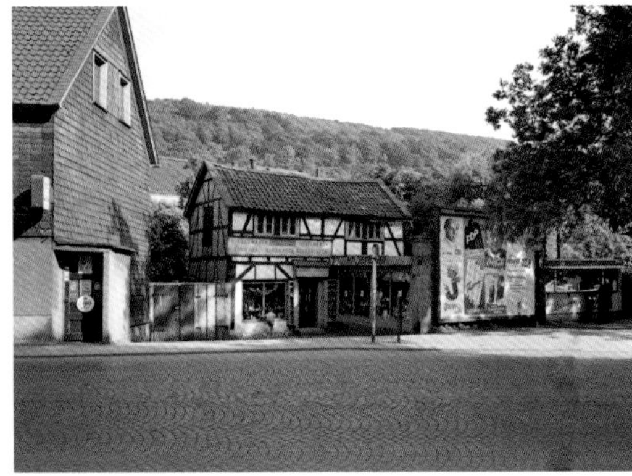

Die Firma Hold. Bekannt für schönes Spielzeug und Korbwaren.

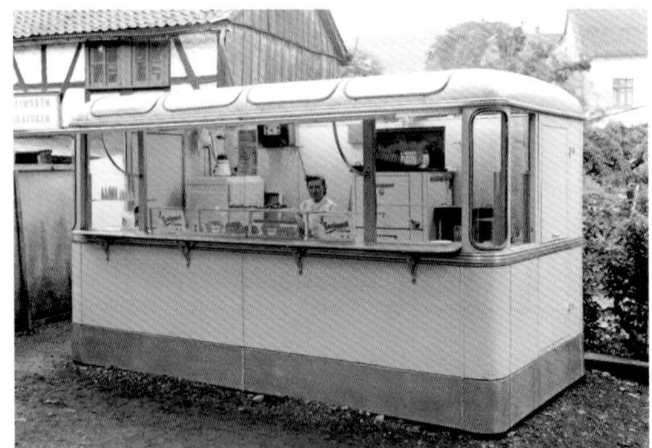

Für Appetit auf ‚Meer' sorgte Fisch-Emmi an ihrem Stand.

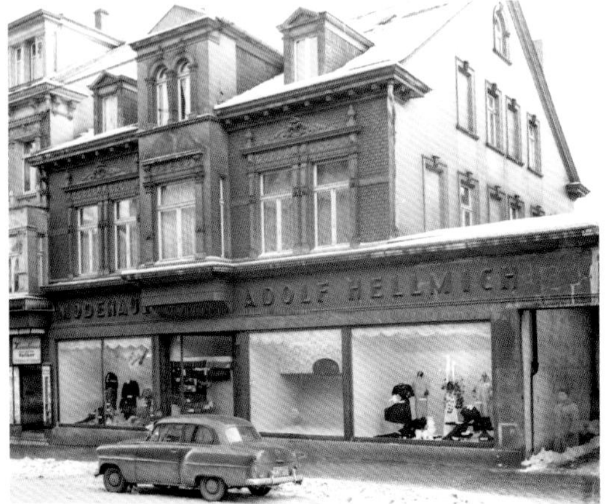

Mit den Textilwaren von Adolf Hellmich war man stets gut angezogen.

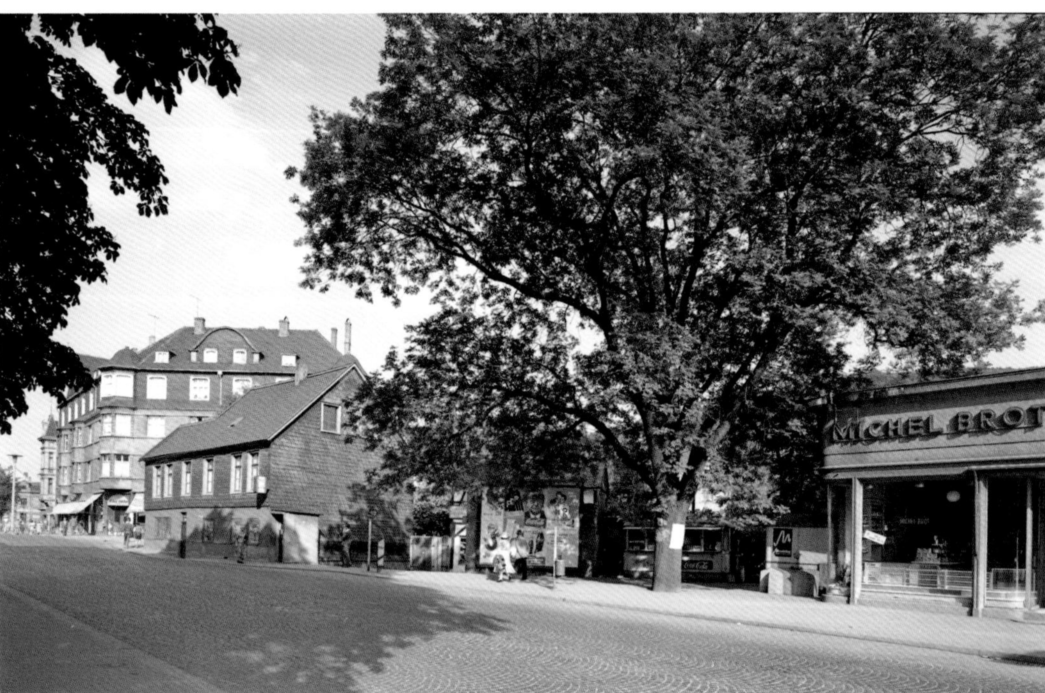

Einkaufen auf der Mittelstraße. Die ‚Kö' von Gevelsberg hat Vielfalt im Angebot.

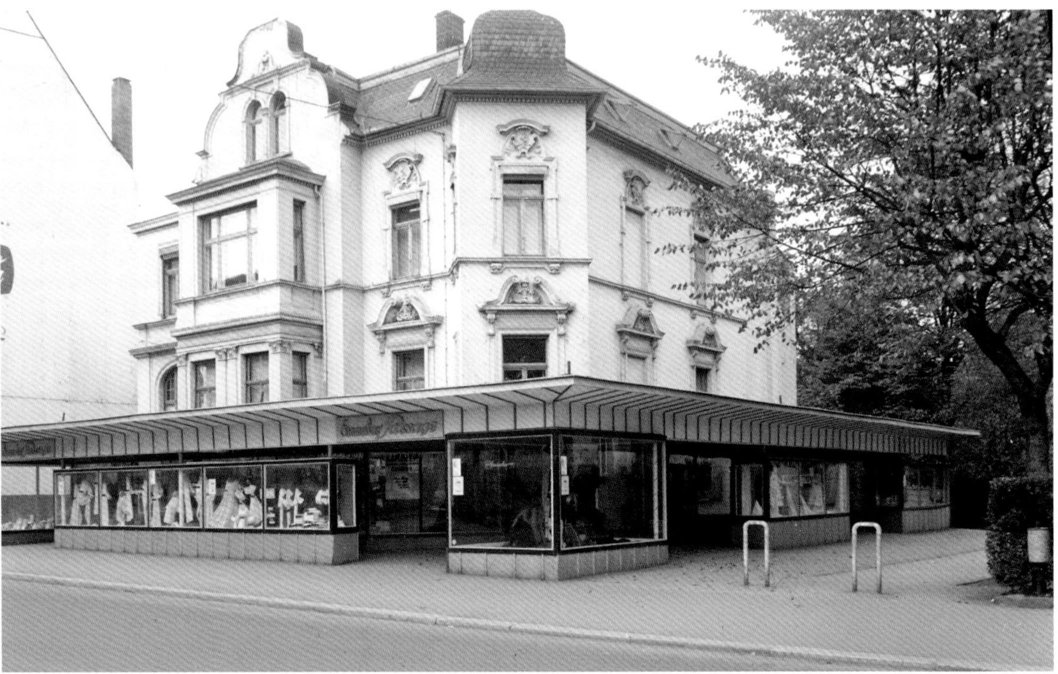

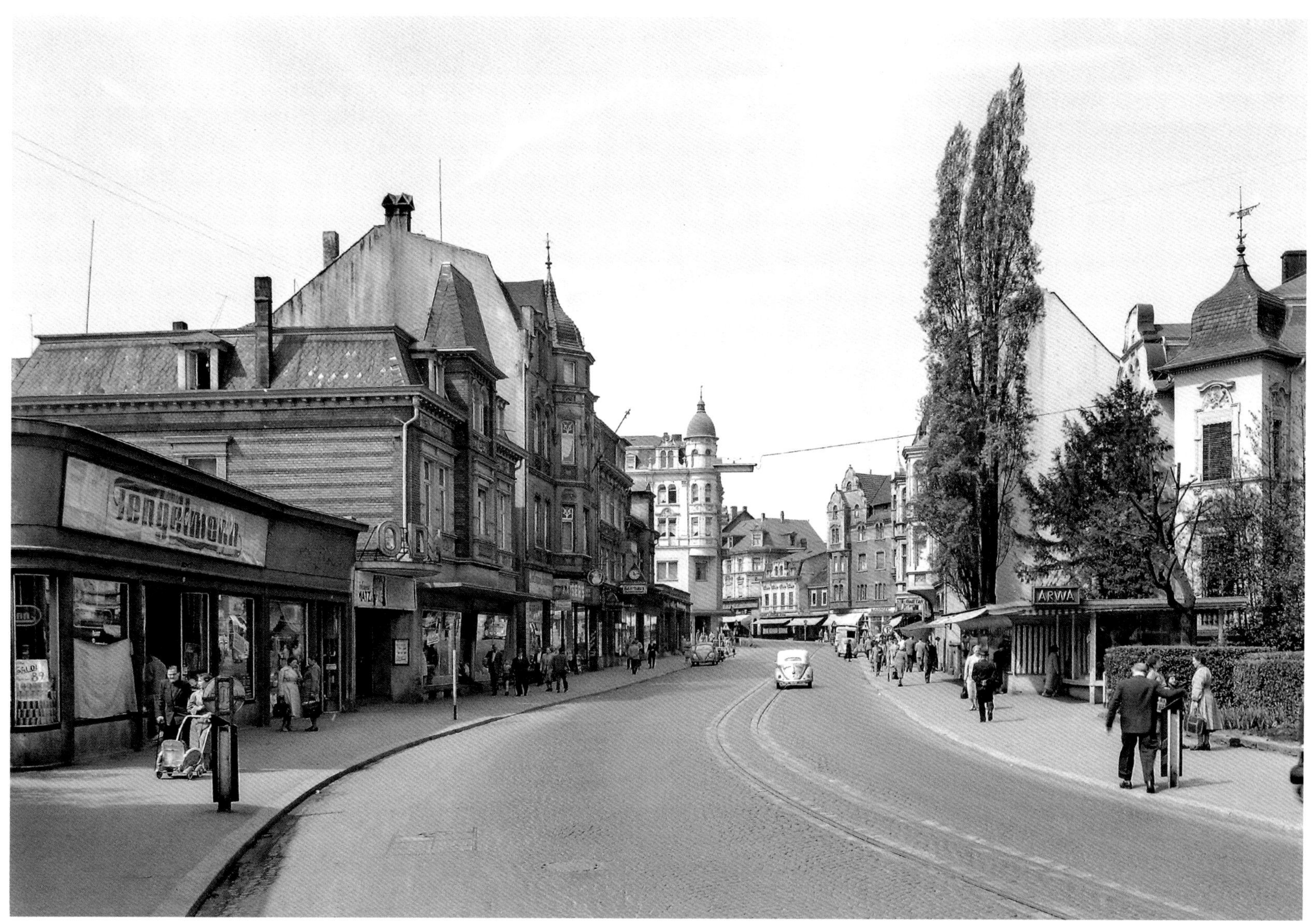

Die Mittelstraße in Gevelsberg hatte sich zu einer modernen Geschäftsstraße und damit zu einem Magneten für das gesamte Einzugsgebiet entwickelt. 49 Jahre konnten die Kunden von außerhalb bequem mit der Straßenbahn zum Shopping fahren – 1956 wurde die Tram stillgelegt. Auf dem Foto erinnern nur noch die Schienen an das beliebte Verkehrsmittel, das nun zu einem Hindernis im zunehmenden Autoverkehr zu werden drohte. Wie es sich für eine angesagte Einkaufsmeile gehört, flankierten beeindruckende Geschäftsbauten die Straße. Links im Hintergrund präsentiert sich zum Beispiel das ehemalige Kaufhaus Merkur, aus dem später das Warenhaus Horten wurde. Alte Gevelsberger werden außerdem sicher auch die eine oder andere Fassade wiedererkennen.

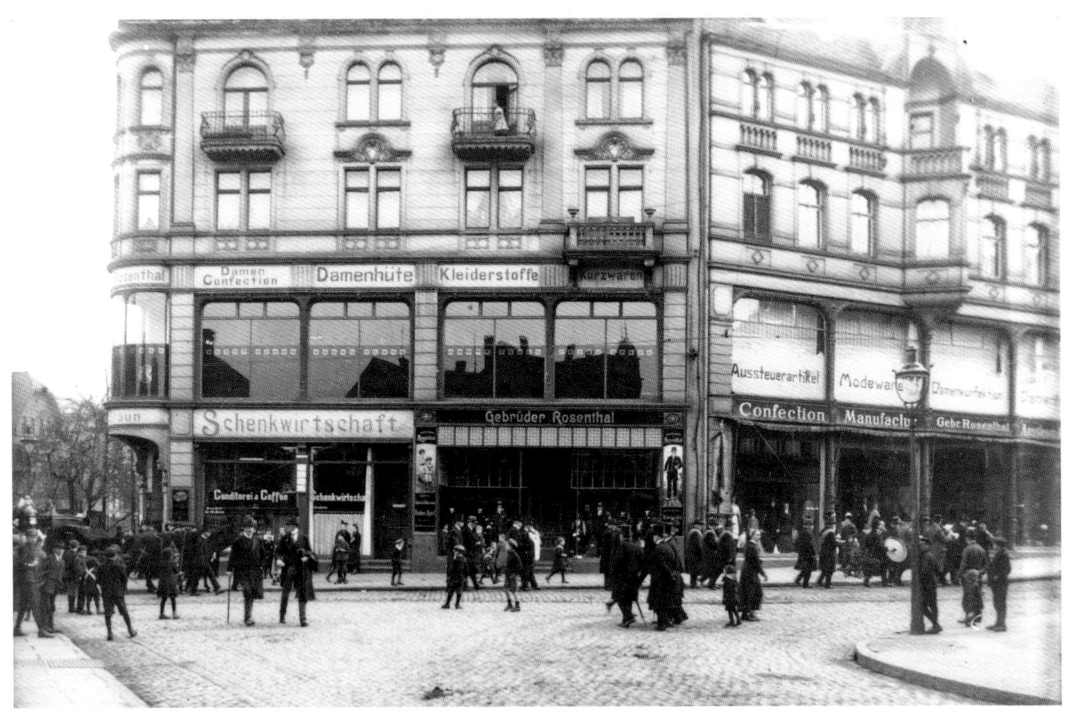

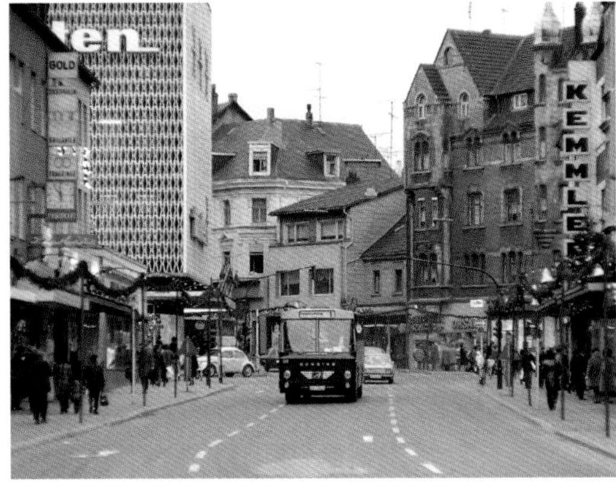

Bilder zwischen gestern und heute. Wo früher das renommierte Textilkaufhaus Rosenthal stand, lud Jahre später Horten mit seiner markanten Optik zum Einkaufen ein. Auch Schieferfassaden und traditionelle Gebäudeformen entsprachen nicht mehr dem Geschmack der Nachkriegszeit. Hoch hinaus, mit viel Glas und Transparenz sollte es gehen: So wie es das innovative Kiepe-Haus es vormachte.

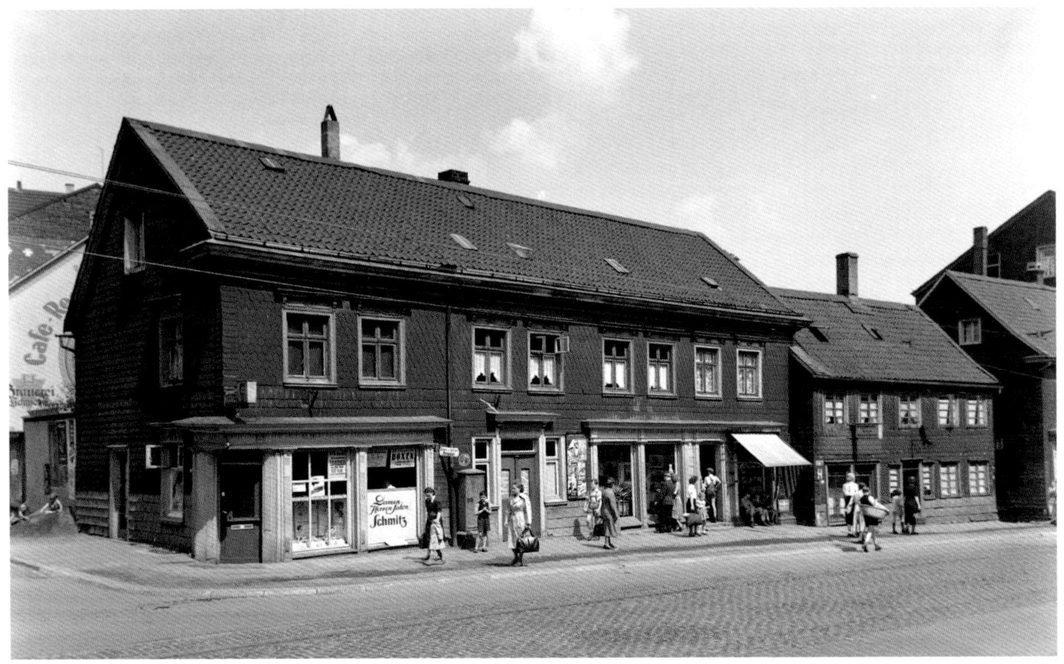

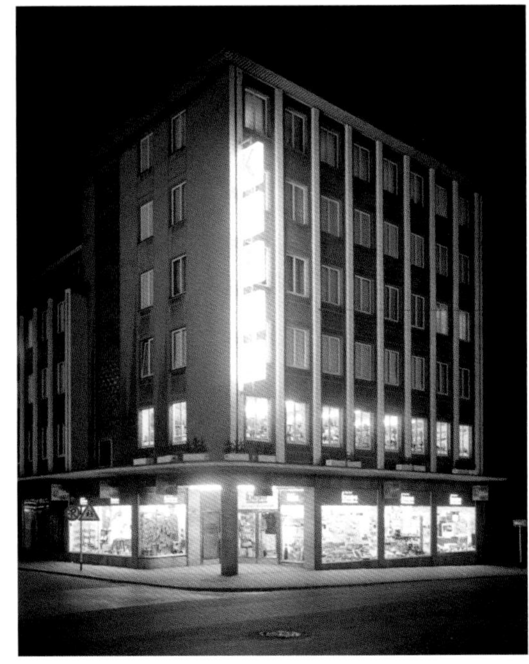

In der Gevelsberger Mittelstraße gab es nicht nur weit über hundert meist familiengeführte Fachgeschäfte mit allem, was sich kauflustige Kunden wünschten. Die Mittelstraße galt auch als bevorzugte Anlaufstelle in Sachen Unterhaltung. Wer großes Kino schätzte, war hier auf jeden Fall richtig.

Von den insgesamt sechs Kinos in der Stadt befand sich die Hälfte vor Ort in der Mittelstraße. Vor allem abends und an den Wochenenden strömten die Besucher in Scharen, um sich zu Tränen gerührt oder köstlich amüsiert ein paar schöne Stunden zu machen. Ein Freizeitvergnügen, das allerdings mit dem Aufkommen von Fernsehen und Internet immer weniger Anhänger fand.

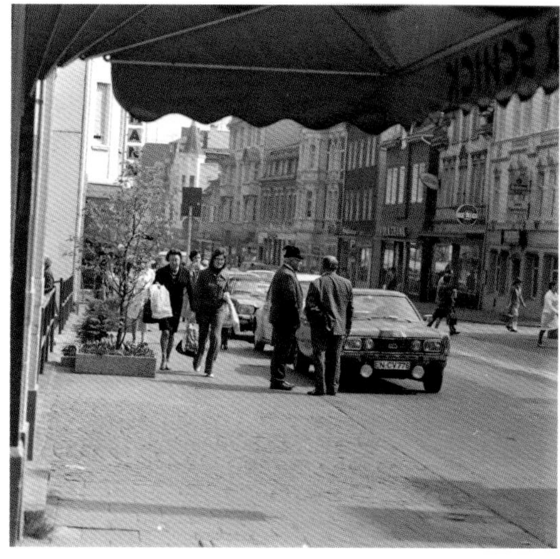

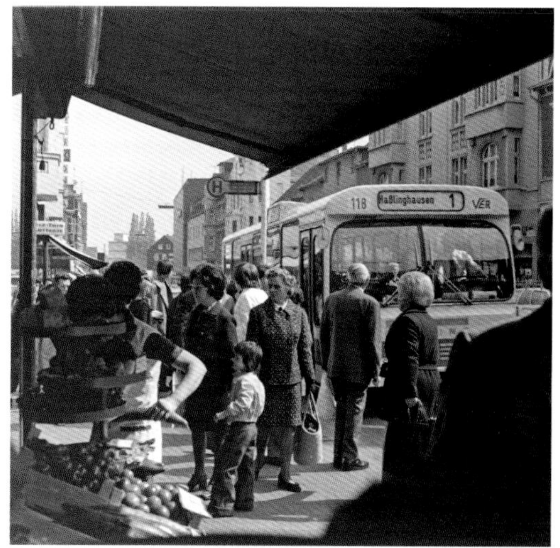

56 Jahre lang war das „Union Theater" von Richard Hackenberg für Jung und Alt ein beliebter Treffpunkt. Doch die Zeiten änderten sich. Mit bedauerlichen Folgen. Ab August 1968 blieb die Leinwand dunkel, kein Happy-End wie im Kino für das Kino.

Am längsten stemmte sich Bruno Skonikowski gegen das absehbarer Aus. Doch trotz aufwendiger Modernisierungsarbeiten und einer Erweiterung auf 400 Plätze verharrten die Besucherzahlen auf niedrigem Niveau. Resigniert warf der Besitzer1992 das Handtuch und schloss sein traditionsreiches Etablissement.

Ein ähnliches Schicksal ereilte das Odeon an der unteren Mittelstraße. Das 700-Plätze-Kino hatte 1953 unter regem Publikumsandrang eröffnet. In der Folgezeit mussten allabendlich die widerrechtlich parkenden Autos der Besucher abgeschleppt werden, die mangels Alternative einfach auf den Straßenbahnschienen abgestellt worden waren. Zwanzig Jahre später war von der Begeisterung nichts mehr zu spüren. Im Juni 1978 fand die letzte Vorstellung statt. Der Film war zu Ende – und für das Odeon keine Fortsetzung vorgesehen.

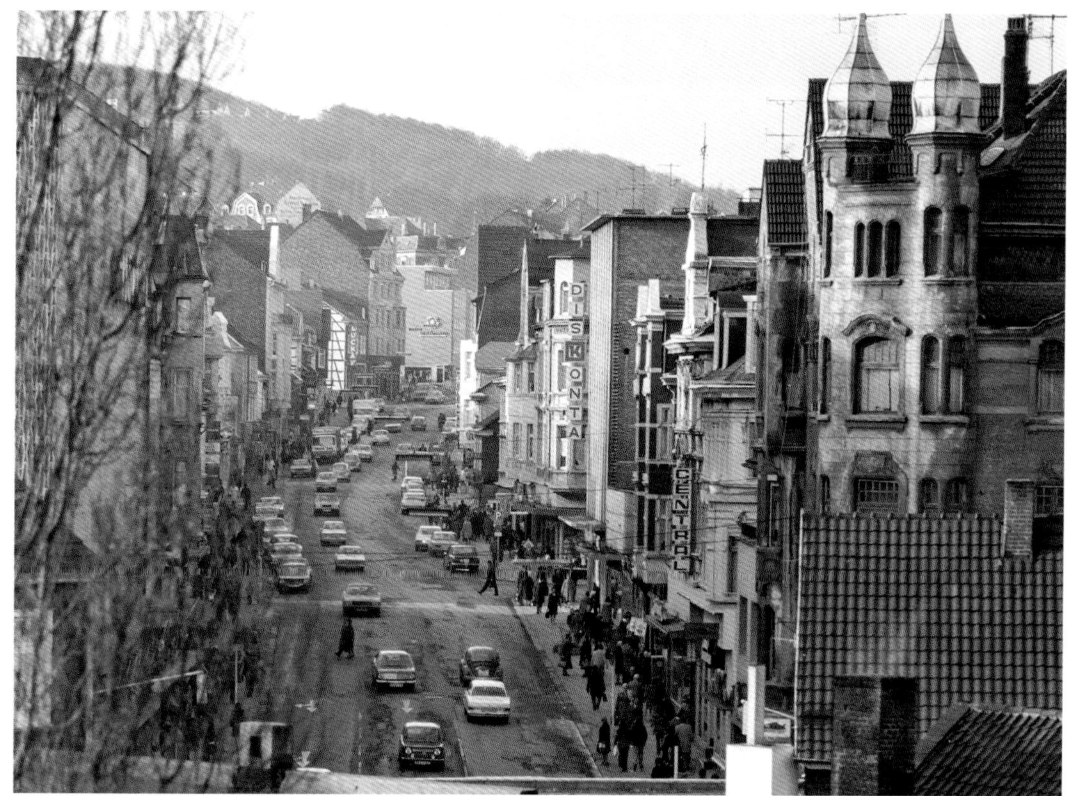

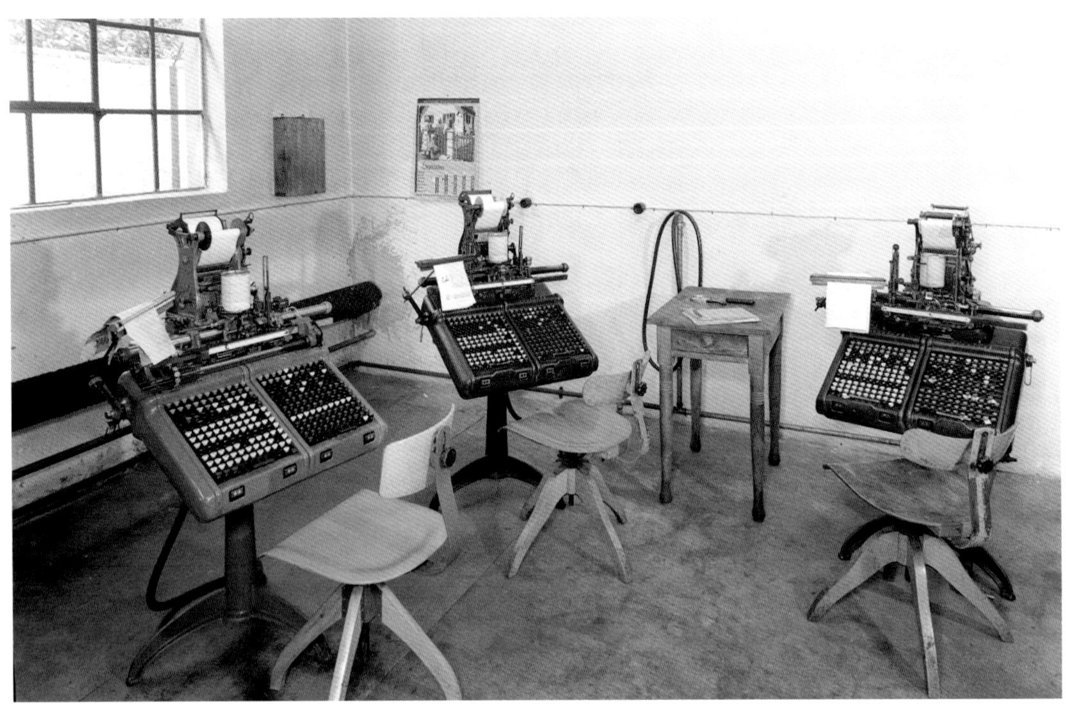

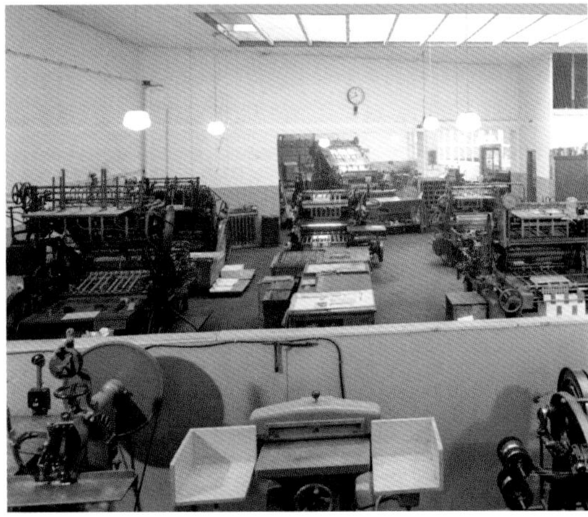

Aktuelles frisch aus der Presse. Um seine Mitbürger täglich mit den neuesten Nachrichten zu versorgen, gründete der Verleger Philipp Baltin 1878 die Ennepetal-Zeitung. Nachdem Gevelsberg 1886 die Stadtrechte erhalten hatte, wurde die Gazette in Gevelsberger Zeitung umbenannt.

Das Blatt kam bei den interessierten Lesern ausgezeichnet an. Ein Erfolg, der nicht zuletzt auch der fortschrittlichen Herstellungstechnik zu verdanken war. Beispielsweise ging anno 1902 eine der ersten Linotype-Setzmaschinen, die in Westfalen zum Einsatz kamen, bei der Gevelsberger Zeitung in Betrieb. Das Foto links oben zeigt einen Blick in die damalige Setzerei, in der die Lochstreifen für die Weiterverarbeitung auf der Anlage vorbereitet wurden.

Während der britischen Besatzung 1949 verlegten Redaktion und Druckerei ihren Standort und zogen von der Hoch- in die Mittelstraße. In den neuen Räumen verließen täglich rund 8000 Zeitungsexemplare die Rotation. Zur Straßenfront hin befand sich die Geschäftsstelle mit zwei Schaufenstern, in denen sofort nach Drucklegung die ersten Ausgaben ausgehängt wurden.

Nach mehrmaligem Besitzerwechsel erscheint die Gevelsberger Zeitung heute als Lokalteil der Westfälischen Rundschau sowie der Westfalenpost.

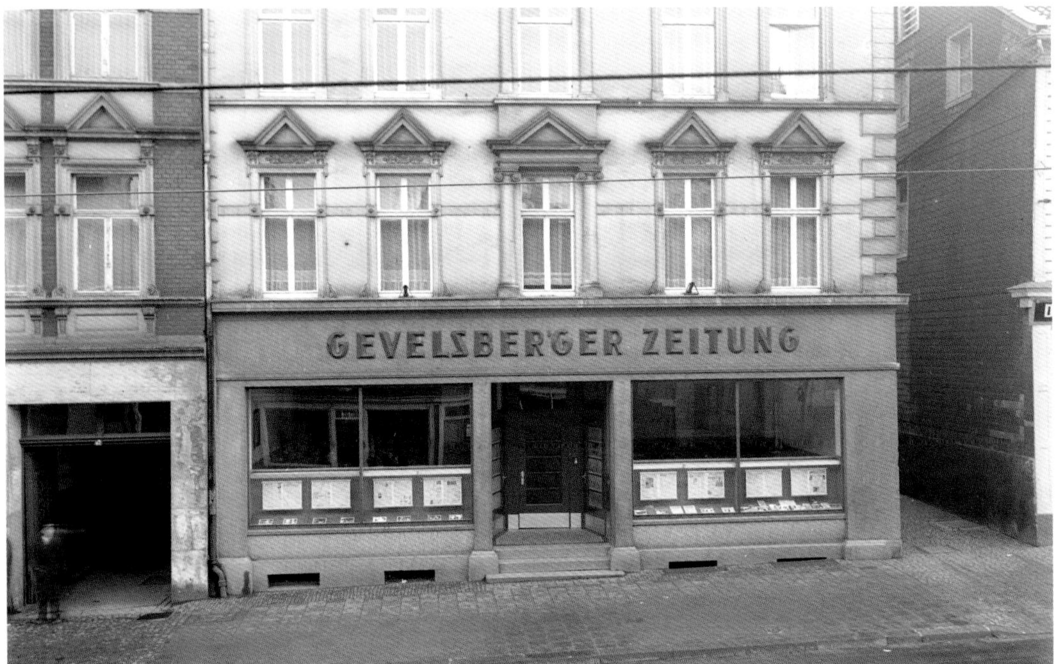

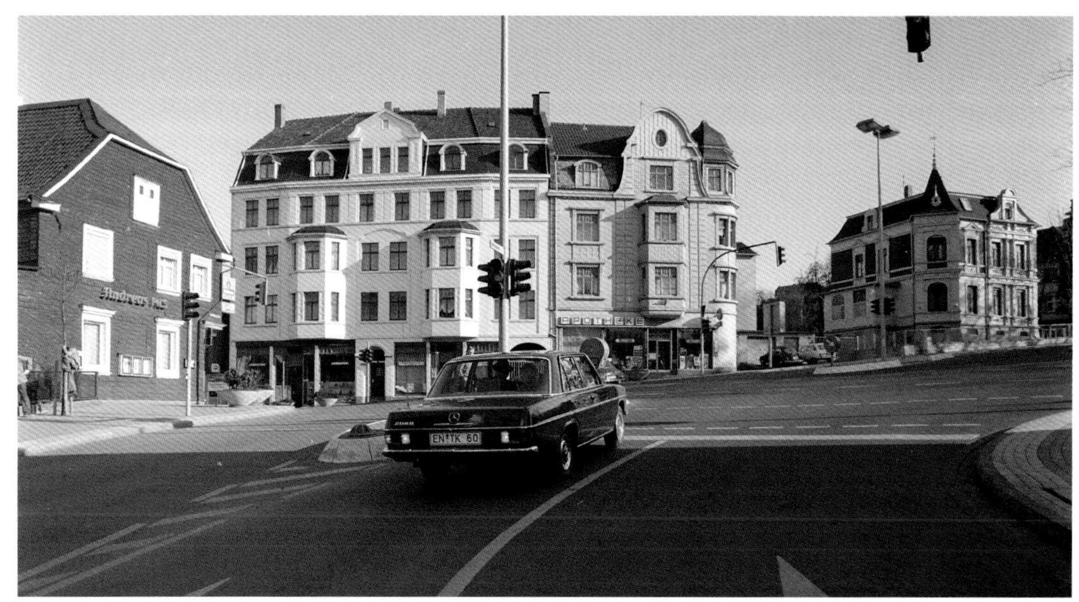

Es heißt Abschied zu nehmen von der Mittelstraße und ihrem großstädtischen Flair. Jetzt geht es weiter Richtung Tunnel zu anderen interessanten Sehenswürdigkeiten in Gevelsberg.

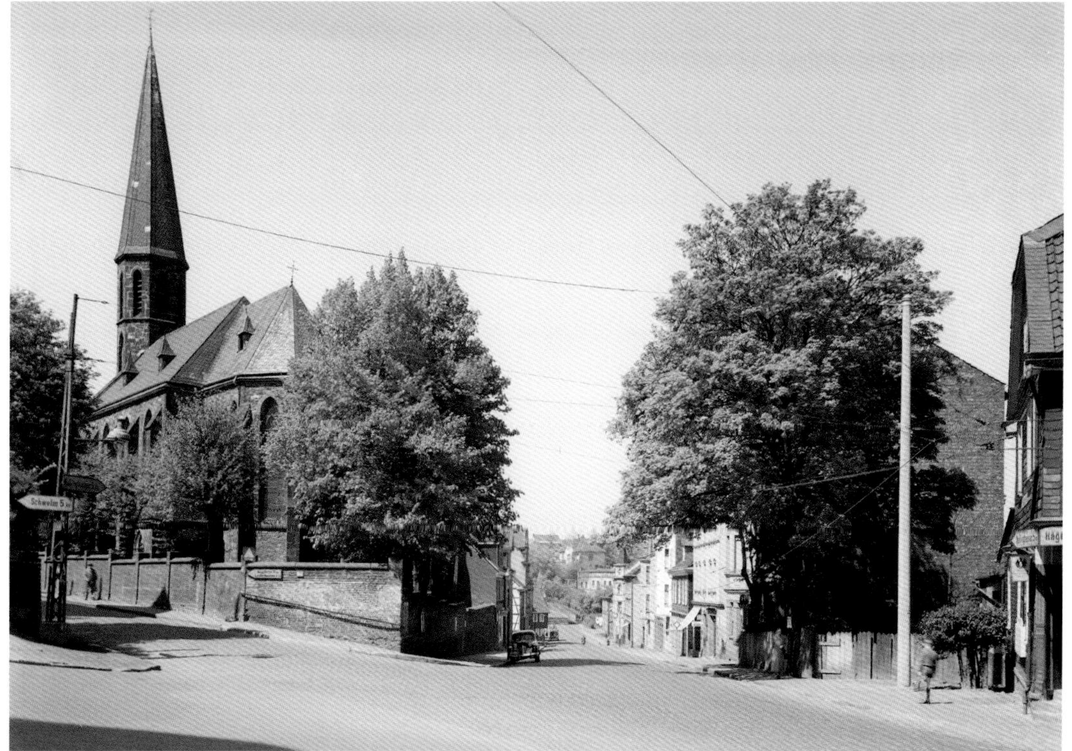

Die Engelbertkirche an der Kreuzung Haßlinghauser und Rosendahler Straße zählt zweifelsfrei dazu. Am 24. August 1871 konnte das neue Gotteshaus im frühgotischen Stil der kleinen, nur etwa 300 Seelen umfassenden katholischen Gemeinde übergeben werden. Mitte der sechziger Jahre wurde St. Engelbert modernisiert und mit einem Gemeinde- und Jugendzentrum vergrößert.

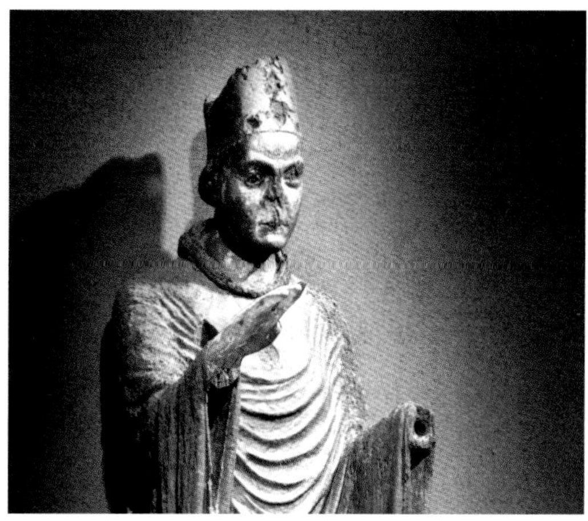

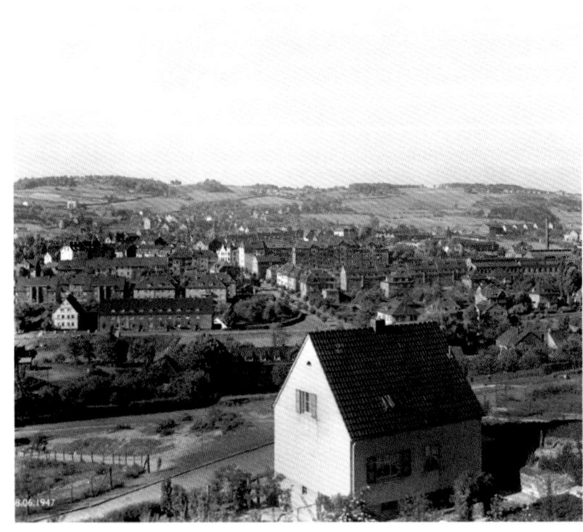

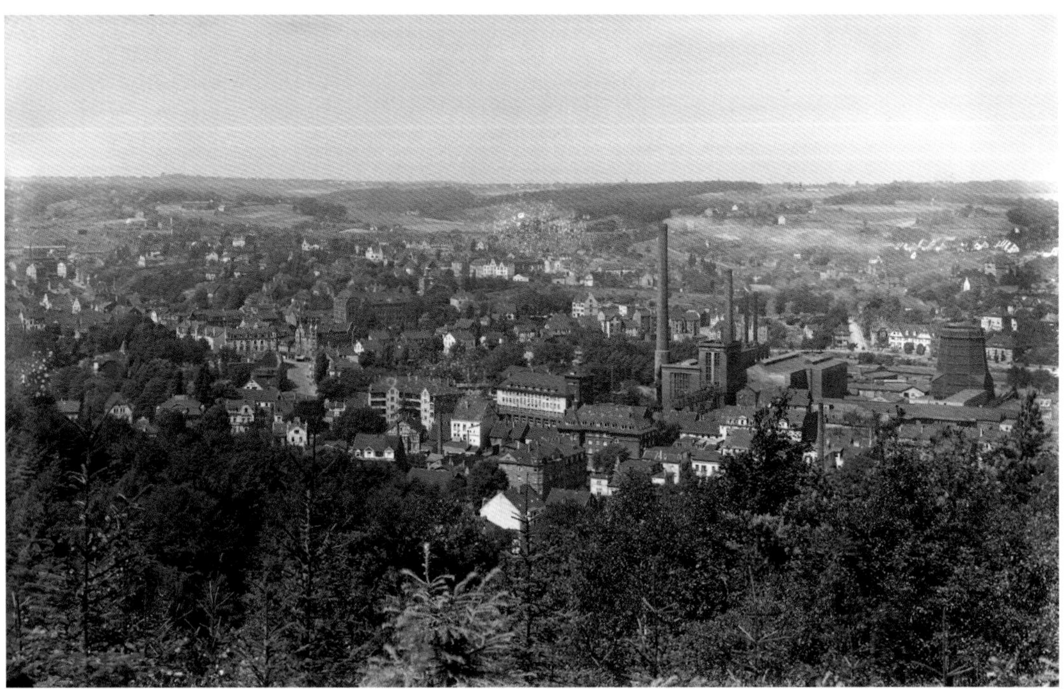

Gevelsberger Impressionen mit Schornsteinen im Grünen, den typischen Landmarken im Stadtbild. Im Foto links oben war die Kamera am Ehrenmal positioniert – ein meterhoher Standpunkt, der eine weite Sicht über die Stadt bis zu den damals noch unbebauten Hügeln erlaubte.

Blickfang auf dem Foto rechts oben waren wie so oft bei Gevelsberger Motiven die markanten Schornsteine sowie der Kühlturm des Kraftwerks.

Es zahlt sich aus, wenn Fotografen so schwindelfrei sind wie Hans Günter Lintl. Vom Turm der Erlöserkirche schoss er die bemerkenswerte Aufnahme, auf der es zahlreiche interessante Einzelheiten zu sehen gibt. Neben etlichen prägnanten Bauten ist die Mittelstraße vorn links im Bild ein nützliche Orientierungshilfe für den Betrachter.

Ortstermin Schwalbenstraße vor rund 50 Jahren (Foto links oben). Wo damals ein einsames Haus im Gelände stand, ist mittlerweile eine dichte Wohnbebauung entstanden.

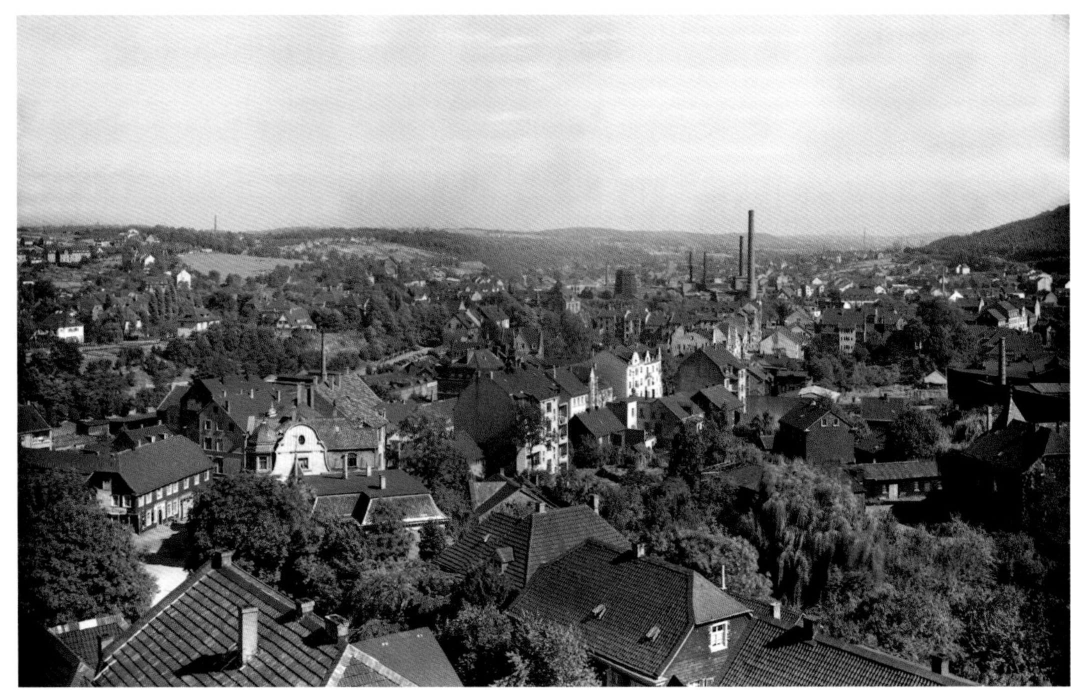

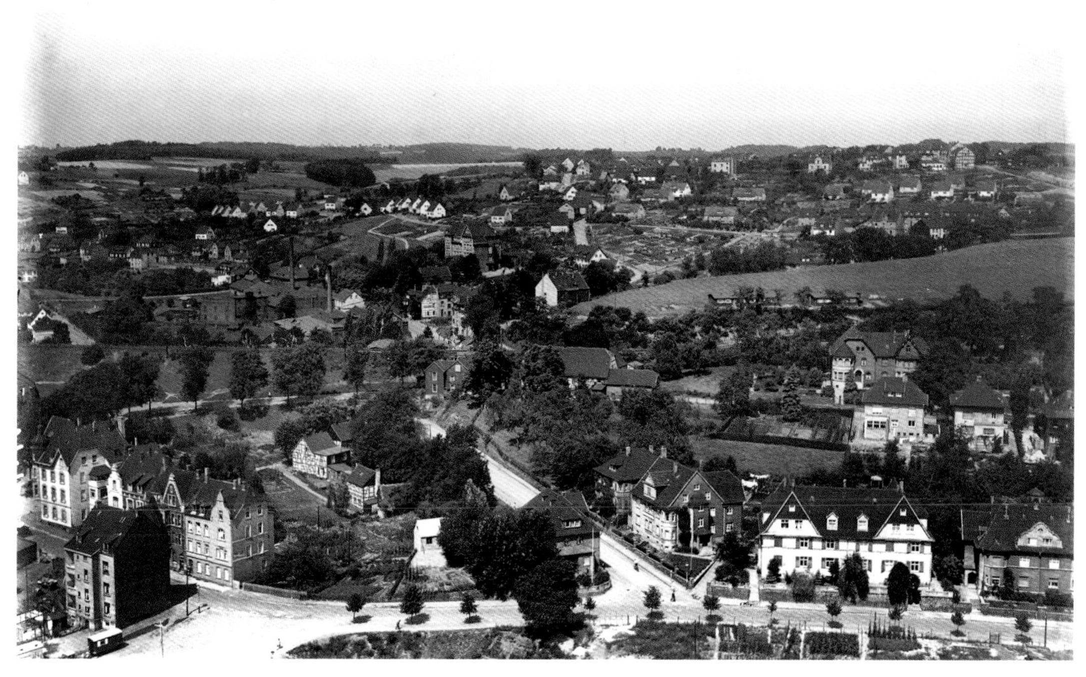

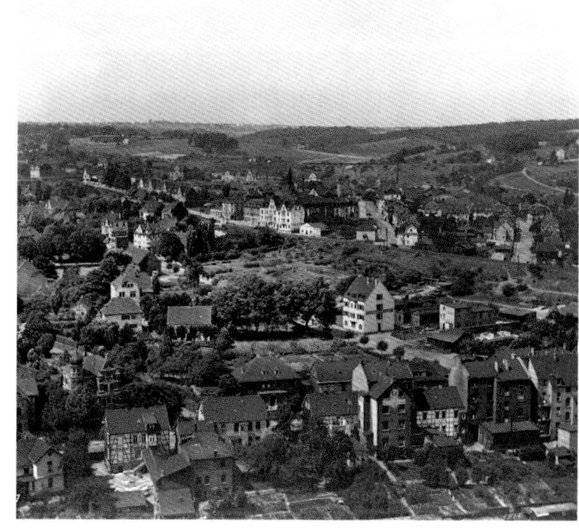

Hoch oben auf dem Schornstein ist die Aussicht einzigartig. Davon konnte sich Hans Günter Lintl persönlich bei seinem denkwürdigen Aufstieg auf den Kraftwerksturm am 17. Juli 1947 ein Bild machen. Verständlich, dass der engagierter Fotograf die Gelegenheit ergriff, um von seiner Warte in 85 Meter Höhe möglichst viele Ansichten von Gevelsberg mit der Kamera festzuhalten.

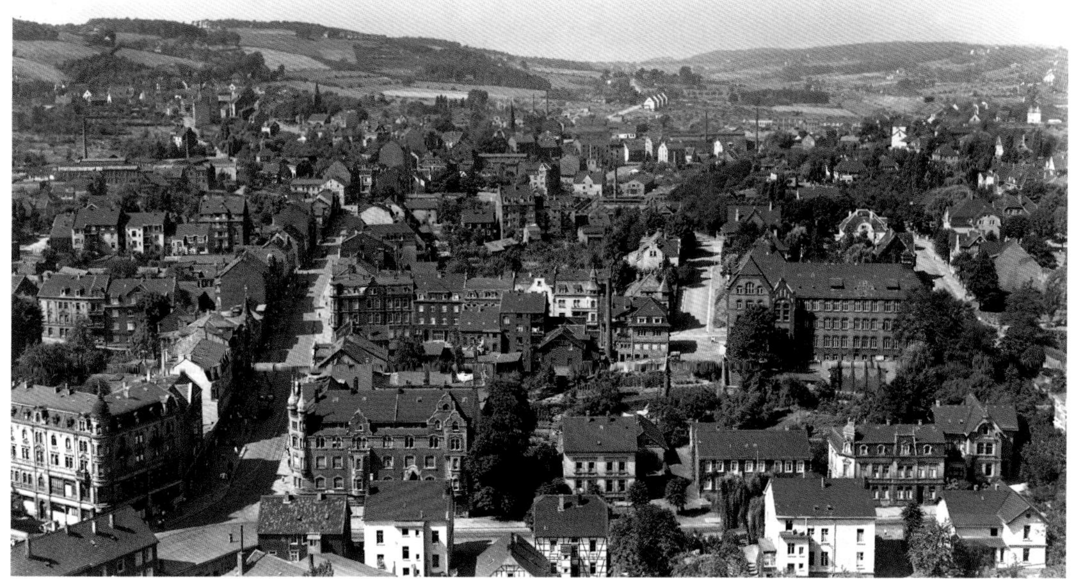

Links oben sind Garten- und Burgstraße zu sehen; links unten die Kreuzung Mittelstraße - Wittener Straße. Die Aufnahme zeigt sehr anschaulich, wie weit die Bebauung der Stadt nach dem Krieg vorangekommen war. Viel freie Fläche bis zum Horizont bedeutet jede Menge Platz für Erweiterungen. Eine Chance, die durch den Bau von neuen Siedlungen und Quartieren weidlich genutzt worden ist.

Für die Aufnahmen verwendete Hans Günter Lintl seinerzeit ein exzellentes Zeiss Tessar 18 cm Objektiv. Ein Premiumprodukt, das sein Sohn später auch für seine Hasselblad nutzte.

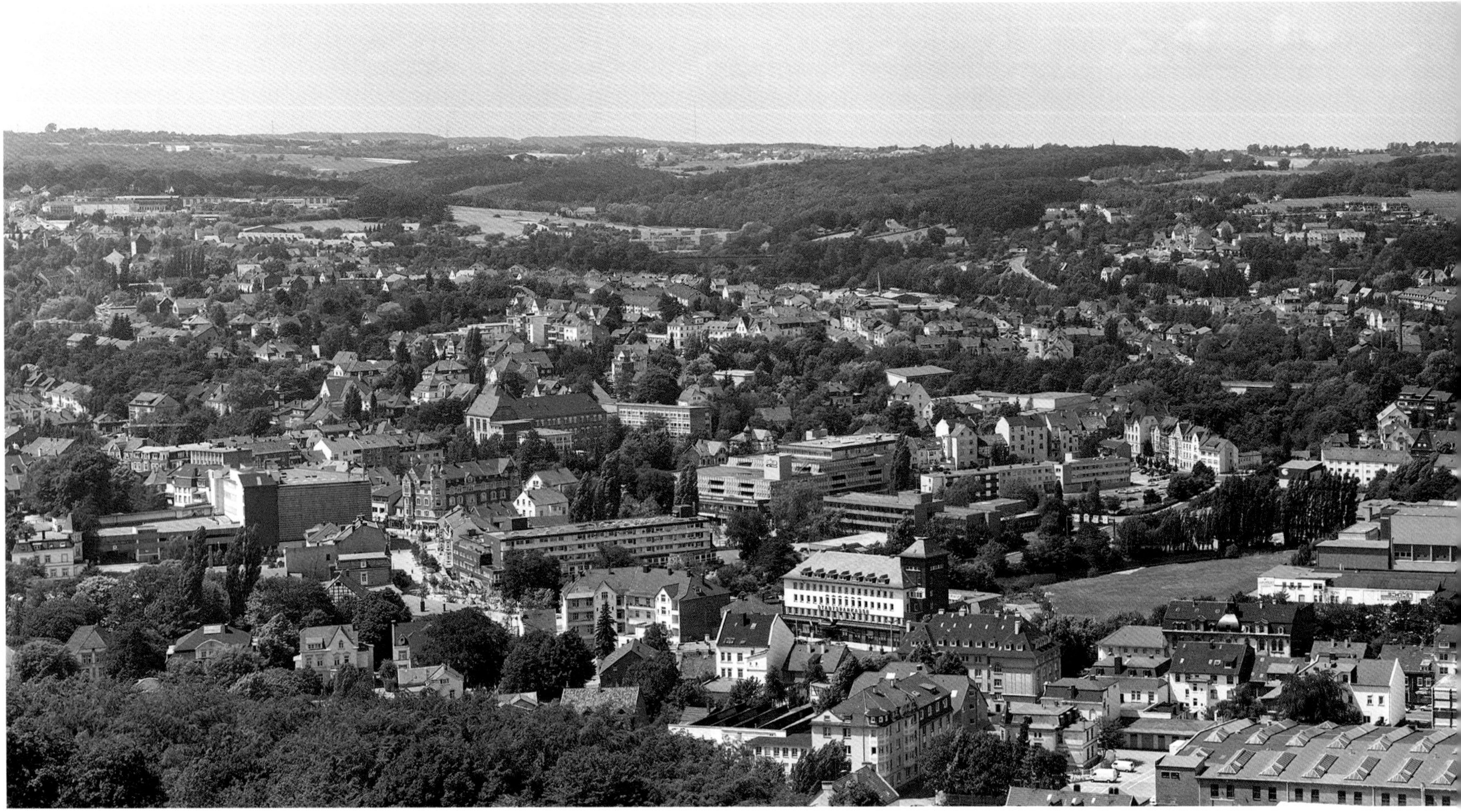

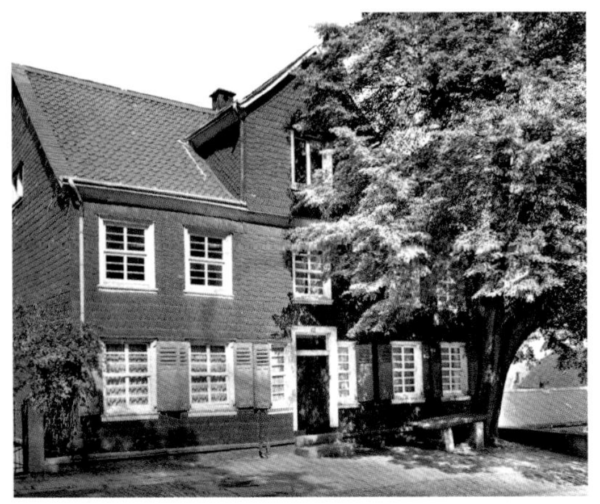

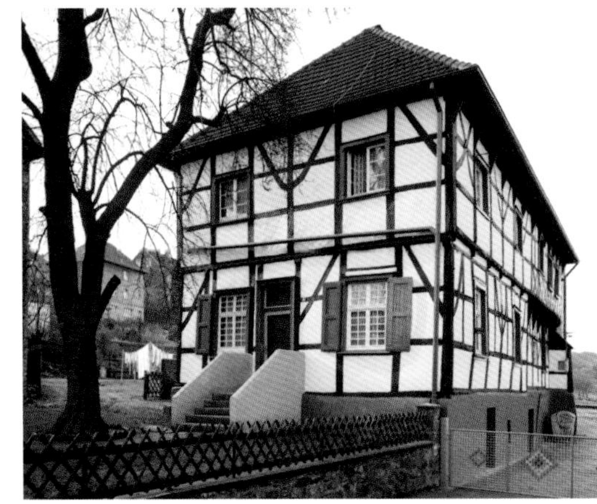

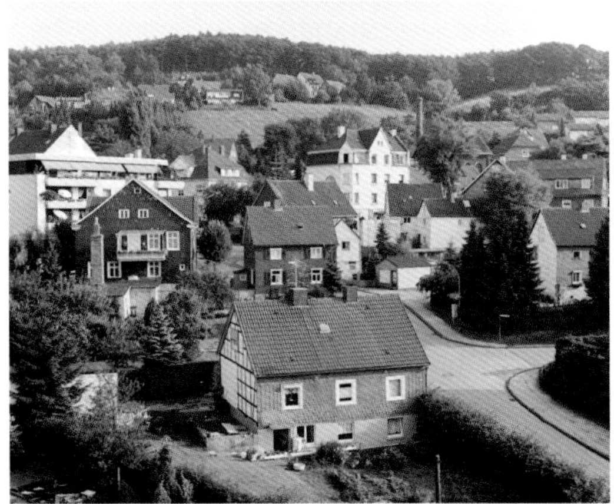

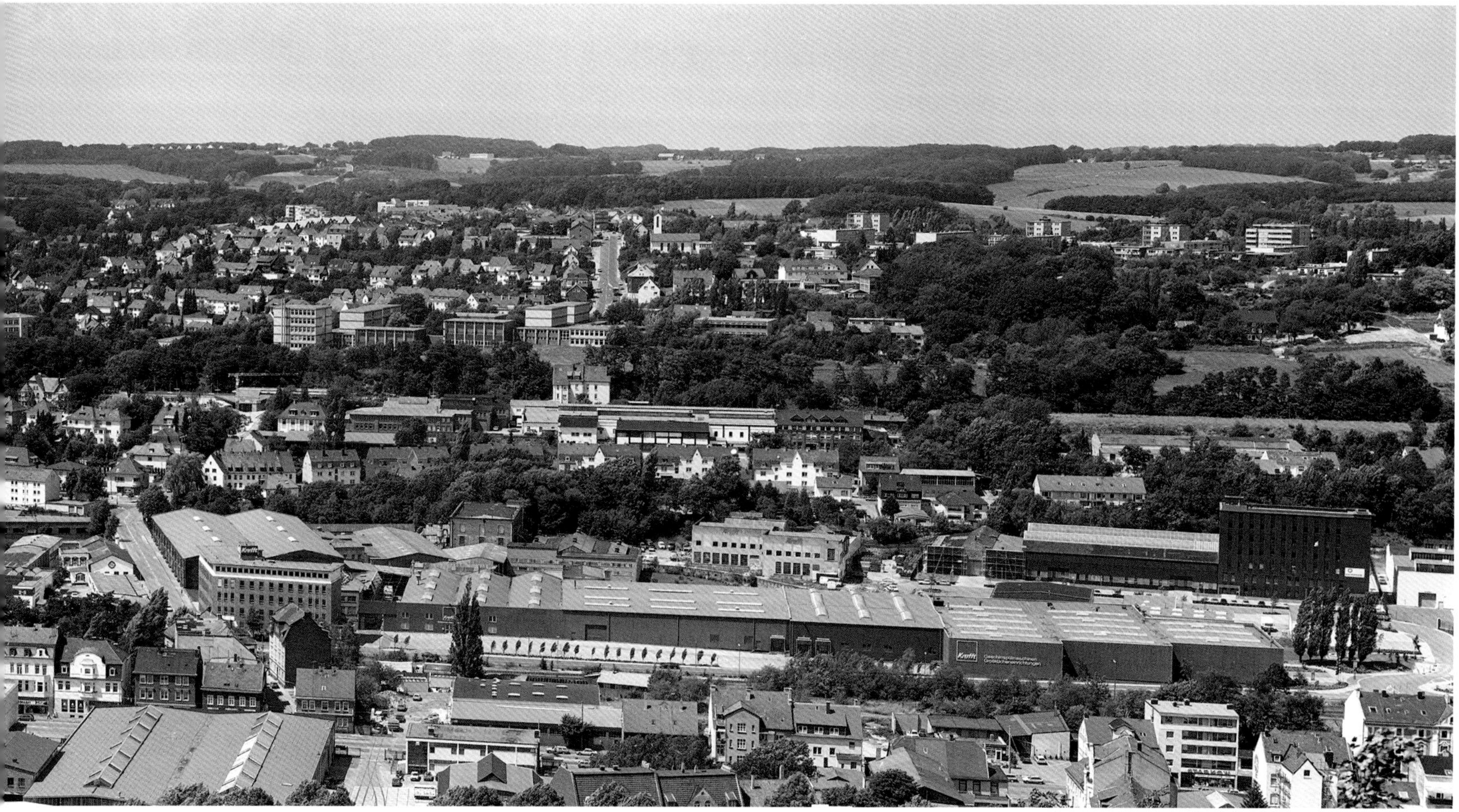

„Ich habe mit meinen Fotos von Stadt und Land nicht nur Momentaufnahmen schaffen wollen, sondern Zeitdokumente, die Veränderungen und Entwicklungen im Laufe der Jahre aufzeigen“, beschreibt Günter Lintl seine berufliche Intention.

Für das beeindruckende Panorama-Foto ist Günter Lintl auf ein Gerüst geklettert, das zufällig zu dem Zeitpunkt des Shootings am Ehrenmal, das an die im Krieg Gefallenen erinnert, angebracht war. Aus dieser komfortablen Position heraus gelangen Aufnahmen der Spitzenklasse.

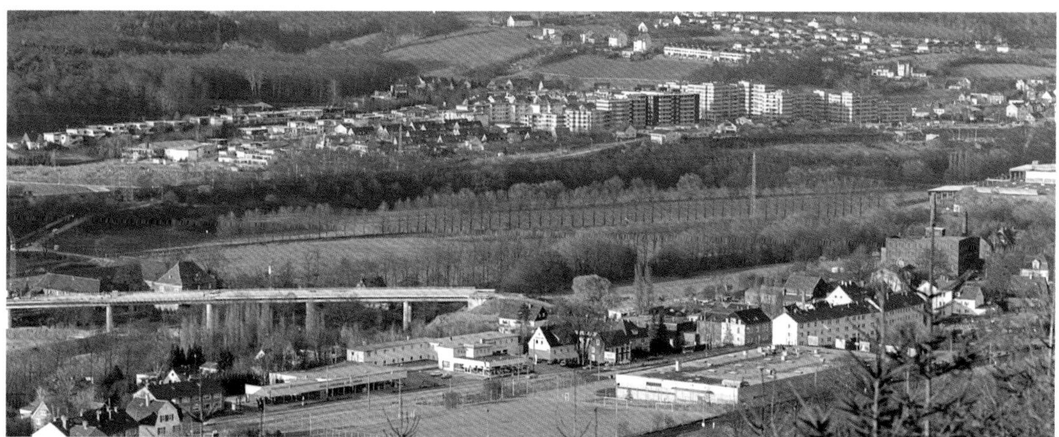

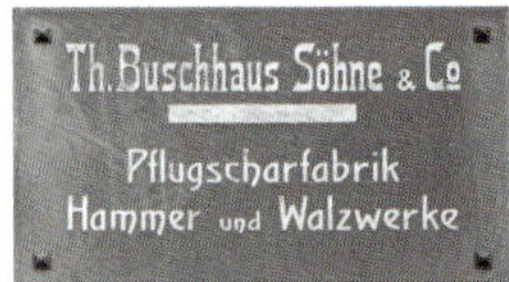

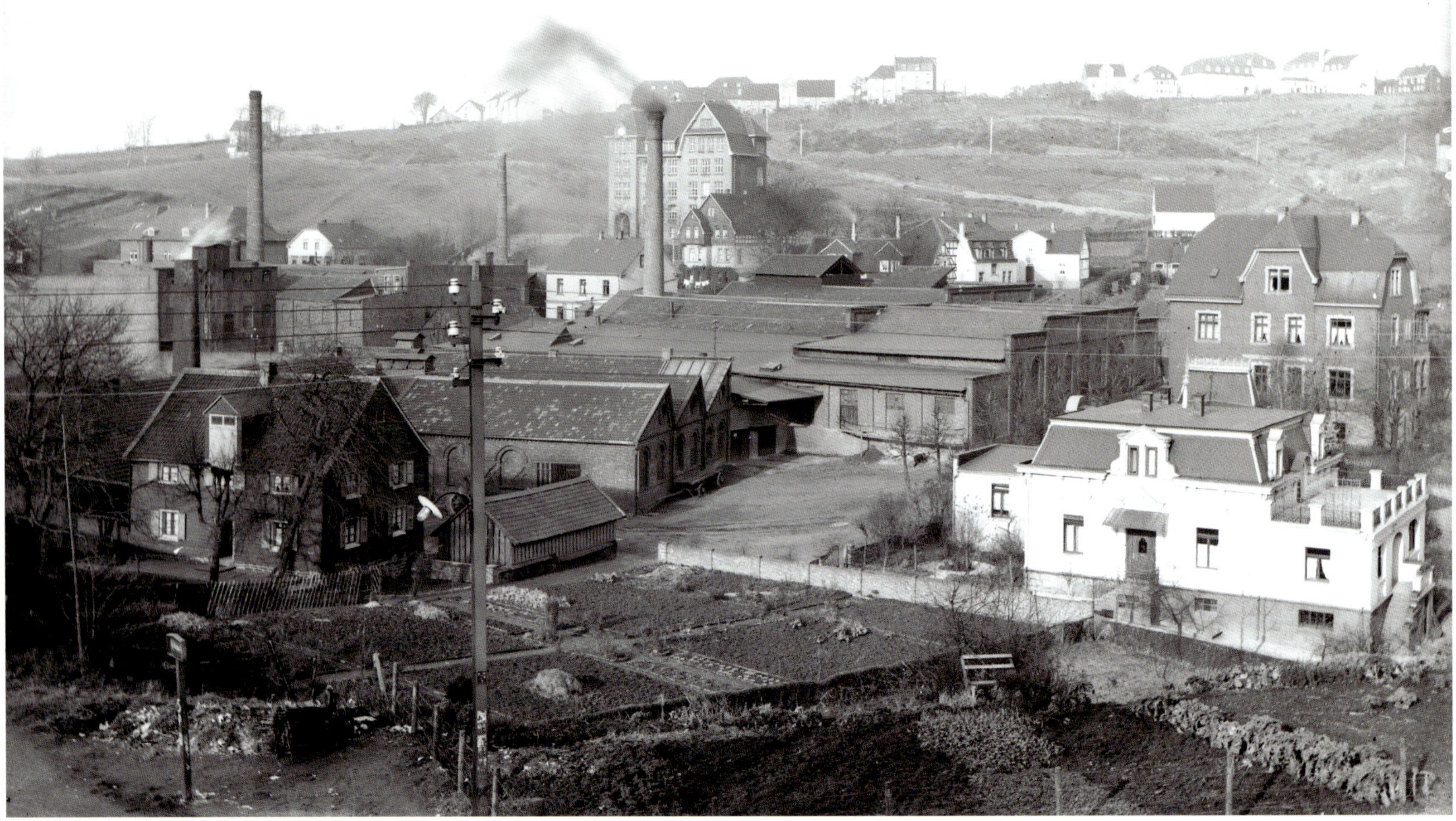

Eine fleißige Stadt, in der die Industrieschlote rauchten und die Schmiedehämmer dröhnten. So auch bei der Firma Buschhaus an der Wolfskuhle. Mit der Herstellung von Pflugscharen, die sich um 1860 zu einem bedeutenden Wirtschaftszweig entwickelte und Gevelsberg zu einem weithin bekannten Produktionsstandort für landwirtschaftliches Qualitätsgerät machte, begründete das Unternehmen seine führende Marktstellung. Und so präsentierte sich Buschhaus in den zwanziger Jahren: Neben den Fabrikationshallen rechts die Hauptverwaltung; davor die Villa der Familie. Auf dem damals noch unbebauten Hügel im Hintergrund befindet sich heute das beliebte Vogelviertel.

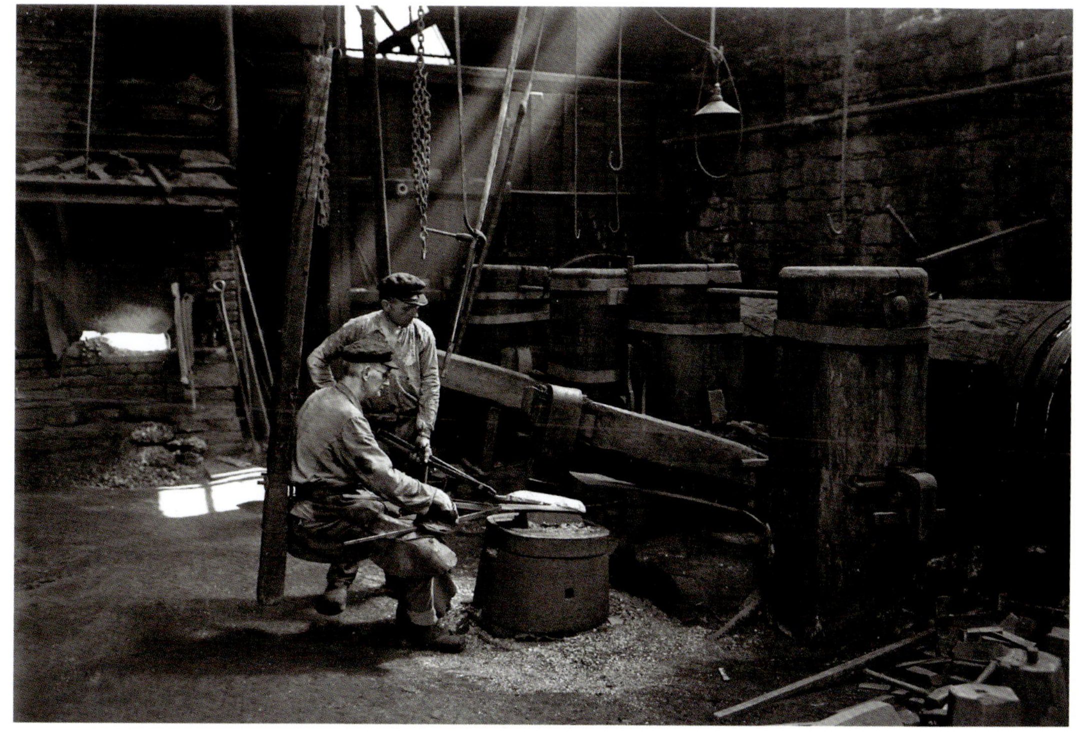

Harte Arbeit bestimmte im Hammer- und Walzwerk Buschhaus auch im 20. Jahrhundert nach wie vor den Alltag. Zwar brachte die große Antriebswalze für den Schmiedehammer ganze Leistung, trotzdem ging es nicht ohne menschliche Muskelkraft, Geschicklichkeit und langjährige Erfahrung im Umgang mit den Werkstücken aus glühendem Metall.

Die lustigen Vagabunden aus der Produktion an der Wolfskuhle waren nicht nur eine muntere Truppe, sondern offensichtlich auch gestandene Mannsbilder, die ihr Handwerk verstanden. Qualifizierte Mitarbeiter wie diese garantierten präzise Ergebnisse in einwandfreier Qualität – sozusagen im Vorgriff auf die heutige Null-Fehler-Strategie in modernen Produktionsbetrieben.

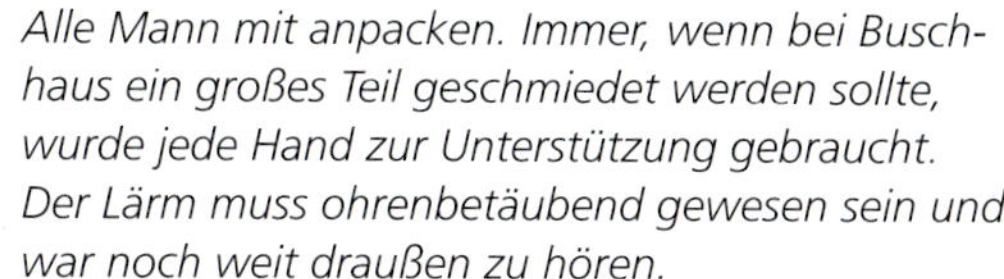

Alle Mann mit anpacken. Immer, wenn bei Buschhaus ein großes Teil geschmiedet werden sollte, wurde jede Hand zur Unterstützung gebraucht. Der Lärm muss ohrenbetäubend gewesen sein und war noch weit draußen zu hören.

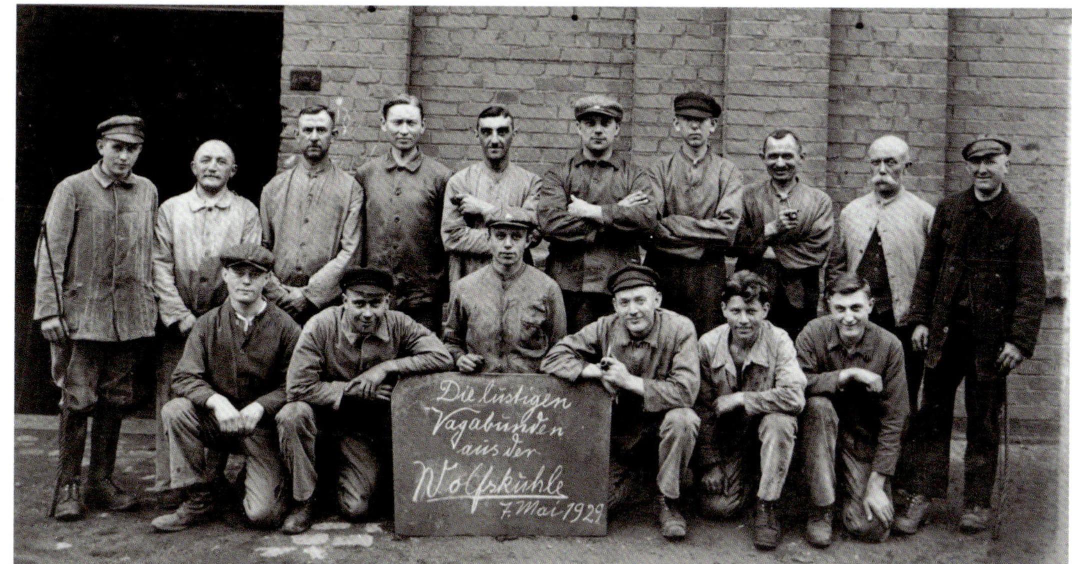

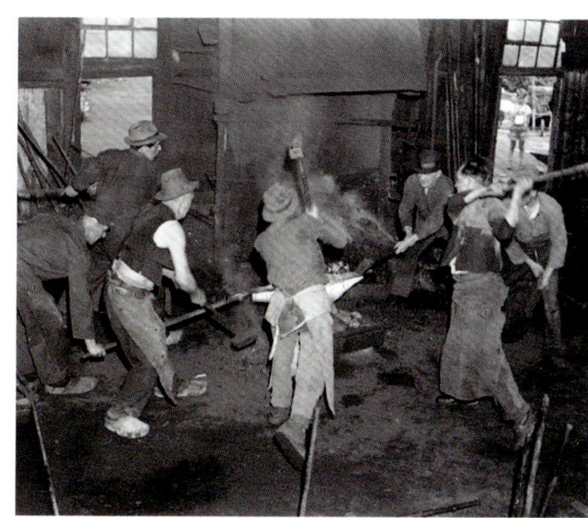

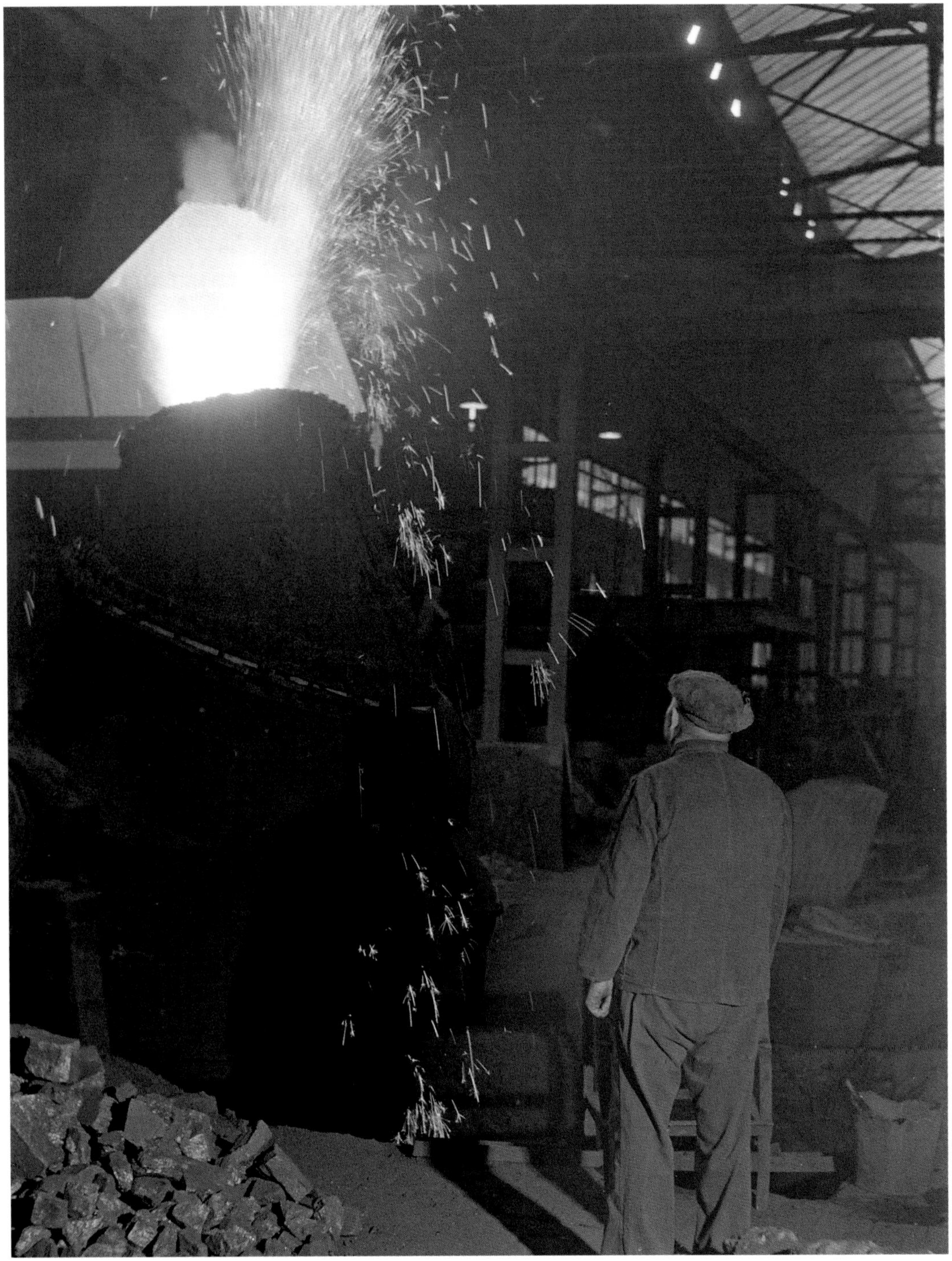

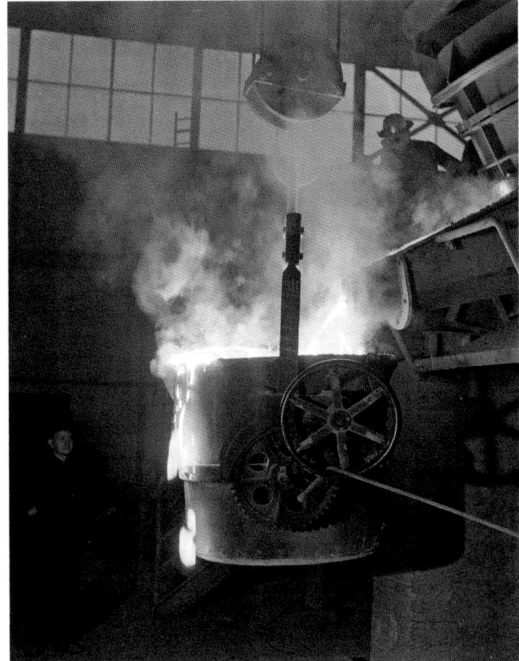

Am traditionsreichen Industriestandort Kruin gründeten am 1. Oktober 1906 der Ambossfabrikant Robert Refflinghaus und der Gießereifachmann Gustav Röllinghoff ein gemeinsames Unternehmen. Das Programm des neuen Kruiner Guss-Stahlwerks umfasste Rohgussteile für die gesamte Industrie der Region; später dann Stahlformgussstücke unter anderem für den Maschinen- und Automobilbau.

Zwei Jahre nach dem Start kam im Betrieb der erste Elektroofen der Marke Siemens-Martin zum Einsatz, um mit Hilfe zeitgemäßer Technik effizienter als bisher Metall einschmelzen zu können. Das flüssige Eisen wurde in einen Tiegel und anschließend in eine Thomas-Birne gefüllt. Dabei handelt es sich um einen mit Dolomit ausgekleideten Konverter, der bei einem Verfahren zur Stahlerzeugung Verwendung findet. Namensgeber war der britische Metallurge Sidney Thomas.

Durch Zufuhr von Sauerstoff ließ sich die Stahlqualität deutlich verbessern. Nach heutigen ökologischen Erkenntnissen keine gute Idee: Der gelbe Qualm belastete Mensch und Umwelt.

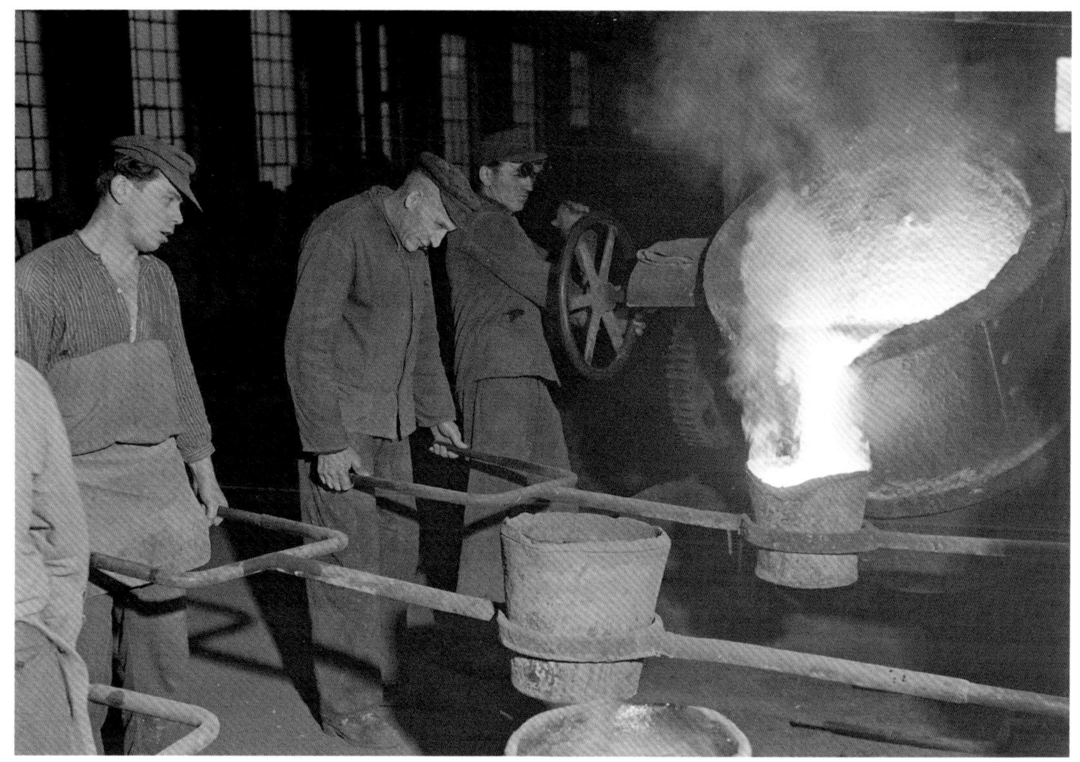

Man meint den Schweiß der Arbeit fast zu riechen: Hier sind echte Malocher am Werk. Ganz nah am Feuer wird mit dem glühend heißen Flüssigmetall hantiert – ohne Handschuhe, Helm und entsprechende Kleidung. Gesundheits- und Arbeitsschutz waren in der ersten Hälfte des vergangenen Jahrhunderts weitgehend unbekannt. Es lag bei den Arbeitern selbst, vorsichtig zu sein und möglichst kein Risiko einzugehen. Bei der gefährlichen Tätigkeit in einer Gießerei leichter gesagt als getan. Aus diesem Grund lag es im Interesse des Unternehmens, nur erfahrene und zuverlässige Mitarbeiter mit solch schwierigen Aufgaben zu betrauen. Dies bot eine gewisse Gewähr, die Zahl der Arbeitsunfälle gering zu halten.

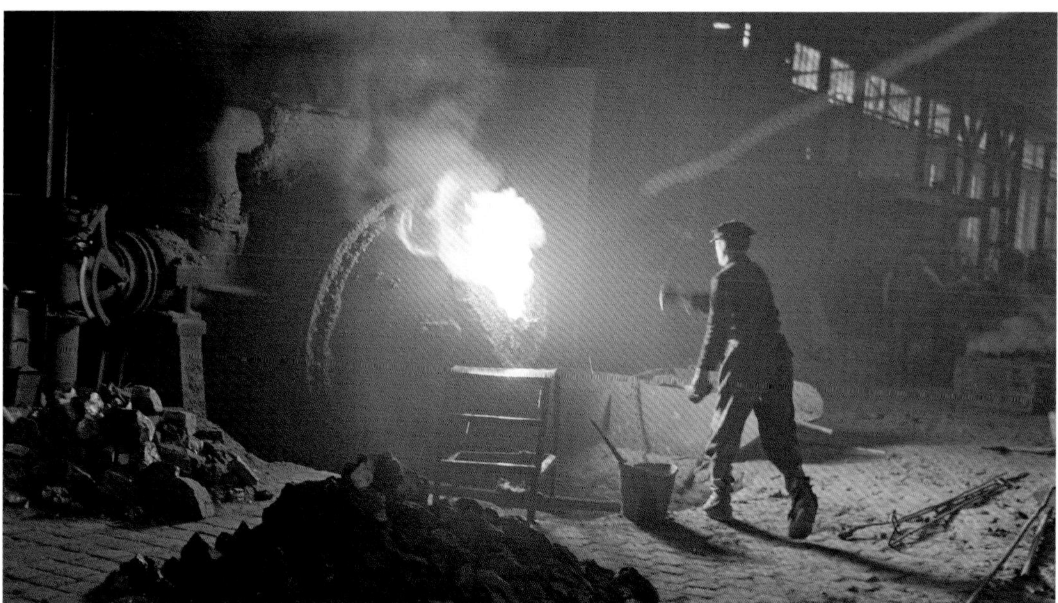

Im Kruiner Guss-Stahlwerk Refflinghaus & Röllinghoff wurde höchster Wert auf exzellente Qualität gelegt. Für das Management ein entscheidende Voraussetzung, um im schon damals hart umkämpften Markt wettbewerbsfähig zu bleiben. So experimentierten die Stahlwerker intensiv an neuen Rezepturen zur Verbesserung des Materials. Mit Erfolg. Durch die Zugabe bestimmter Zusatzstoffe gelang es den Gevelsbergern, Stähle von besonderer Güte zu produzieren.

Wilhelm Hippenstil, ehemaliger Lagermeister bei Stockey & Schmitz.

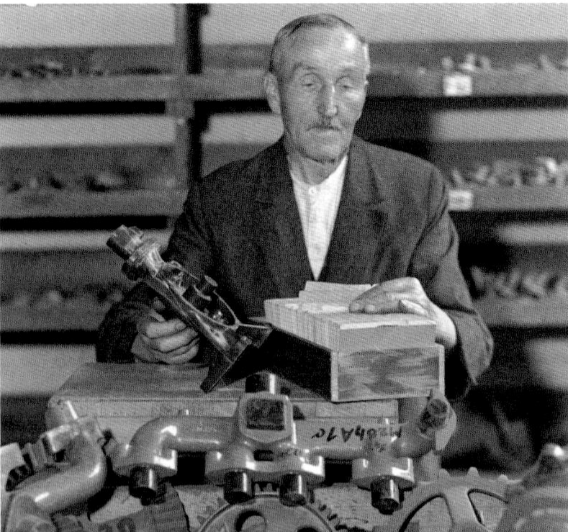

In den fünfziger Jahren zählten Menschen im Betrieb zu den beliebten Fotomotiven in Festschriften, Broschüren und anderen Publikationen. Ob Geschäftsleitung, Betriebsrat oder Mitarbeiter: Die Darstellung von Personen folgte zu dieser Zeit stets bestimmten Regeln.

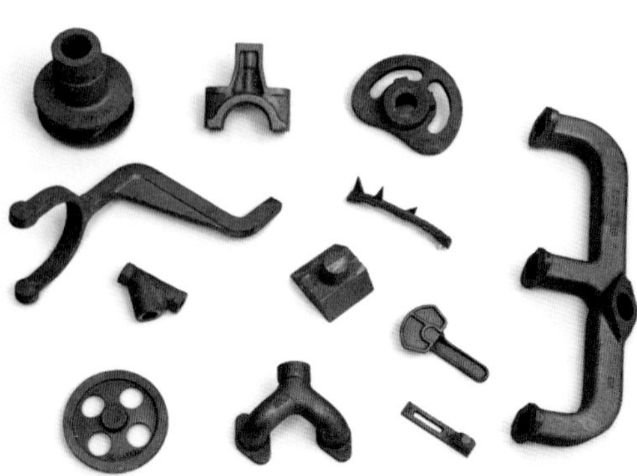

Formen der Vielfalt. Gussteile made in Gevelsberg kamen in den unterschiedlichsten Branchen und Anwendungen zum Einsatz. Das Tableau vermittelt einen Eindruck, welch komplexe Werkstück-Geometrien damals schon in Präzisionsarbeit realisiert werden konnten.

Respektspersonen im Bilde: Die Handlungsbevollmächtigten Julius Asbeck, Wilhelm Buck, Hans Ilberg, Ewald Eck und Werner Mauss.

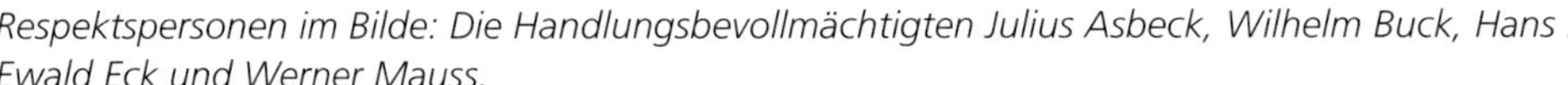

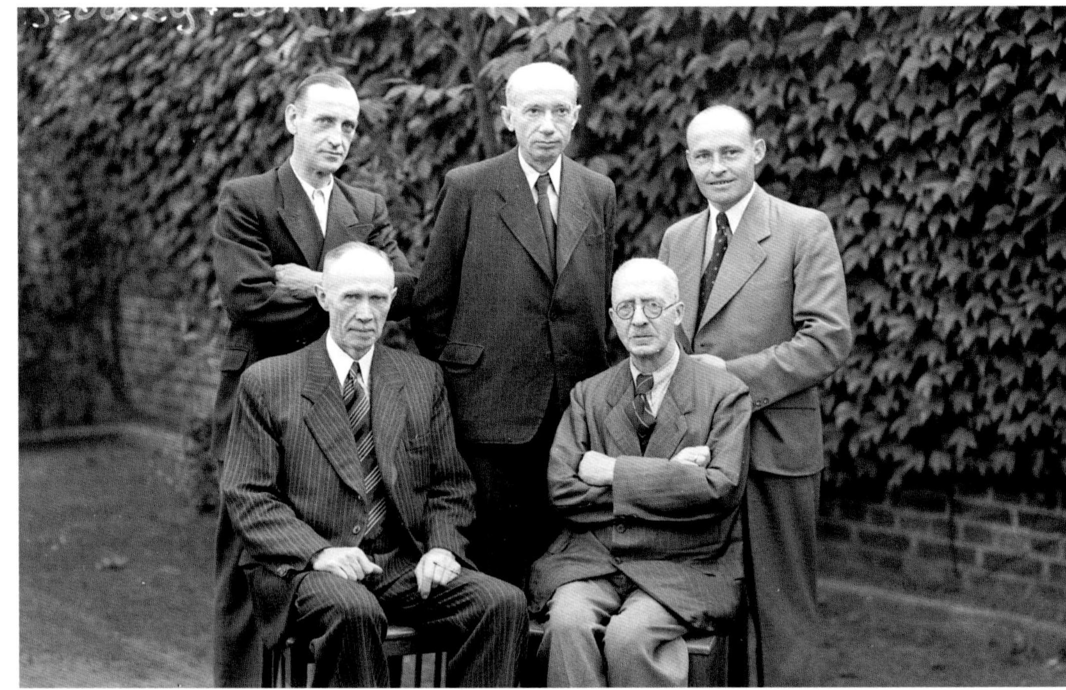

Der Betriebsrat mit Obmann Wilhelm Hild in der Mitte.

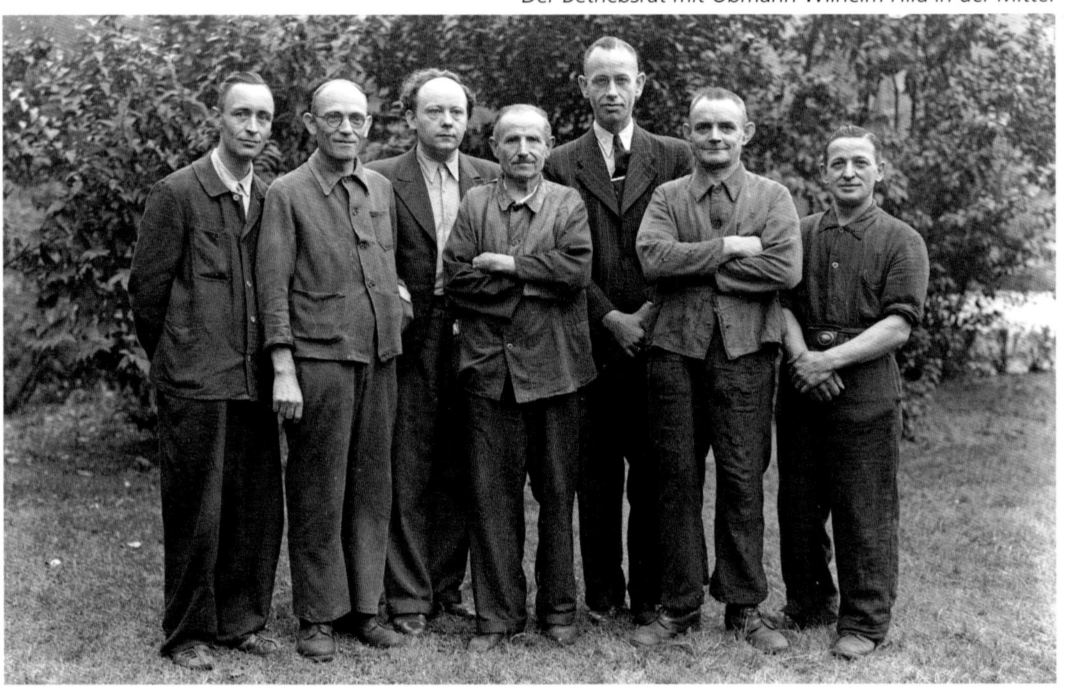

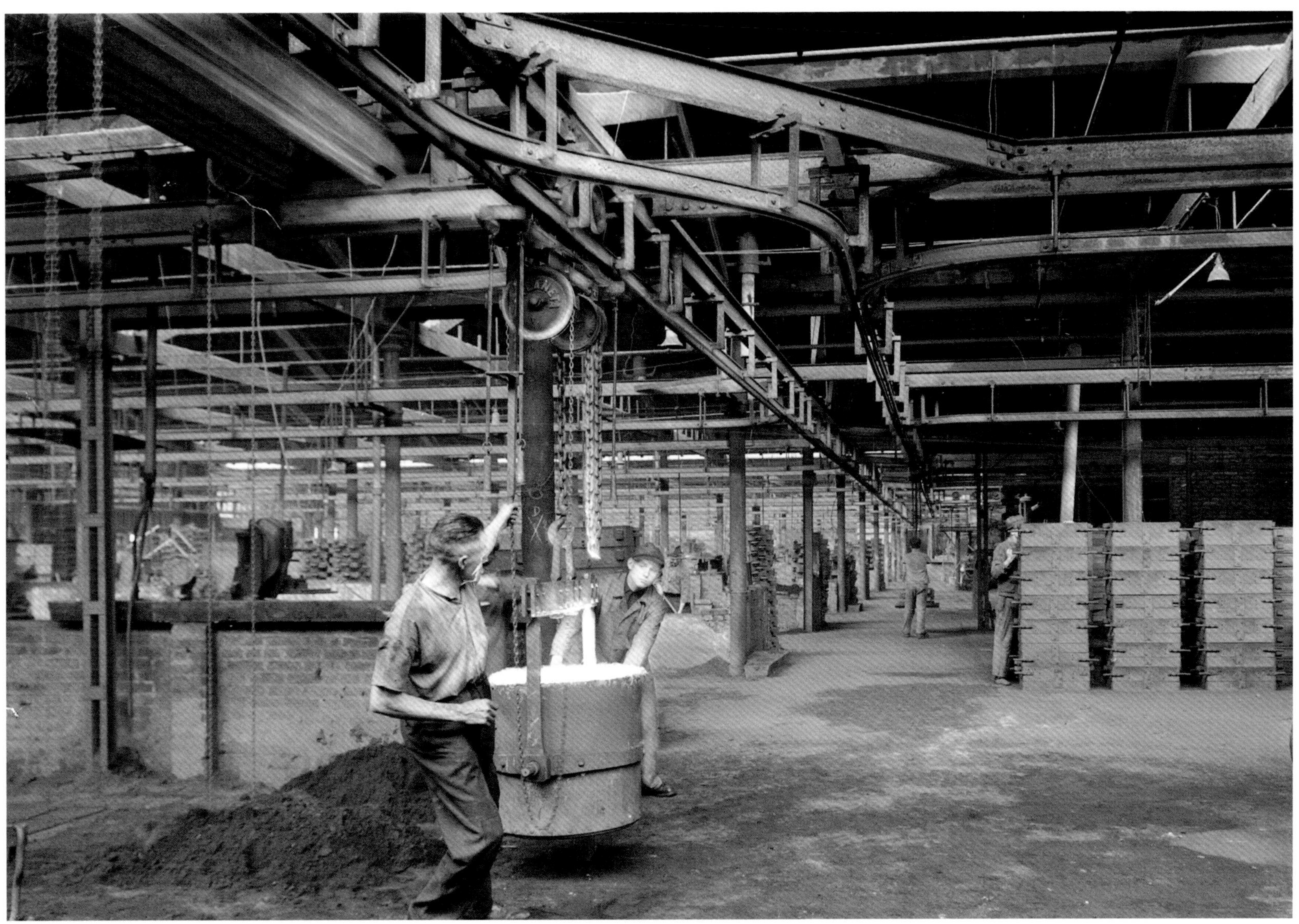

Industriefotografie vom Feinsten. Mit dieser Aufnahme aus der Gießerei Stockey & Schmitz ist Hans Günter Lintl ein Beispiel meisterhafter Fototechnik gelungen. Und zwar unter schwierigen Bedingungen. Denn der Fotograf stand vor der Herausforderung, die dunkle Halle so zu belichten, dass der Mitarbeiter gut zu sehen war, das glühende Eisen kontrastreich ins Bild kam und zudem das Umfeld mit dem Kranwagen an der Decke klar erkannt werden konnte. Das Unternehmen hinter dem Kruiner Tunnel hatte sich auf die Herstellung von Fahrzeugteilen spezialisiert; in den 1920er Jahren kamen landwirtschaftliche Maschinen und Komponenten hinzu. Heute wird auf dem Gelände nichts mehr produziert.

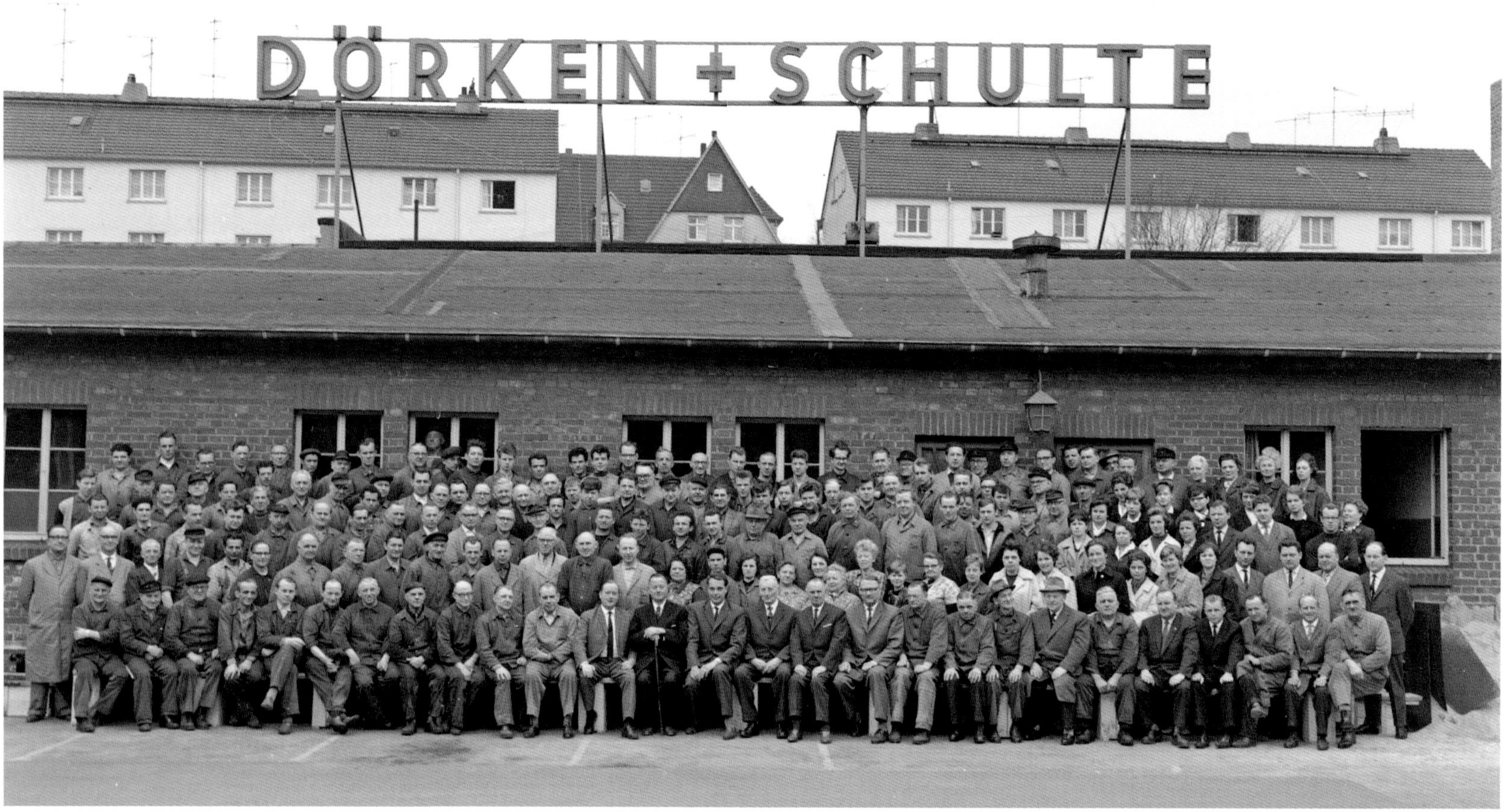

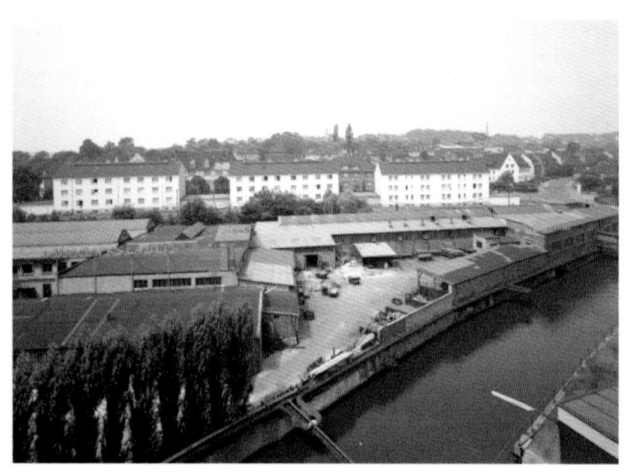

Direkt am Ennepe-Bogen gelegen, war die Firma Dörken + Schulte viele Jahre die angesagte Adresse für die Fertigung hochwertiger Baubeschläge, Gitterroste, Fußabstreifer und Abdeckungen für Kellerfenster. Darüber hinaus hatte die renommierte Kommanditgesellschaft eine Vielzahl unterschiedlicher Preß,- Zieh- und Stanzteile im Angebot. Manchem Gevelsberger wird zudem die Marke Herkules noch ein Begriff sein. Unter diesem Namen wurde in den fünfziger Jahren ein Qualitäts-Gitterrost aus der Dörken + Schulte-Produktion gezielt beworben.

Wie gut aufgestellt das Unternehmen in dieser Zeit war, zeigt das Foto der Belegschaft. Anton Lintl hatte es sich nicht nehmen lassen, für eine geordnete Gruppierung der Mitarbeiter zu sorgen. Um alle gut erkennbar ins Bild zu setzen, mussten Stühle, Kisten und Podeste herbeigeschafft und sorgfältig platziert werden. Übrigens: Wir haben 169 Personen auf dem Foto gezählt. Findet jemand mehr?

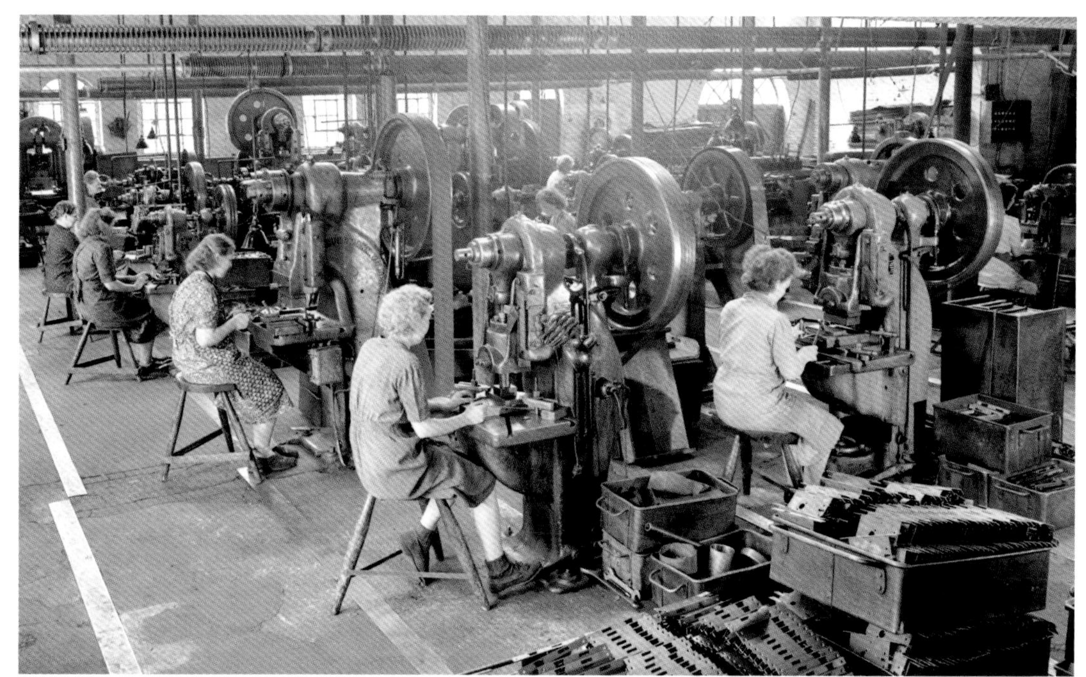

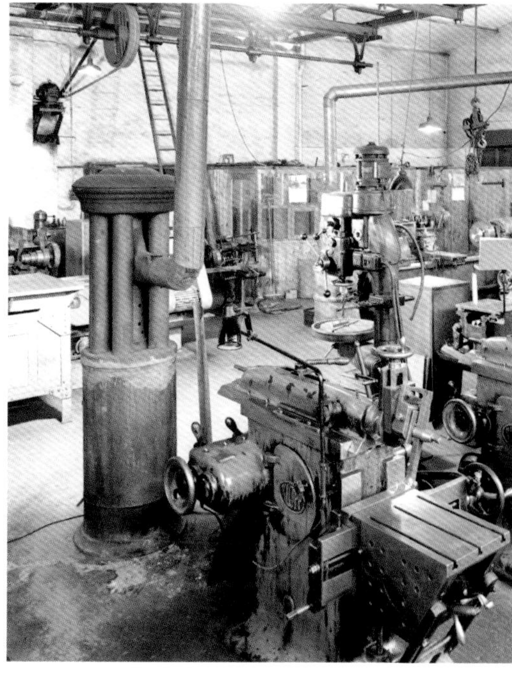

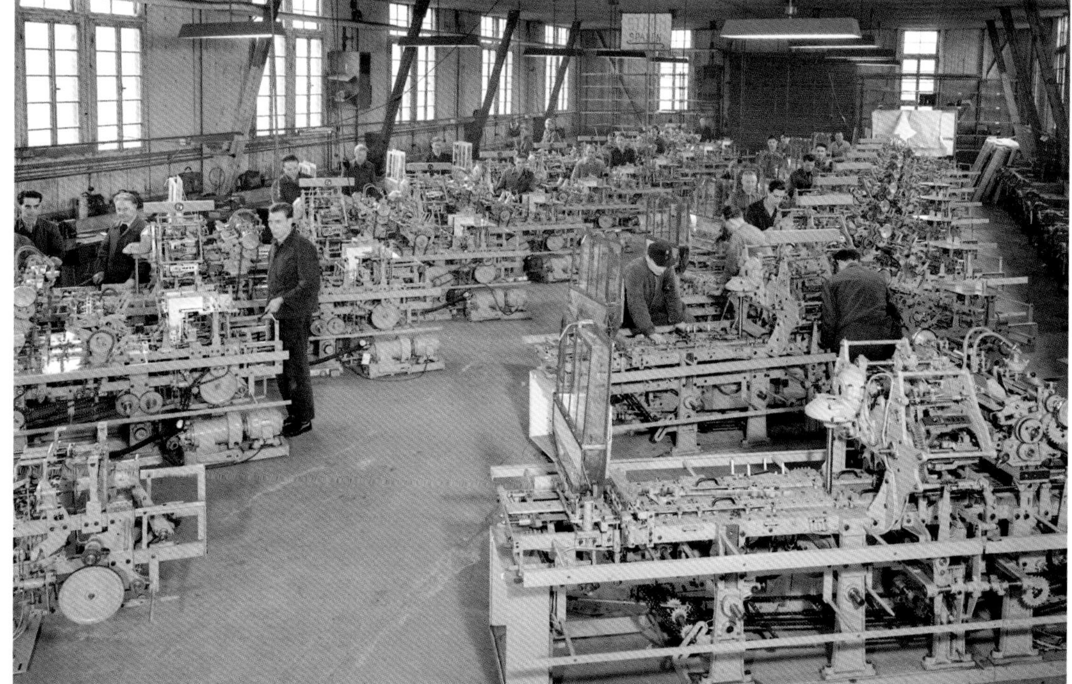

Arbeitswelten aus den fünziger Jahren, von Hans Günter Lintl im Kundenauftrag professionell fotografiert. Links oben wirft die Kamera einen Blick auf die Stanzarbeitsplätze der Firma Carl Sieper, die auch international mit der Herstellung und Vermarktung von Kindernähmaschinen vor allem in der ersten Hälfte des 20. Jahrhunderts überaus erfolgreich war. Für das Stanzen der Metallteile wurden bevorzugt Frauen eingesetzt.

Das Bild darunter liefert einen Überblick in die Montagehalle der Firma Niepmann. Der Produzent von Anlagen zur Verpackung von Zigaretten setzte seinerzeit branchenweit Maßstäbe für rationelle Technik und automatisierte Ablaufe.

Rechts oben wird tüchtig eingeheizt. Um der Belegschaft in den kalten Produktionshallen die Arbeit ein wenig angenehmer zu machen, sorgten Koks-Öfen für erträgliche Temperaturen.

Küchenwaagen unterwegs in den Trockenofen. Seit der Gründung in 1932 konzentrierte sich die Firma Richard Stube mit Erfolg auf die Entwicklung und Fabrikation von Küchenutensilien, Haushaltswaagen und Baubeschlägen. Besondere Beachtung verdient das innovative Equipment in der Produktion, für das die moderne Trocknungsstraße mit automatischer Zuführung der frisch lackierten Produkte beispielhaft steht. Von 1956 bis 1963 reüssierte das Unternehmen darüber hinaus mit einem Modell der Wuppertaler Schwebebahn, das erstmals auf der Nürnberger Spielwarenmesse 1957 vorgestellt und in größeren Stückzahlen verkauft wurde.

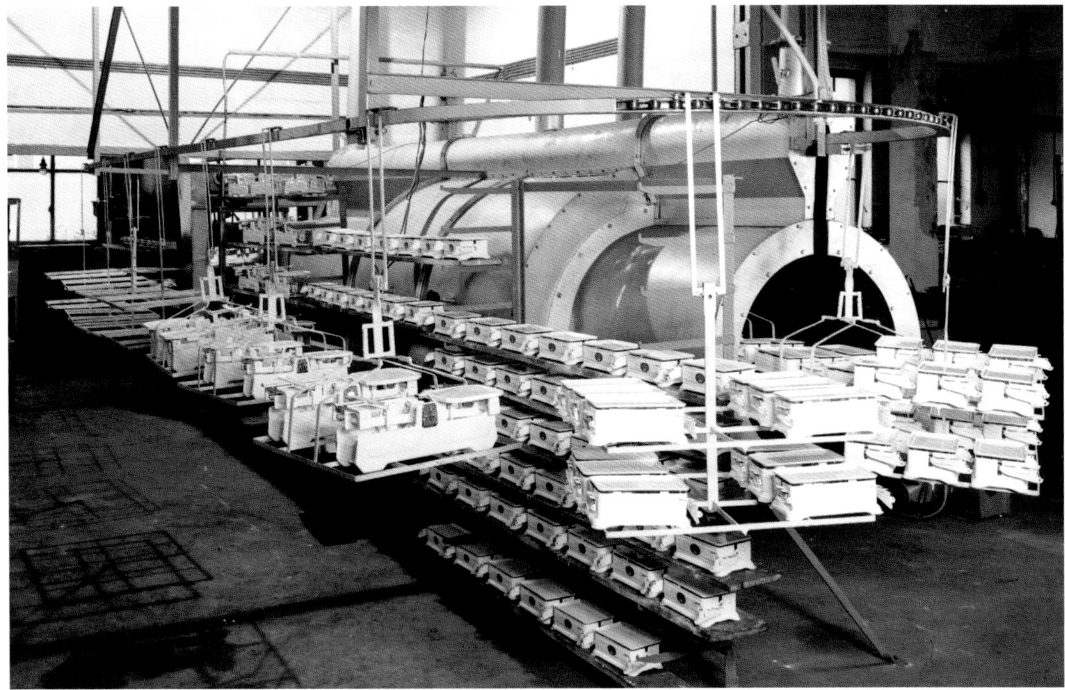

Drei typische Produkte aus Gevelsberg, die sich viele Hausfrauen wünschten. Angefangen bei einer praktische Haushaltswaage über ein standfestes Gerät zum Schneiden von Brot, Wurst oder Käse bis zum Luxusherd der Firma Albers.

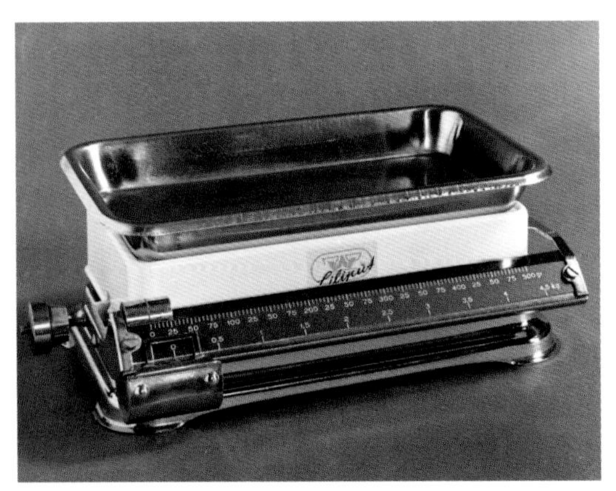

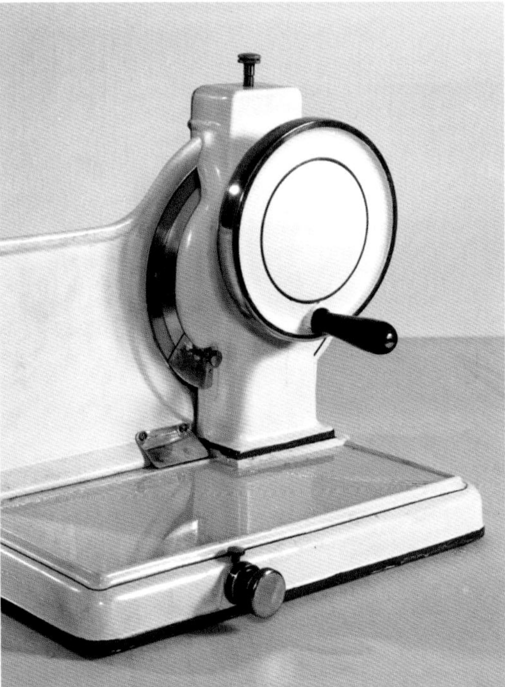

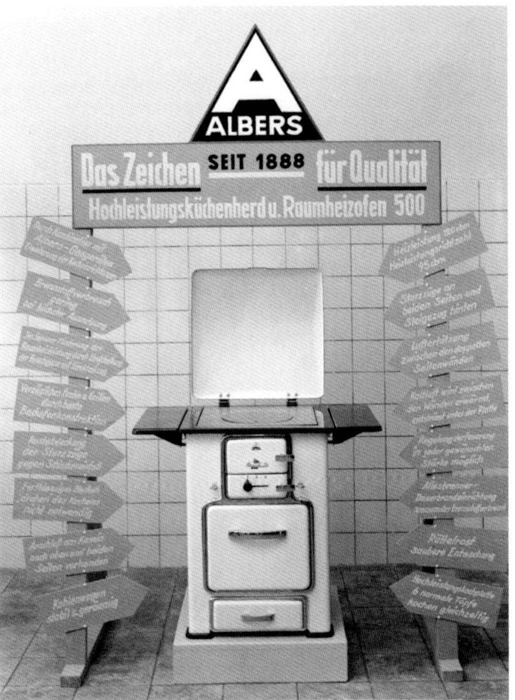

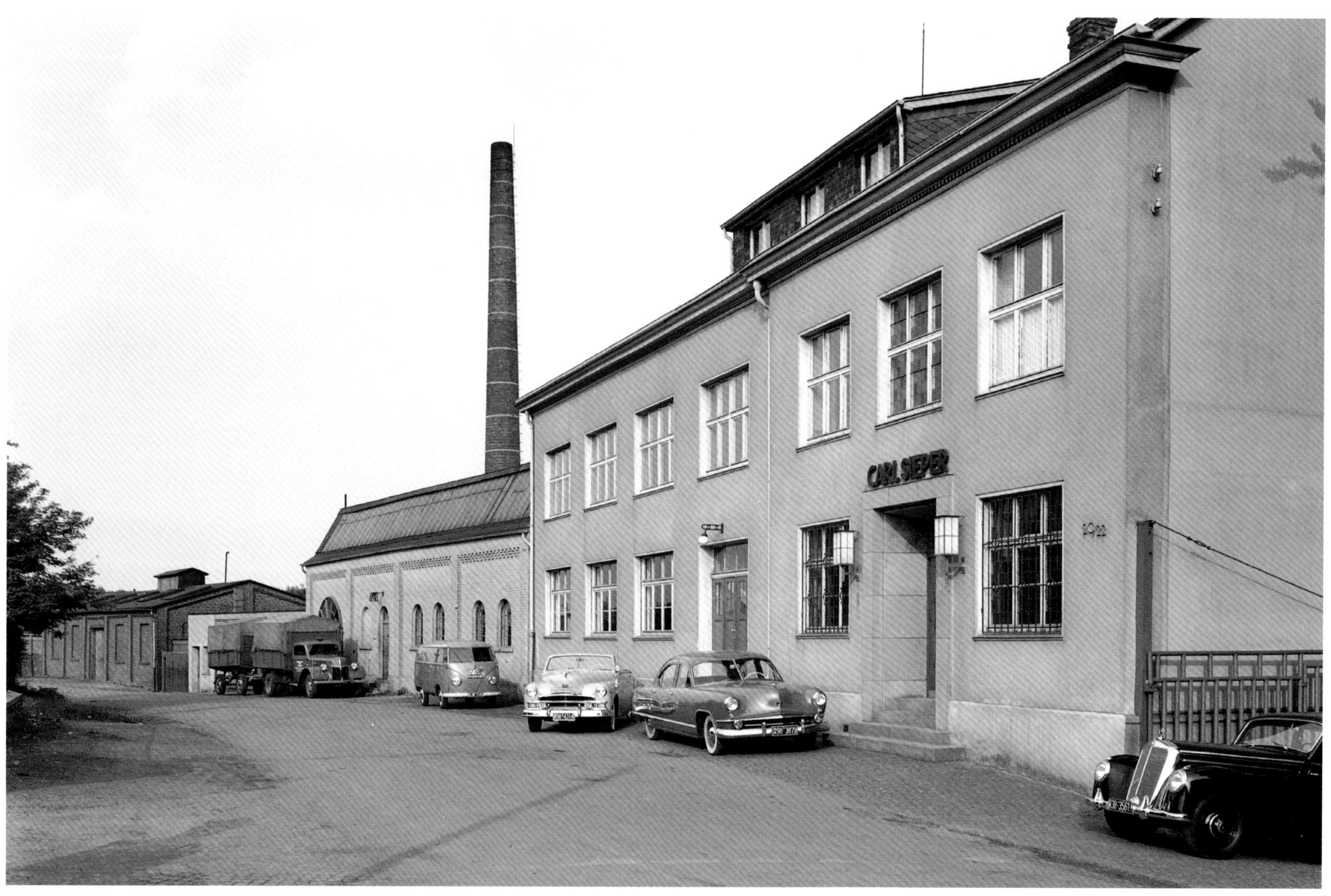

Am Anfang stand eine Idee, die sich zu einem international erfolgreichen Geschäftsmodell entwickelte. 1902 begann Carl Sieper in seinem Unternehmen an der Geerstraße mit der Produktion von Kindernähmaschinen.

Als Kenner des Marktes wusste er genau, wie gut die funktionsfähigen Miniapparate beim Kunden ankamen. Waren die Maschinchen anfangs noch ziemlich einfach konstruiert, setzte der Fabrikant in den Fünzigern auf den technischen Fortschritt in Premiumqualität.

So gab es Ausführungen mit elektrischem Antrieb oder integriertem Nählicht. Insgesamt wurden unter dem Markennamen CASIGE rund 700 verschiedene Modelle hergestellt. Die Gevelsberger Heimatstube zeigt etliche der Maschinen in ihrer Ausstellung.

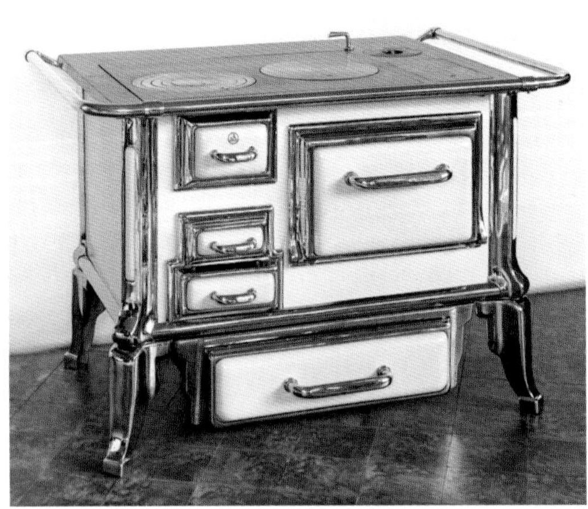

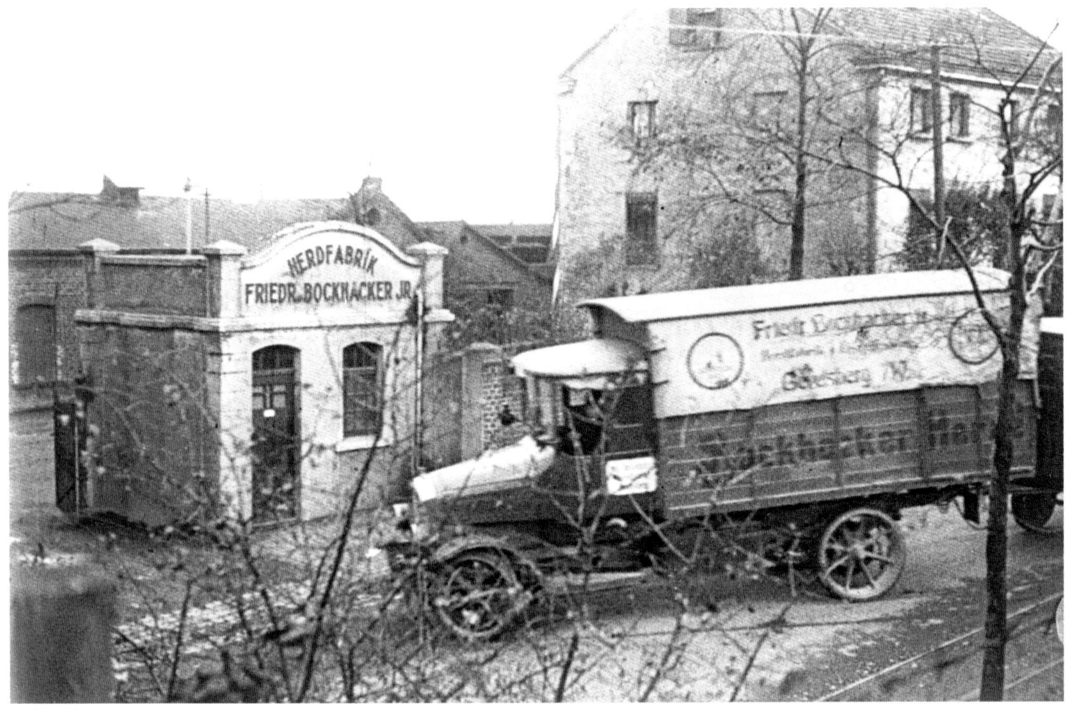

Ob klassischer Kohleherd oder hochmoderner Gasherd: In Gevelsberg hatten etliche namhafte Hersteller ihren Unternehmenssitz. Zum Beispiel die Firma Friedrich Bockhacker, die bereits 1886 an der Haßlinghauser Straße eine zweite Produktionsstätte eröffnete.

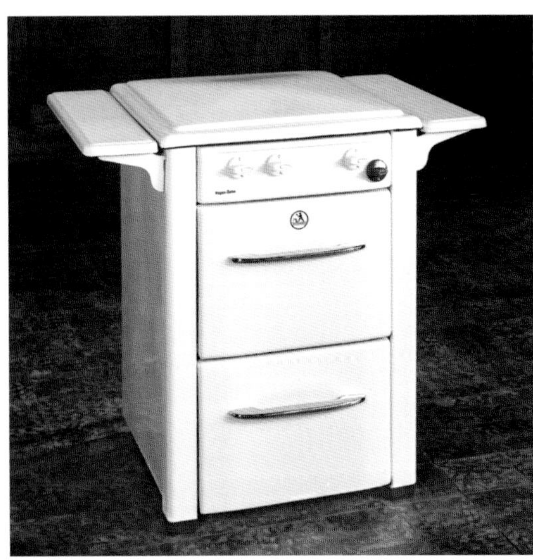

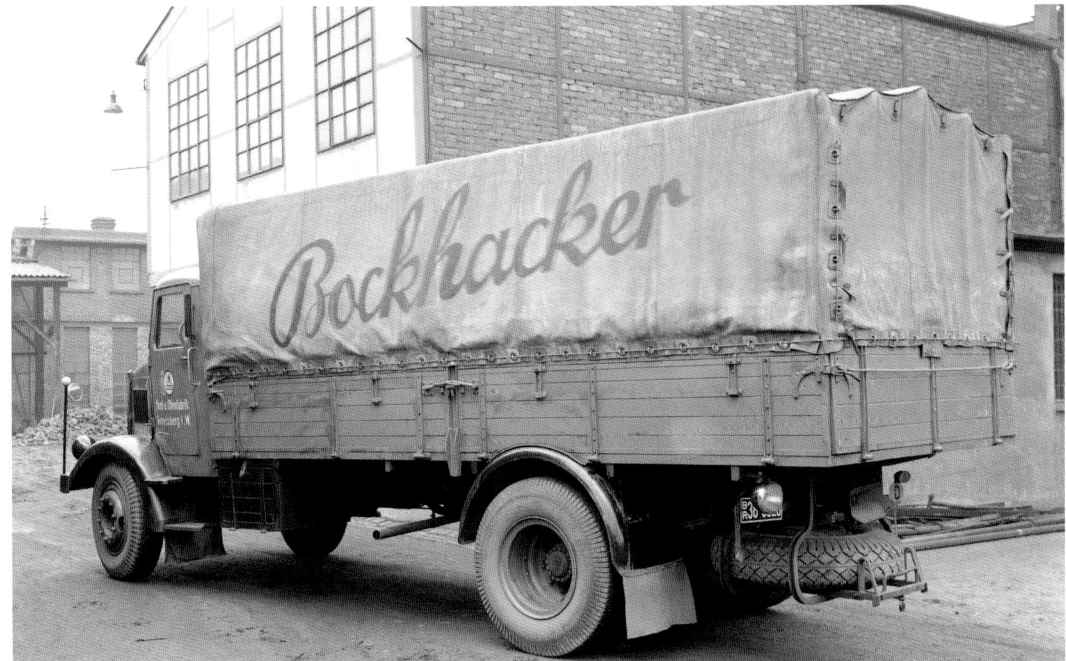

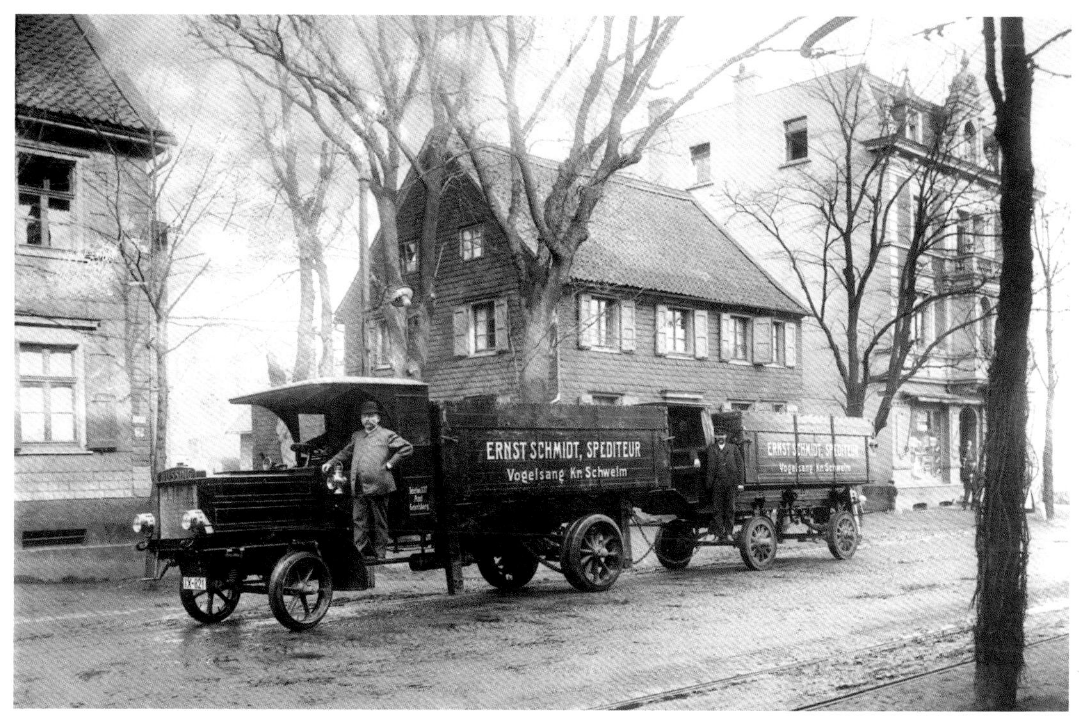

In direkter Nachbarschaft von Foto-Lintl in der Kölner Straße hatte die Spedition Ernst Schmidt ihr Domizil. Für die damalige Zeit ein bemerkenswert modernes Gebäude, wie das Bild unten rechts zeigt. Im Gründerjahr 1893 noch mit einem Pferdefuhrwerk unterwegs, konnte das Unternehmen dank guter Auftragslage rasch expandieren. 1912 wurde am ursprünglichen Firmensitz in Vogelsang der erste Lastkraftwagen angeschafft, für den Gütertransport bereits mit einem Anhänger ausgerüstet, wie auf dem Foto links oben zu sehen.

Für die Aufnahme links unten hatte Hans Günter Lintl in den 50er/60er Jahren den gesamten Fuhrpark der Spedition auf den Großen Markt beordert und in Reih und Glied ausgerichtet. Nicht gerade einfach für einen Fotografen, der sich allein um die Bildregie kümmern musst. Aus Platzgründen verlegte Schmidt-Gevelsberg den Standort später nach Schwelm, behielt den traditionsreichen Firmennamen aber bei.

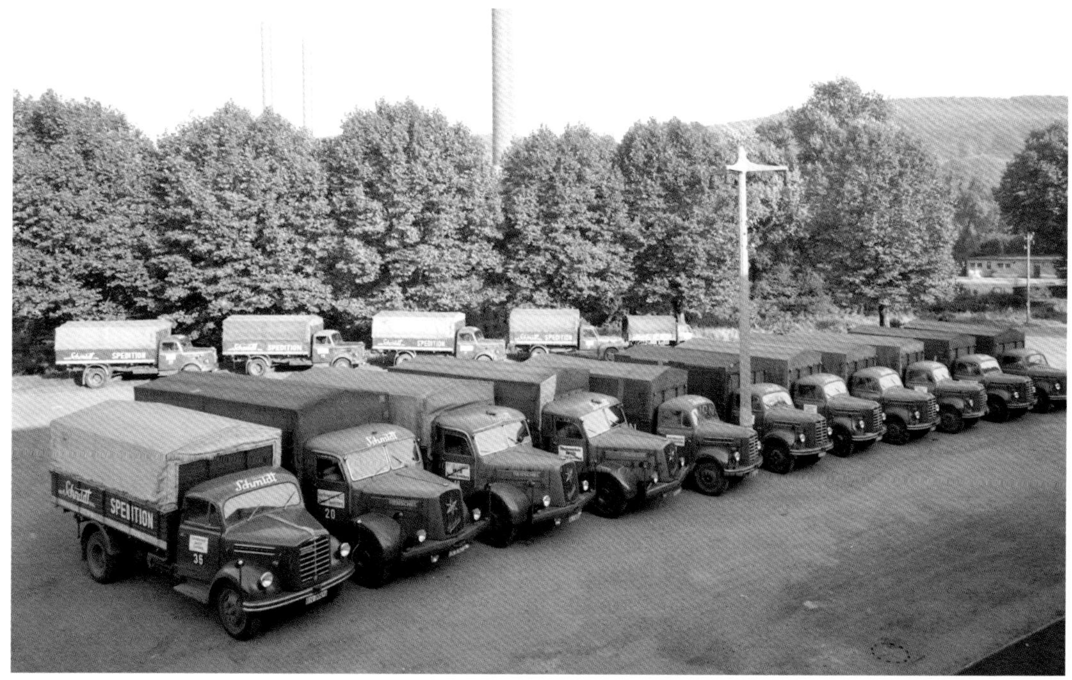

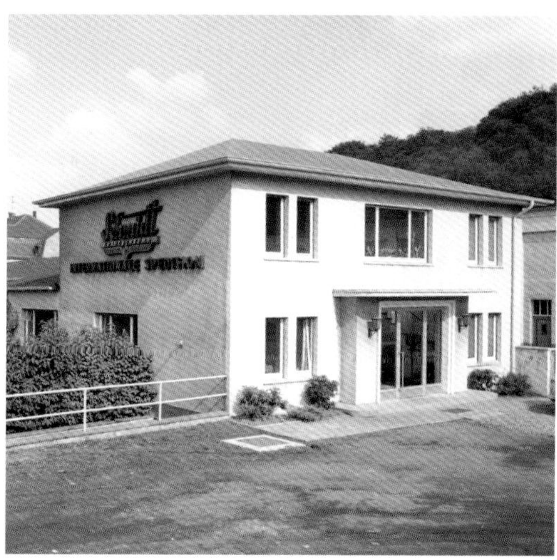

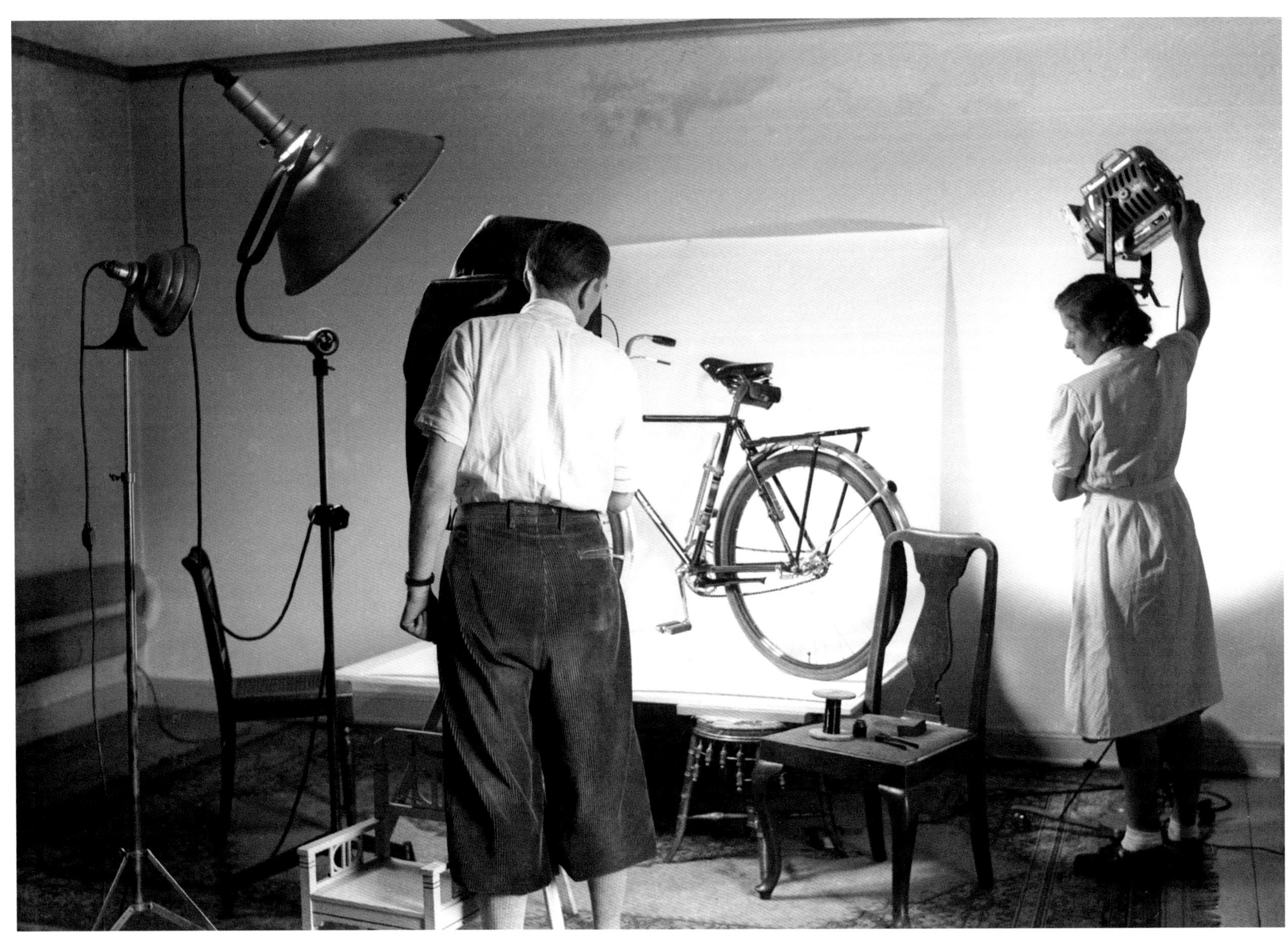

Produktfotos für Kataloge, Broschüren und Plakate waren eine Spezialität vom Lintl-Team, die von vielen ansässigen Firmen in Auftrag gegeben wurden. Denn die Fotografie entwickelte sich im Wirtschaftsaufschwung der Nachkriegszeit zu einem beliebten Medium für Werbung und Marketing. Nun gehört zur Perfektion meist auch ein Stück Improvisation. Hans Günter Lintl und Assistentin Erika Heier gestatten einen Blick hinter die Kulissen, wo gerade ein Fahrrad der Firma Schurhoff vor weißem Hintergrund aufgebockt und mit Hilfe von Scheinwerfern ausgeleuchtet wird. 500 Watt stark war die Lampe links im Bild. Intensive Leuchtkraft, die jedes Detail aufspürte und fotogerecht aufbereitete.

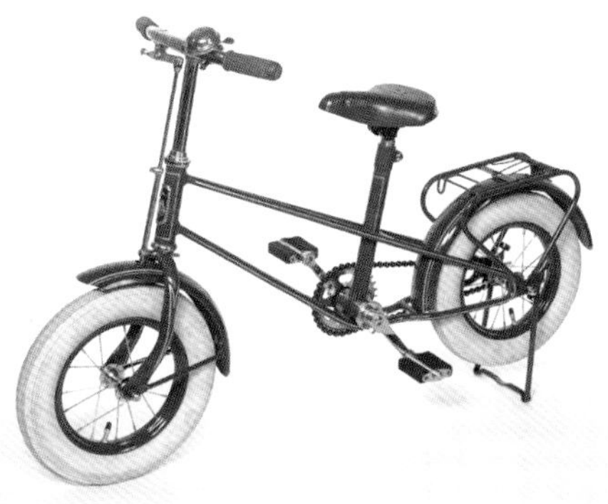

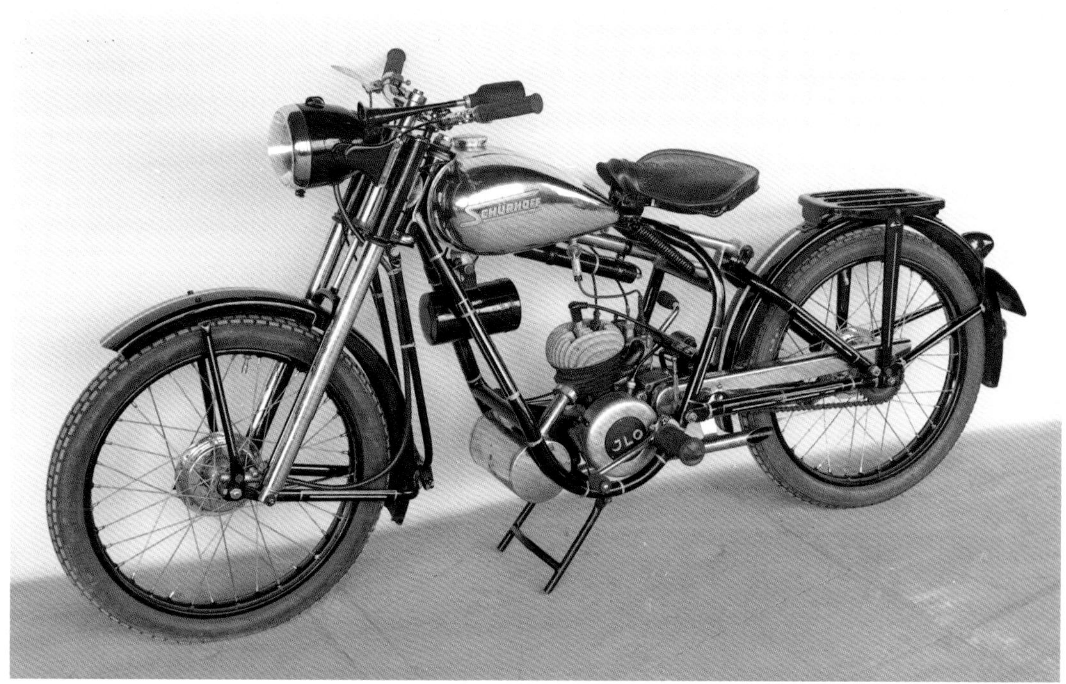

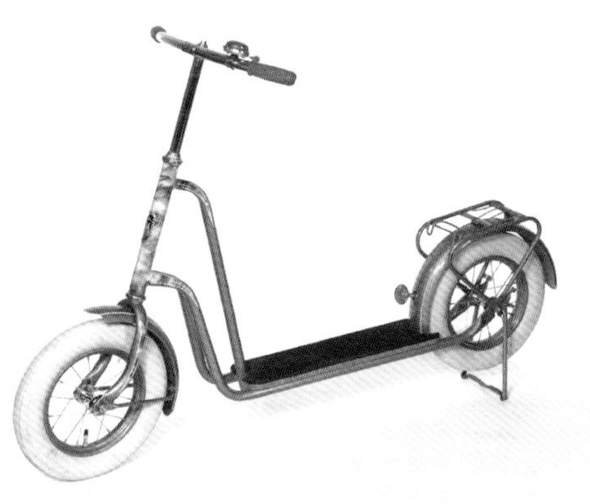

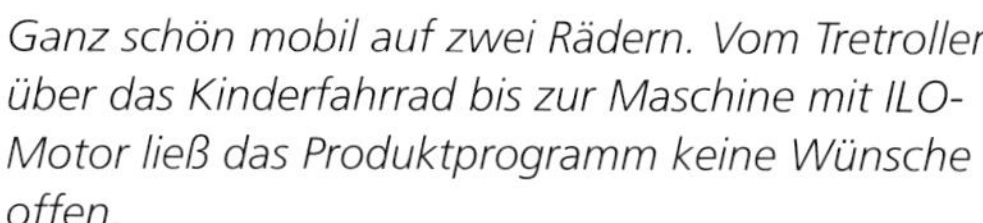

Ganz schön mobil auf zwei Rädern. Vom Tretroller über das Kinderfahrrad bis zur Maschine mit ILO-Motor ließ das Produktprogramm keine Wünsche offen.

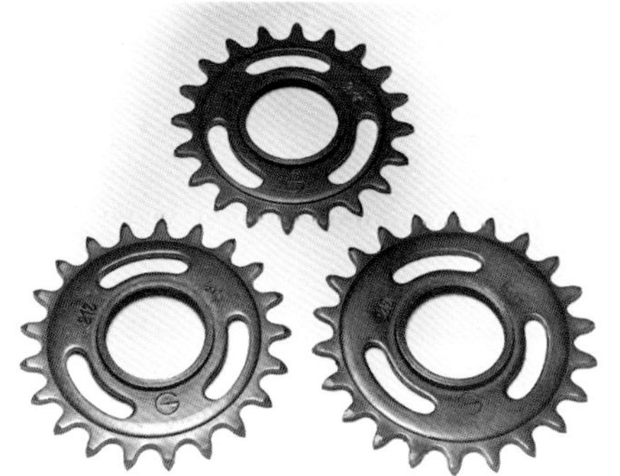

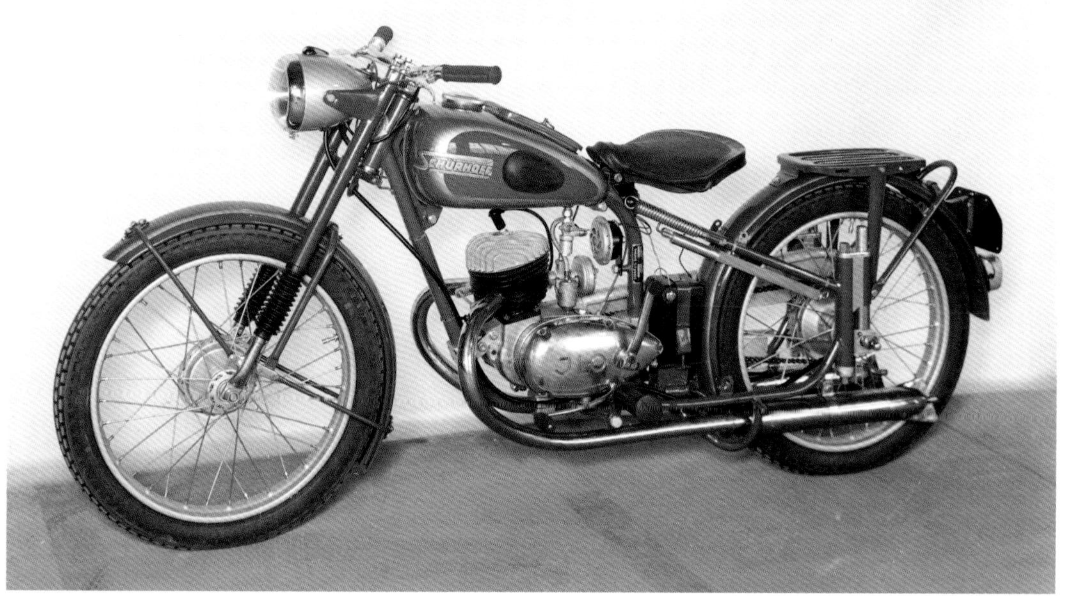

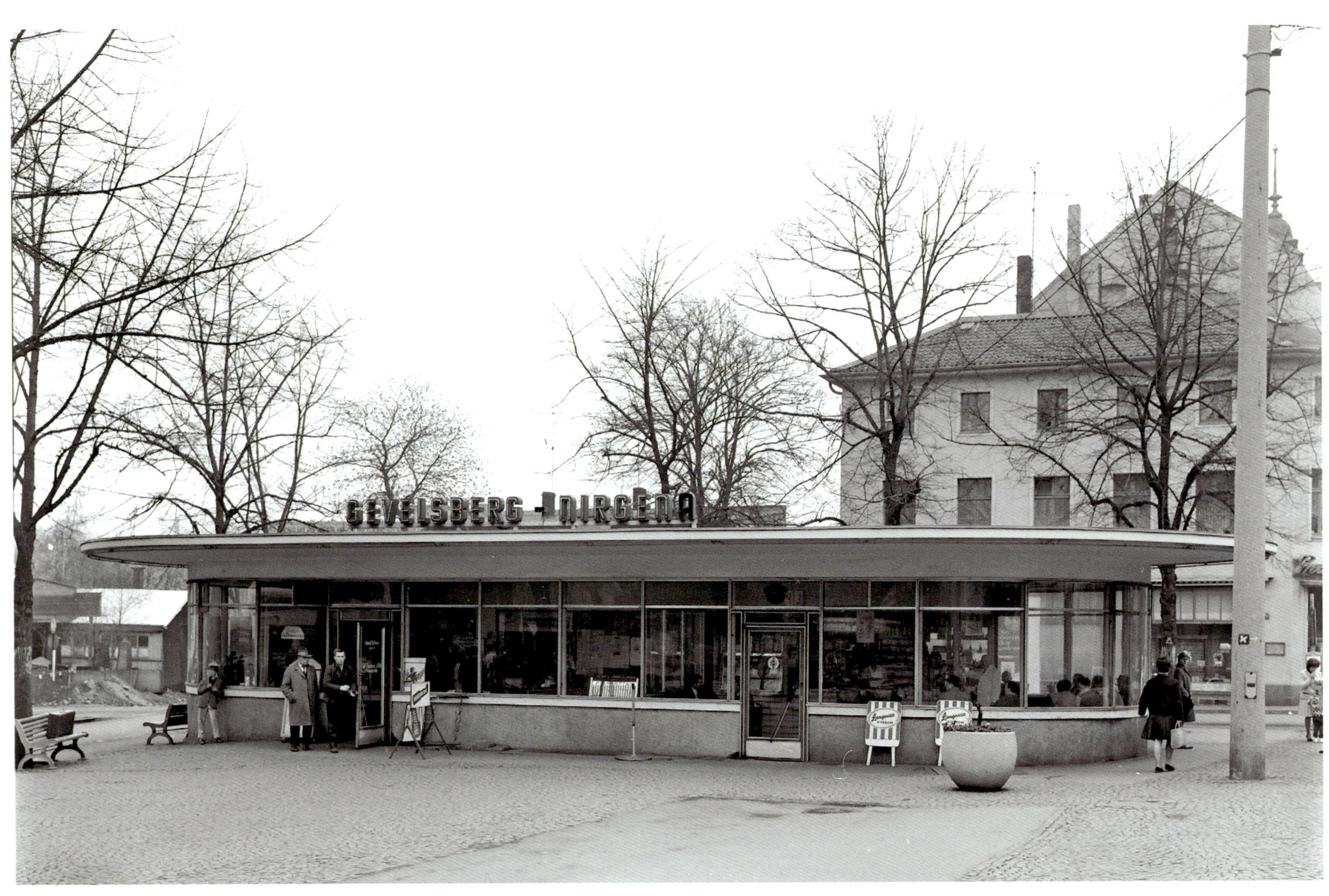

Die Station Nirgena ist sicherlich der bekannteste Platz in Gevelsberg. Hier traf man sich, hier kaufte man Zeitschriften, Tabakwaren und natürlich Fahrkarten. Hier nahm man Platz auf ein schnelles Bier oder schaute im Reisebüro vorbei, um den nächsten Urlaubstrip zu buchen. Die beliebte Location markierte aber auch eine Zeitenwende in der wirtschaftlichen Entwicklung der Stadt, die nach dem Krieg einen rasanten Aufschwung nahm. Der Handel florierte, überall entstanden neue Geschäfte, nach jahrelangen Entbehrungen hatten die Gevelsberger wieder Lust zu verreisen. Auch am Nirgena standen die Zeichen auf Optimismus.

Erfolgreich im Geschäft

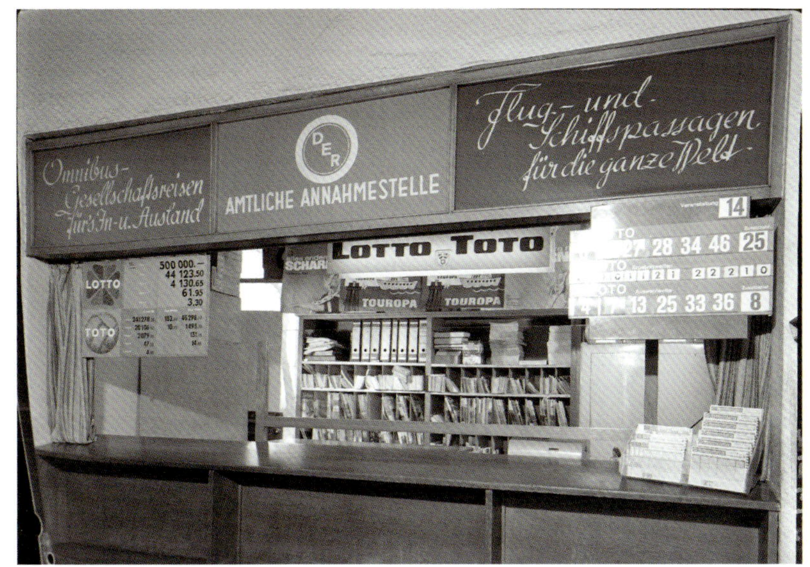

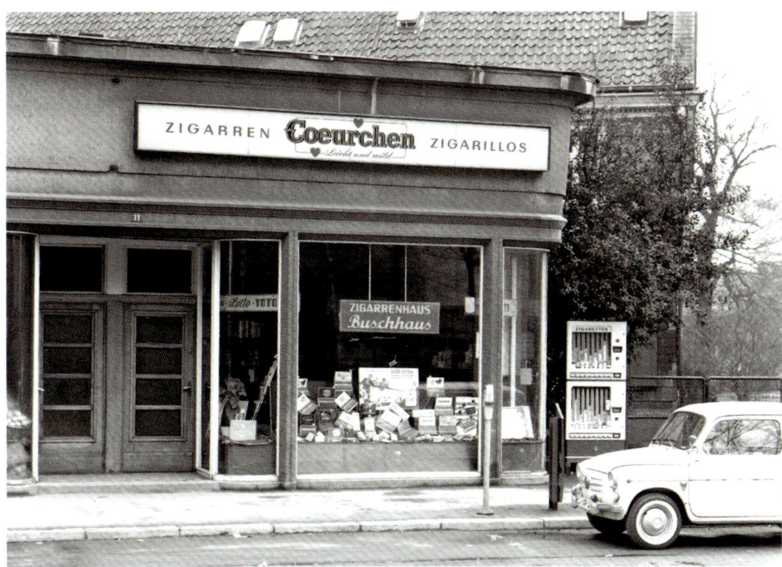

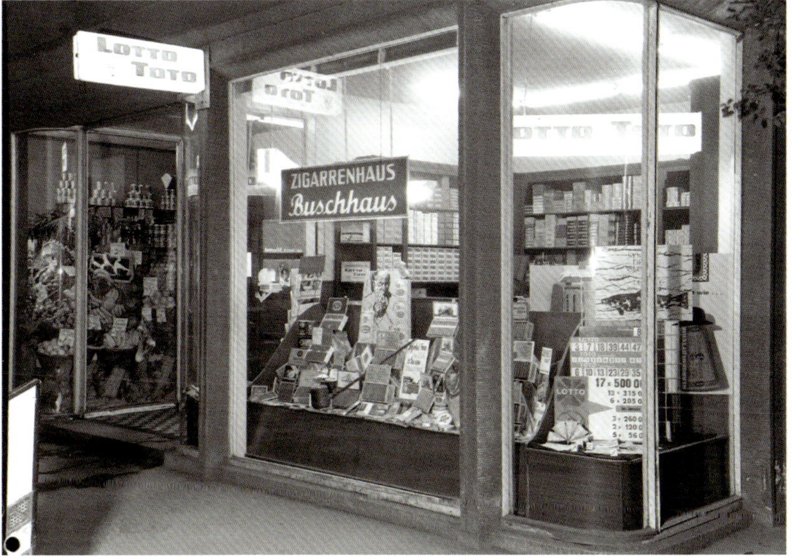

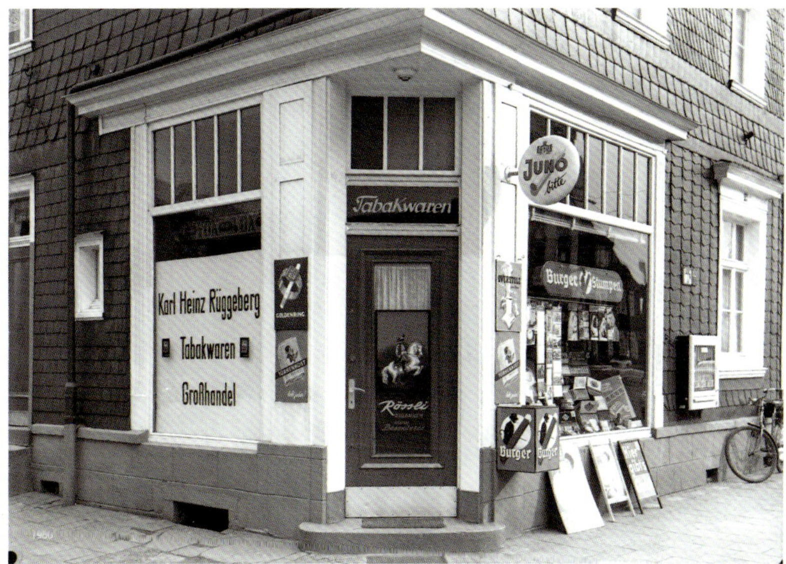

Spielräume, in denen mit etwas Glück Fortuna wartete. Im Auftrag der Lottogesellschaft fotografierte Hans Günter Lintl verschiedene Annahmestellen, bei denen die Tippscheine für Lotto und Toto abgegeben werden konnten.

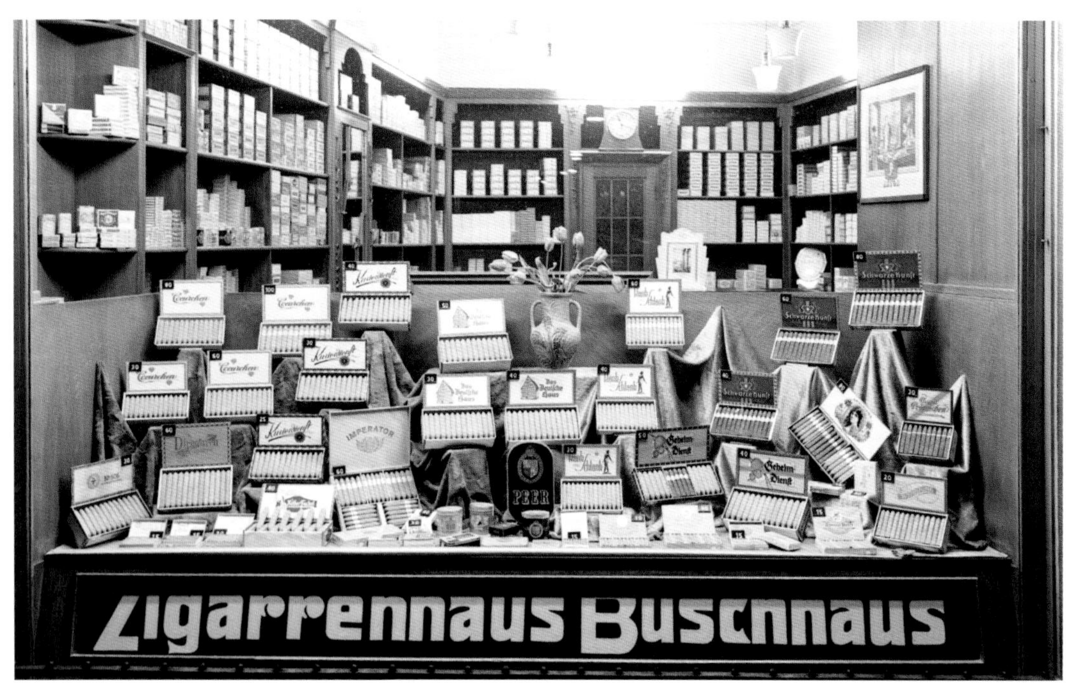

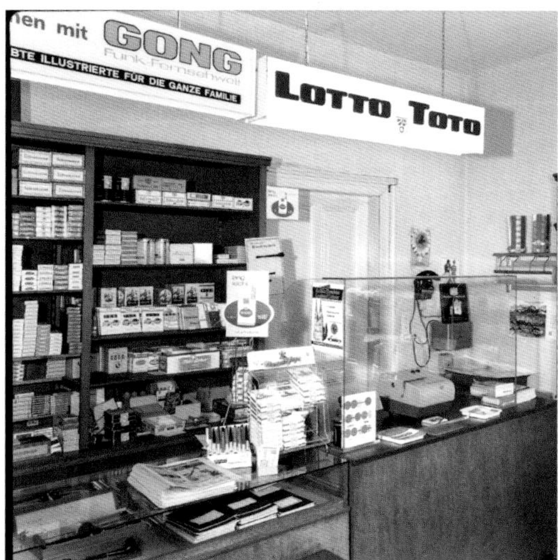

Wer hat das schönste Schaufenster in der Stadt? In zahlreichen Wettbewerben, oft von Lieferanten ausgerichtet, traten die Fachgeschäfte in einen spannenden Wettbewerb ein, um ihre Dekorationen und Auslagen bewerten zu lassen.

Auffallend war die neue Üppigkeit, die sich wohltuend vom kargen Angebot der Nachkriegszeit abhob. Die zumeist inhabergeführten Fachgeschäfte wollten ein Maximum an Qualität und Auswahl präsentieren und so den wachsenden Ansprüchen der Verbraucher entgegenkommen. Vielfalt hieß das Gebot der Stunde. Und die Schaufenster luden ein, sich im Laden umzuschauen und zuzugreifen.

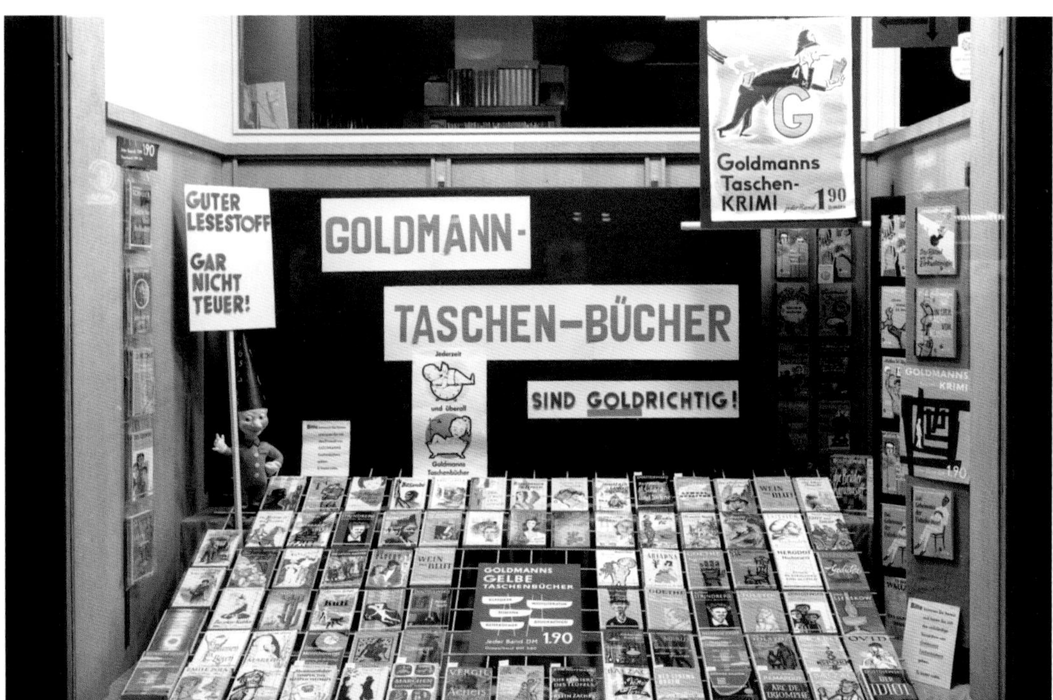

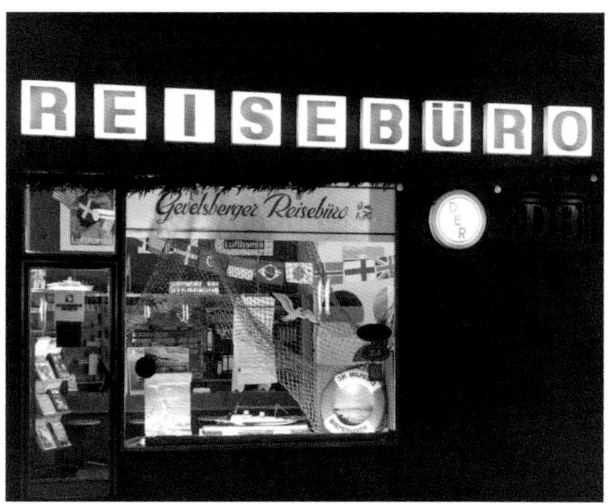

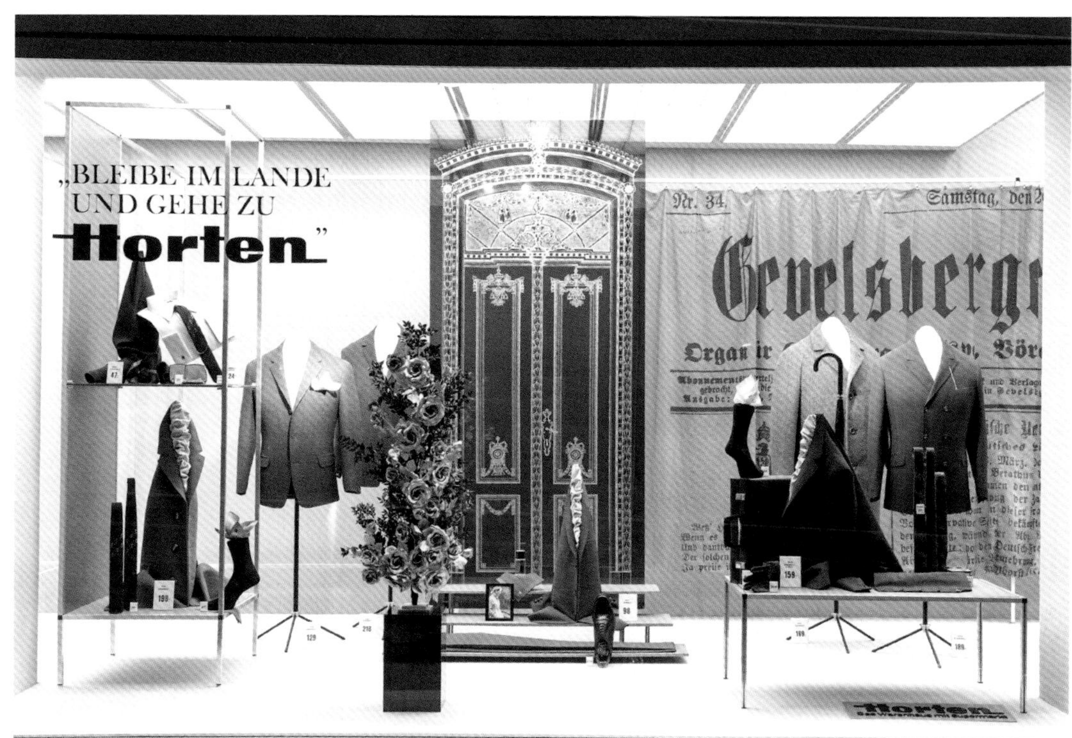

Die Schaufenster-Dekoration mit Alt-Gevelsberger-Motiven im Warenhaus Horten kam bei den Einwohnern seinerzeit hervorragend an. Denn das Bekenntnis zum Standort, ausgesprochen von einem namhaften Konzern, schaffte Akzeptanz und Sympathie.

Schöne Lampen für Haus und Wohnung zählten zu den Spezialitäten von Lohmar. Vermutlich fand das Sortiment moderner Radiogeräte und Musiktruhen jedoch ein größeres Interesse vor allem bei der männlichen Kundschaft. Damals vielfach zuständig und kompetent für alles, was mit Technik zu tun hatte. Frauen konnten bei diesem Thema, so die weitverbreitete Meinung, sowieso nicht mitreden.

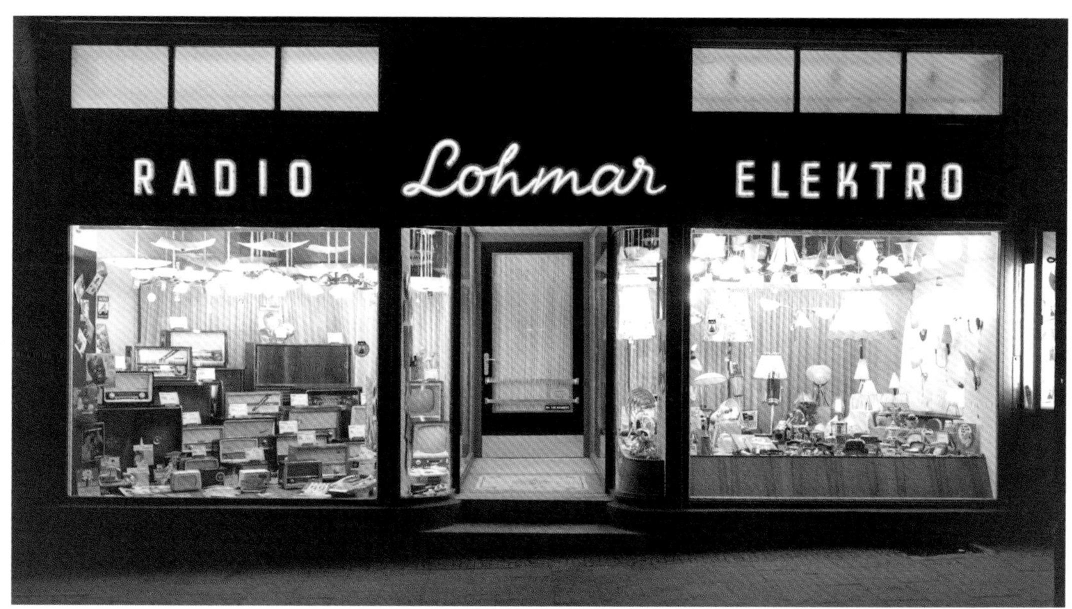

Beim Suchen und Finden attraktiver Kleinmöbel zum Beispiel im Fachgeschäft Richard Happ sah die Sache allerdings ganz anders aus. Wenn es ums Wohnen und Einrichten ging, bestimmte zumeist die Kundin, was gekauft wurde und was nicht. Genauso, wie es das traditionelle Rollenverständnis in den fünziger und sechziger Jahren vorschrieb.

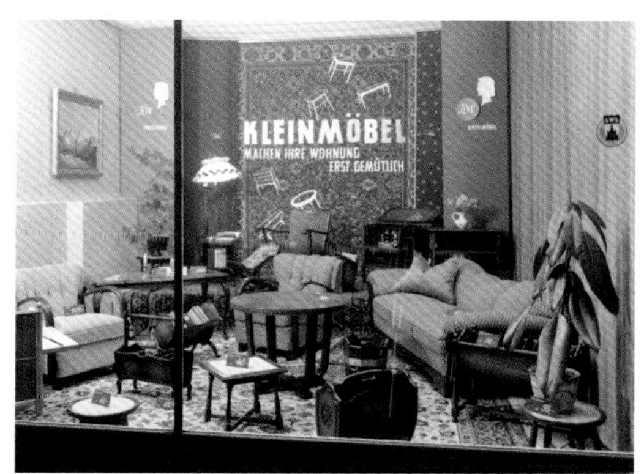

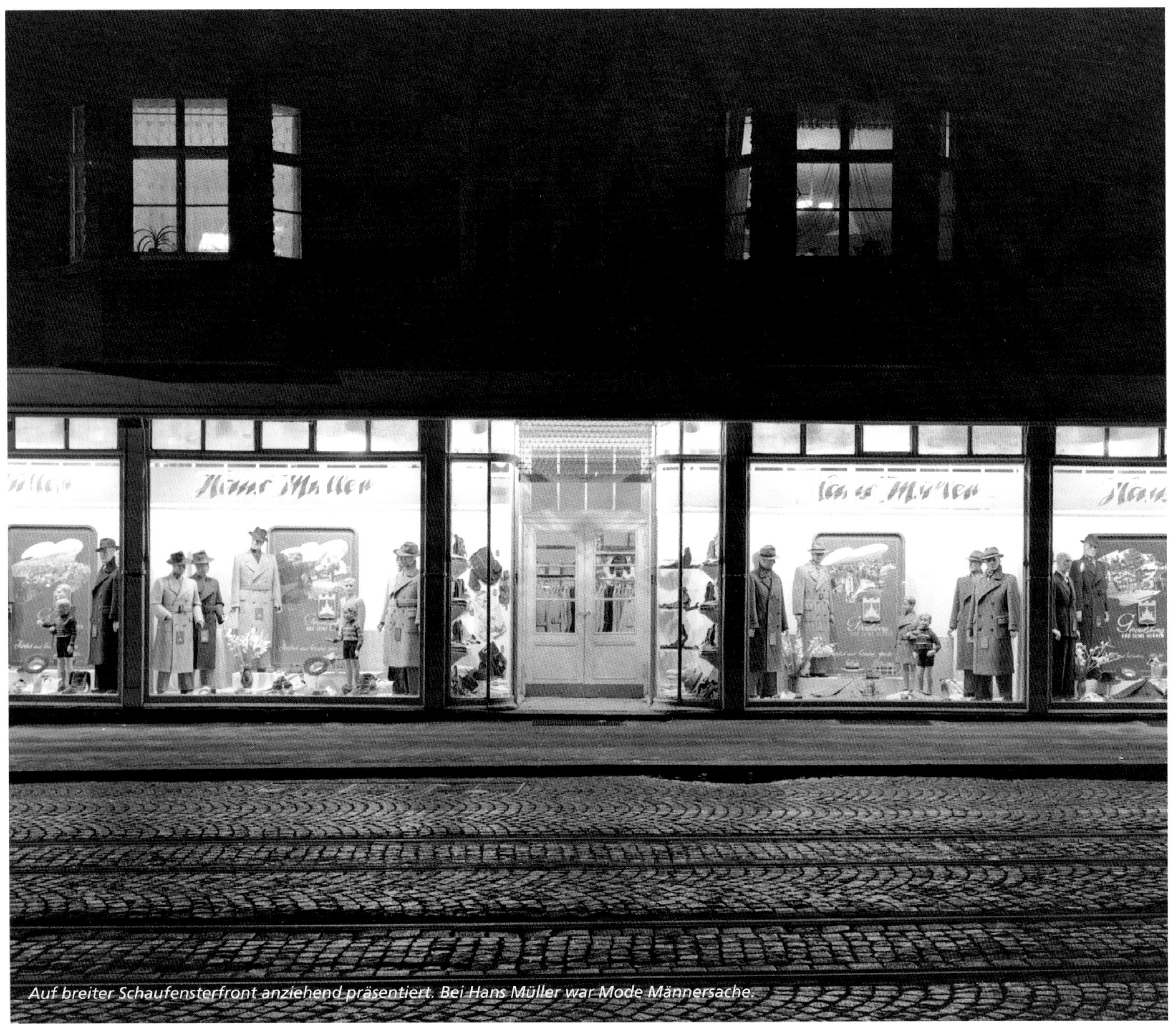

Auf breiter Schaufensterfront anziehend präsentiert. Bei Hans Müller war Mode Männersache.

Schicke, schicke Schuhe. Ein El Dorado für die Lieblingsstücke im Schrank einer Frau war das Fachgeschäft Michael. Das Foto, das Hans Günter Lintl im Auftrag des Inhabers aufgenommen hatte, zeigt eindrucksvoll die Fülle des Angebots.

Wenn Frauen beim Anblick toller Mode glänzende Augen bekamen, dann gerieten viele Männer angesichts des professionellen Werkzeugsortiments bei Wilmers & Droste ins Schwärmen. Sozusagen einer der ersten Baumärkte für Heimwerker in Gevelsberg.

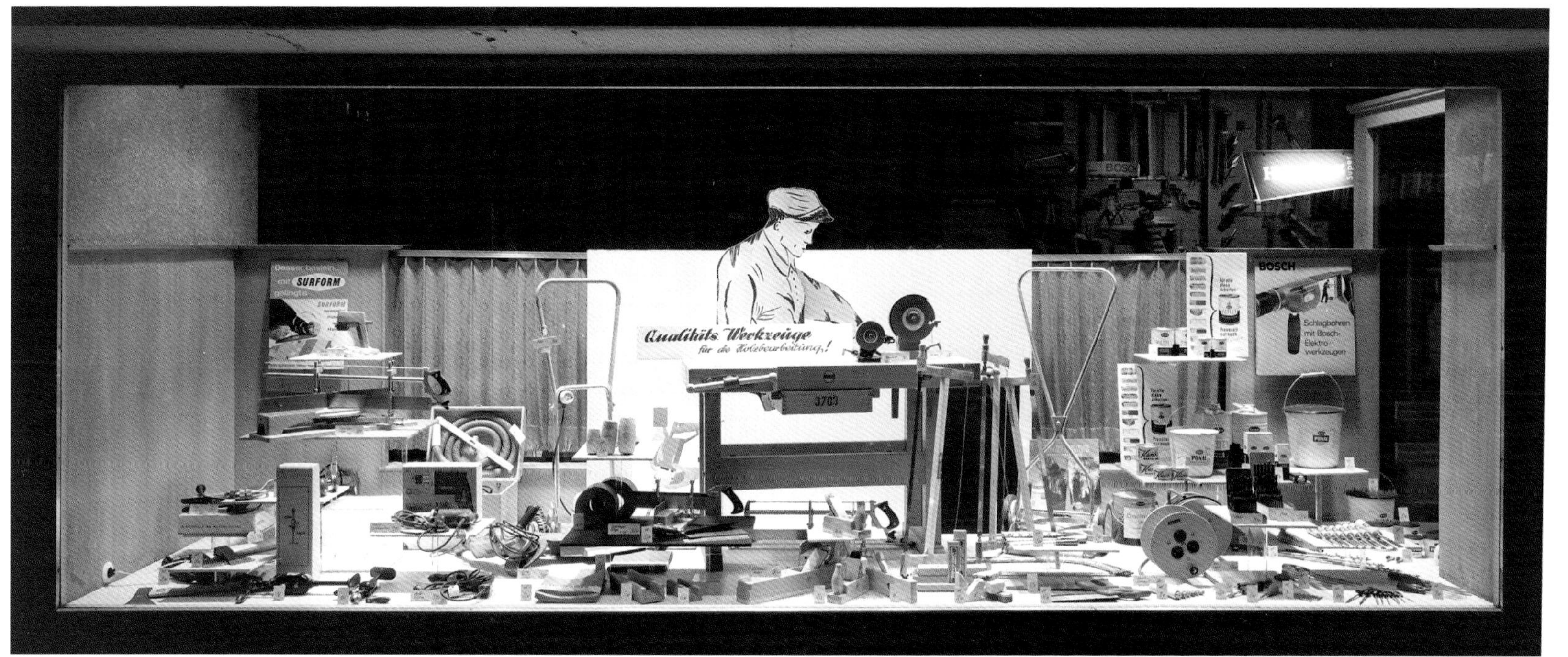

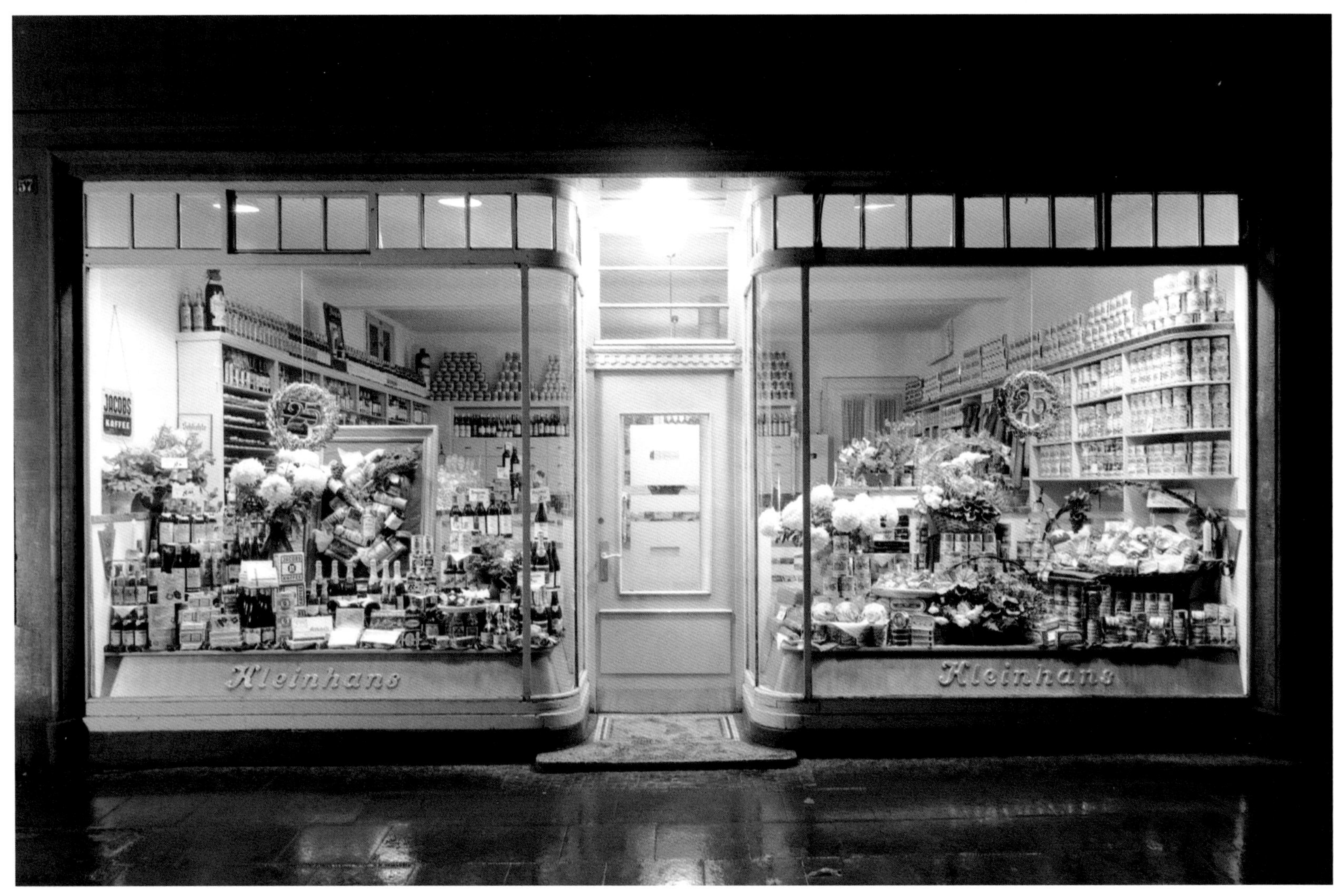

Firmenjubiläen nahmen im Auftragsbuch von Foto-Lintl stets einen großen Raum ein. Denn viele Geschäftsleute nutzten die Feierlichkeiten, um ihre Unternehmen in der Öffentlichkeit werbewirksam vorzustellen und den Bekanntheitsgrad weiter zu erhöhen. Selbstverständlich mit dem Ziel, potentielle Zielgruppen auf das Angebot neugierig zu machen und so neue Kunden zu gewinnen.

Ähnliche Gedanken werden auch den Besitzer des Feinkostgeschäftes Kleinhans veranlasst haben, zum 25jährigen Bestehen einen großen Auftritt zu inszenieren. Bei der Nachtaufnahme, fotografiert von draußen auf regennasser Straße, erhält das Bild ein ganz besonderes Flair. Zudem liefert das Foto einen anschaulichen Beleg dafür, wie das Wirtschaftswunder das Angebot in den Geschäften bestimmte.

Vielfalt, Reichhaltigkeit und hochwertige Marken gehörten damals zum Must-have anspruchsvoller Verbraucher.

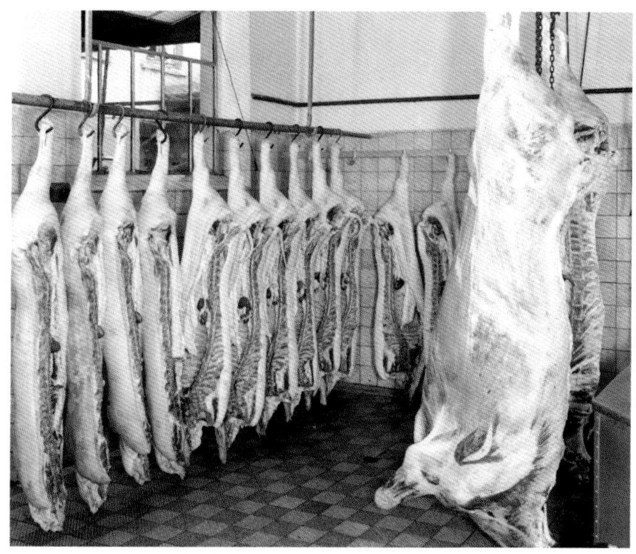

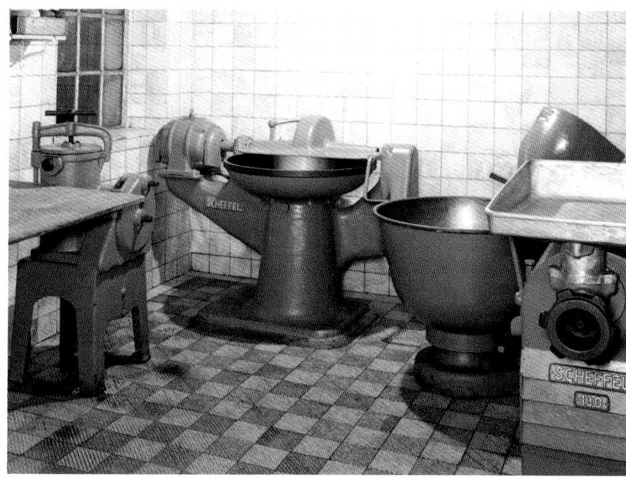

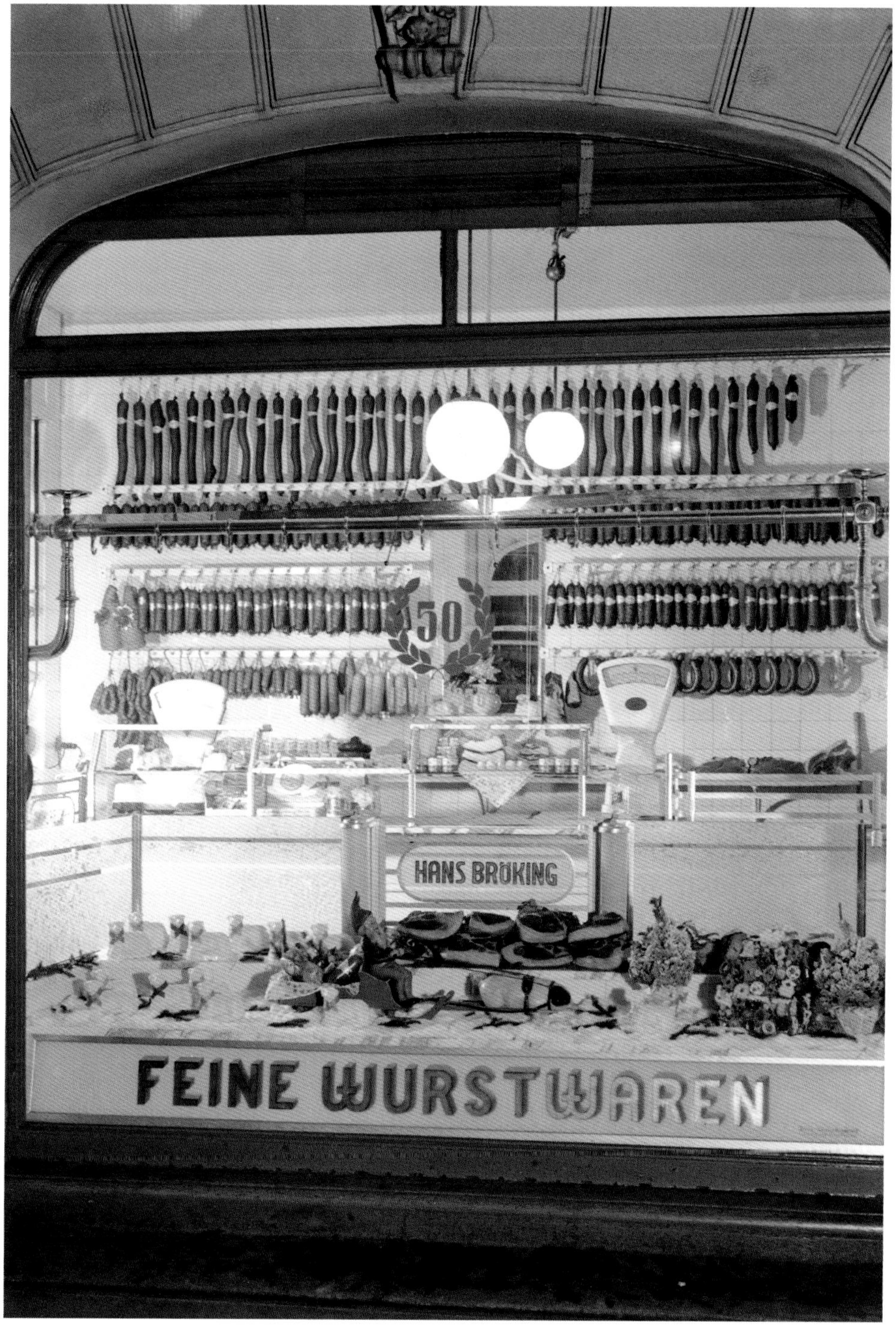

Ein saftiges Schnitzel statt wässriger Kohlsuppe, schmackhafte Wurstwaren statt Ersatzmarmelade. Froh, die Notzeiten endlich hinter sich lassen zu können, griffen die Gevelsberger beim Metzger kräftig zu. Fleischer Hans Bröking hatte sich auf die Wünsche der Verbraucher eingestellt. Die reich bestückte Theke bot der Hausfrau von damals zahlreiche Anregungen auf die Frage „Was koche ich heute?"

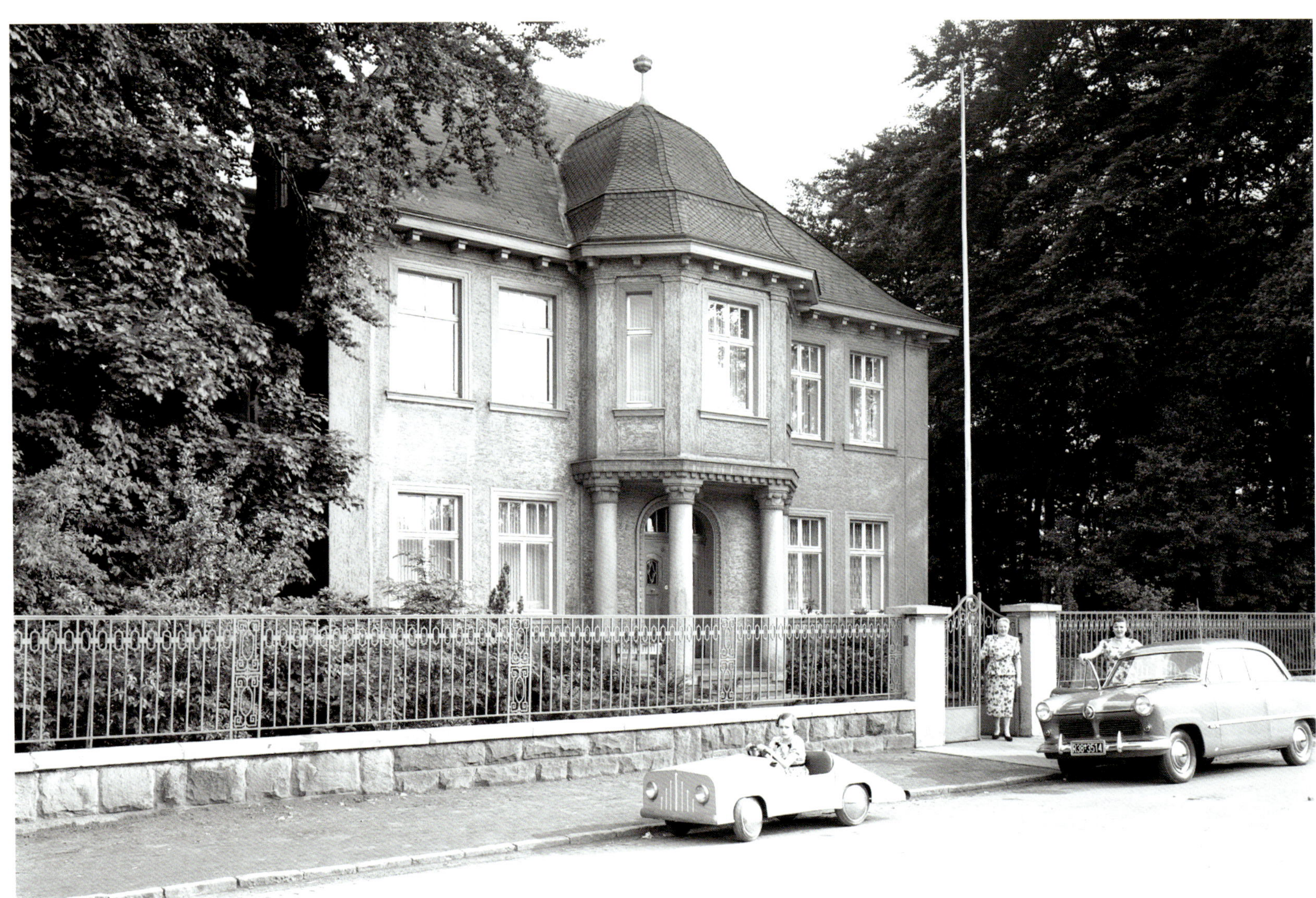

Mein Haus, mein Auto, meine Firma. Der Mittelstand in Stadt und Land war stolz auf seine Leistung. Beispielsweise wie Carl Sieper in Gevelsberg. Mit der Produktion von Kindernähmaschinen hatte es der Geschäftsmann ganz nach oben geschafft und setzte nun auch privat ein sichtbares Zeichen für seinen Erfolg. Carl Sieper beauftragte die Architekten-Brüder Nau, die bereits das Haus der Lintls gebaut hatten, mit der Planung einer Villa im neo-klassizistischen Stil. Beim Fototermin ließen es sich die Damen des Hauses nicht nehmen, ebenfalls aufs Bild zu kommen. Auch das Familienauto durfte als Statussymbol nicht fehlen. Selbst der Nachwuchs war damals bereits mobil unterwegs.

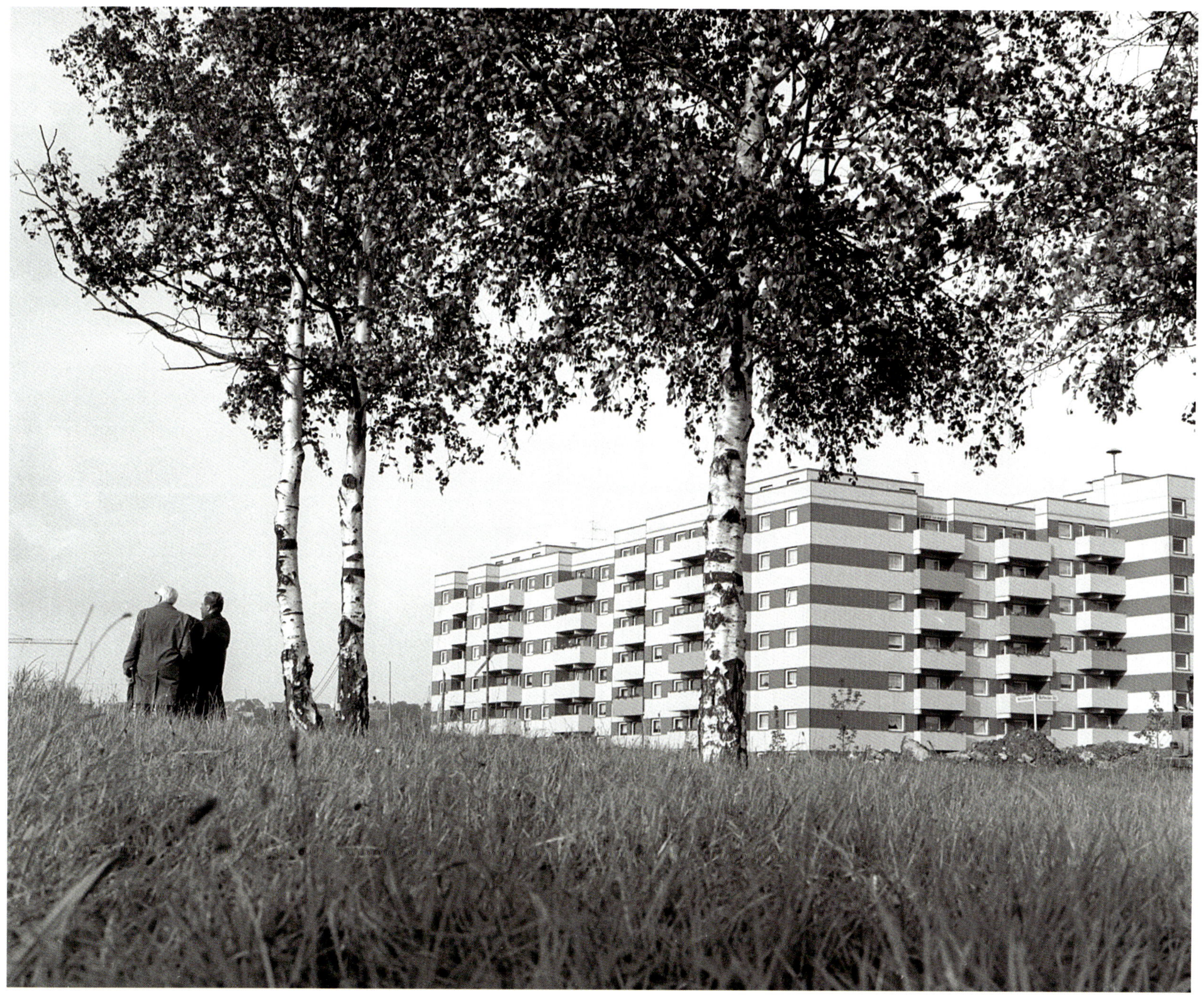

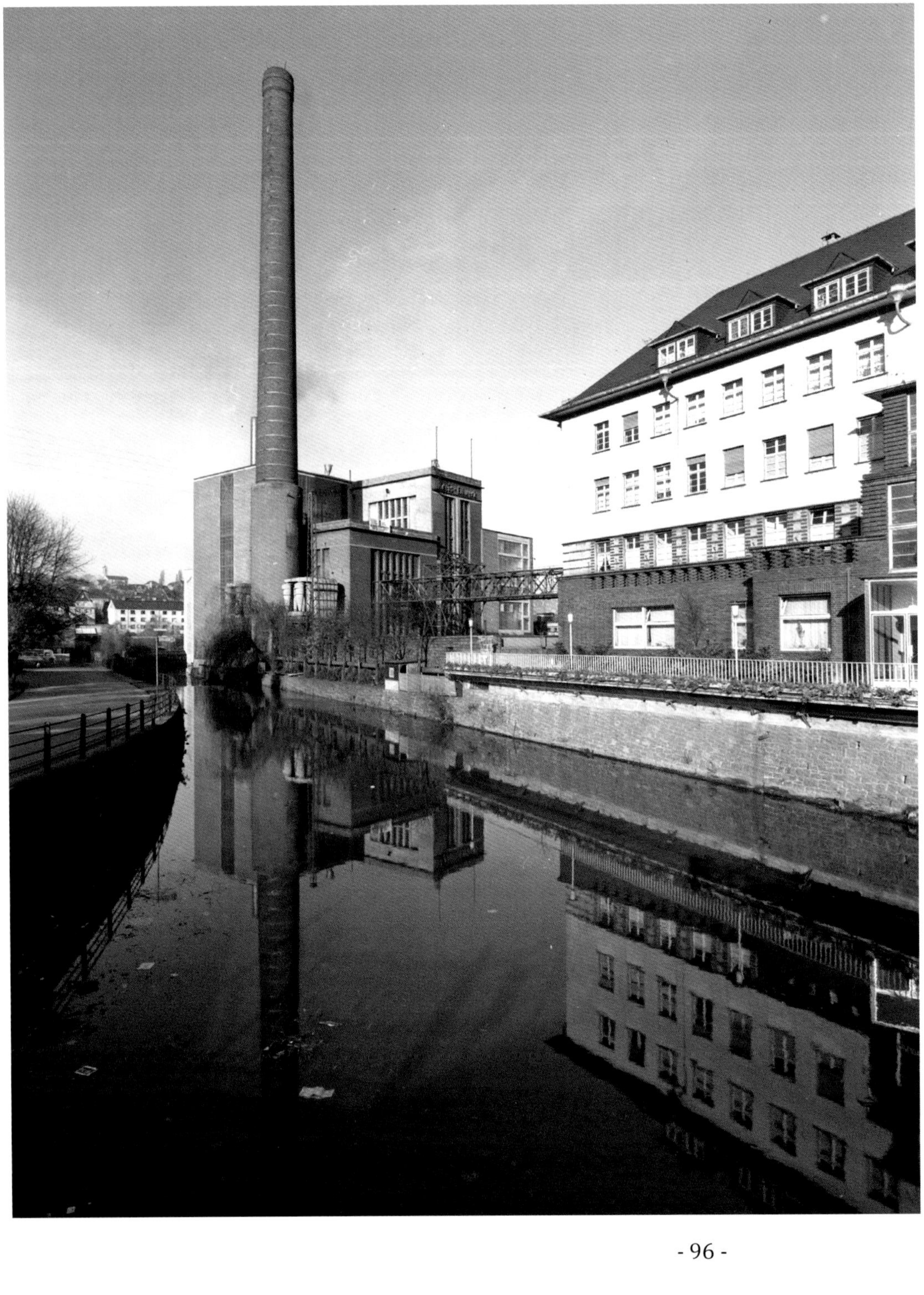

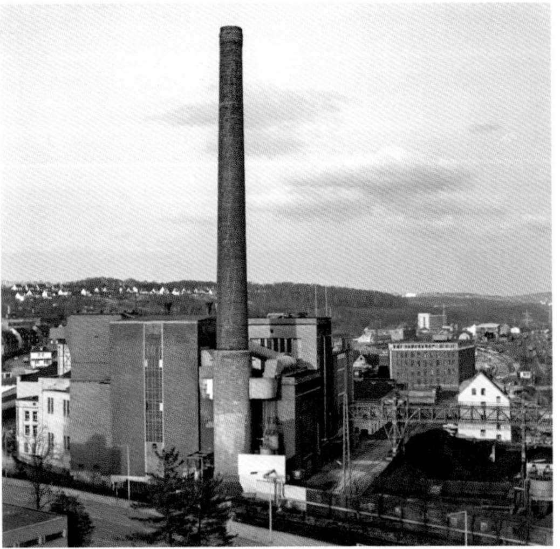

„Ich wollte bei dieser Aufnahme den Moment festhalten, wie sich der Schornstein des Kraftwerks und das nebenstehende Sparkassengebäude so klar und deutlich im Wasser spiegeln", begründet Günter Lintl seine Motivation, gerade in diesem Augenblick zur Weitwinkel-Kamera 13 x 18 cm zu greifen.

Viel spannender ist aber eigentlich das, was der Betrachter auf dem Foto gar nicht sehen kann. „Ganz im Hintergrund befindet sich an der Ennepe ein Wehr, an dem wir Kinder oft gespielt haben – obwohl es unsere Eltern nicht gerne sahen. Eines Tages hatte sich mein Ball in der Absperrung festgehakt und mein Vater musste mit Gummistiefeln hinüberwaten, um das Spielzeug zurückzubringen.", erinnert sich Güter Lintl an eine Begebenheit aus Kindertagen. „Mit einem Bötchen Marke Eigenbau bin ich übrigens häufig über die Ennepe gestakt. Und dann und wann auch ins Wasser gefallen. Aber das gehörte zum Spaß dazu."

Nach dem Abriss des Kraftwerks wurde das Areal aufwendig renaturiert. So entstand aus der Industriebrache der Ennepebogen, ein naturnaher Ort mit Freizeitqualität.

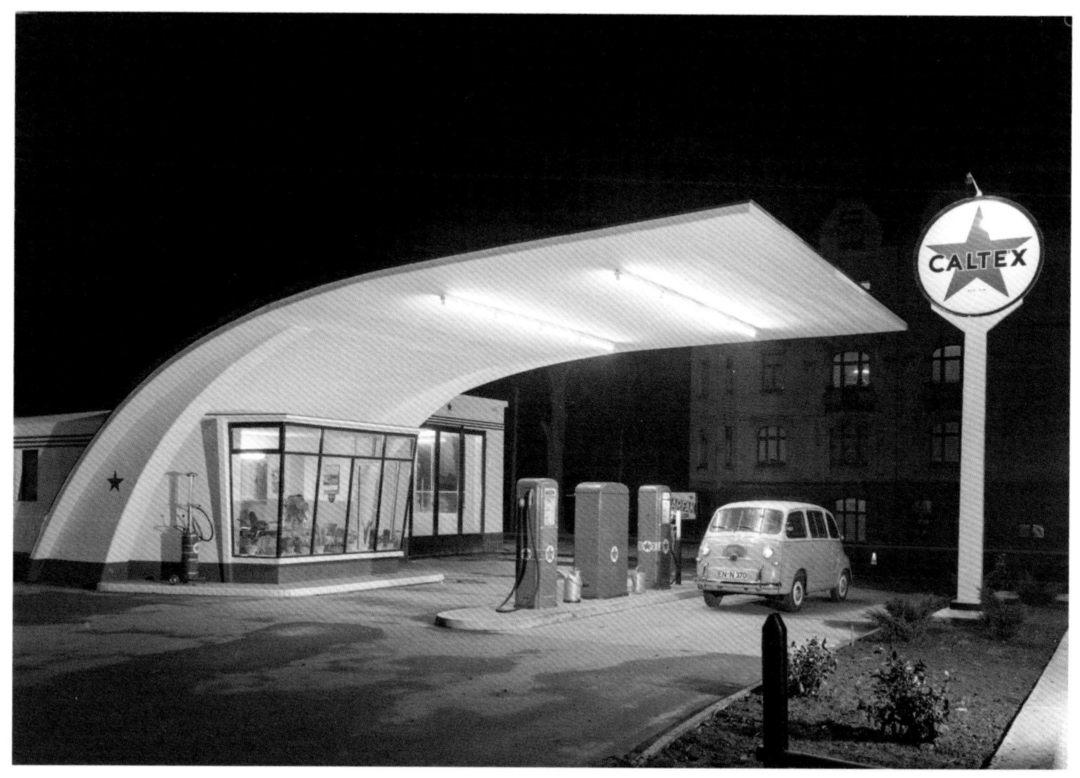

Ein starkes Tankstellen-Doppel zwischen Hell und Dunkel. Die faszinierenden Nachtaufnahmen made by Lintl waren Auftragsarbeiten, bei denen die beeindruckende Architektur der Gebäude im Mittelpunkt stand. Reger Publikumsverkehr am Tage hätte da nur gestört.

Sowohl die Caltex-Station an der Haßlinghauser Straße als auch die Tankstelle an der Hagener Straße mit angeschlossenem Autoverkauf waren klassische Beispiele für den Baustil, der in den fünziger Jahren für Gewerbeobjekte bevorzugt angewandt wurde. Zu den unverwechselbaren Elementen zählten die verglasten Fronten, oft in Prismenform mit abgerundeten Kanten, sowie das kühn geschwungene Dach, das dem Gebäude Dynamik und einen fast schon futuristischen Look bescherte. Hip würde man diese Optik heute wohl nennen.

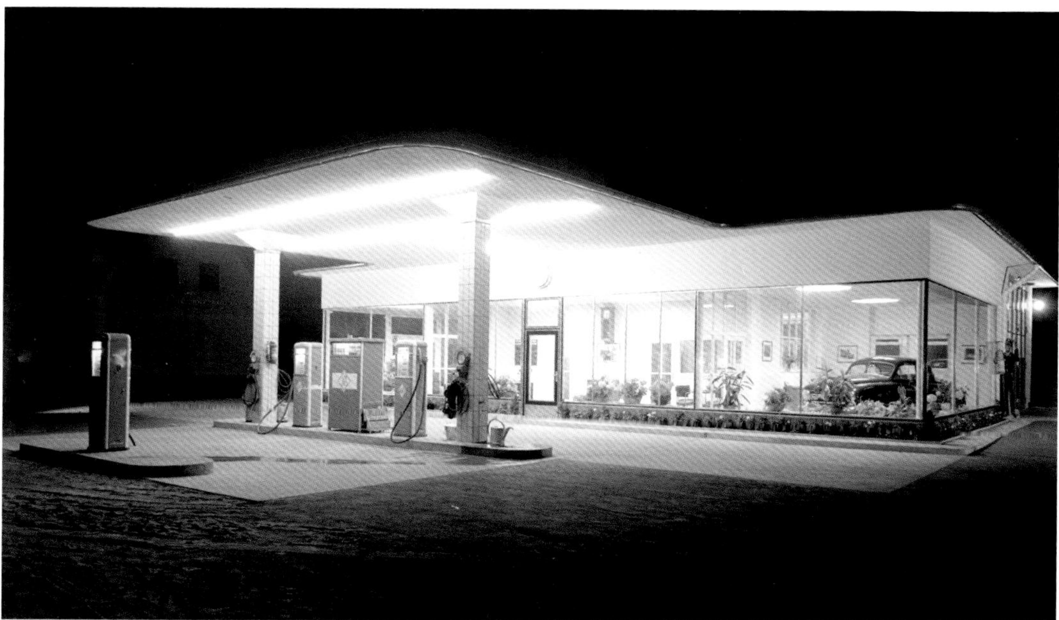

Nur der Vollständigkeit halber: Wem das Auto auf dem oberen Bild bekannt vorkommt, täuscht sich nicht. Hans Günter Lintl hatte seinen Fiat Multipla an der Zapfsäule abgestellt.

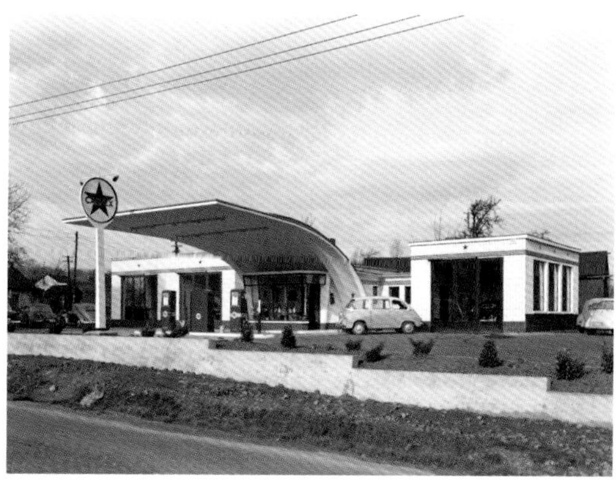

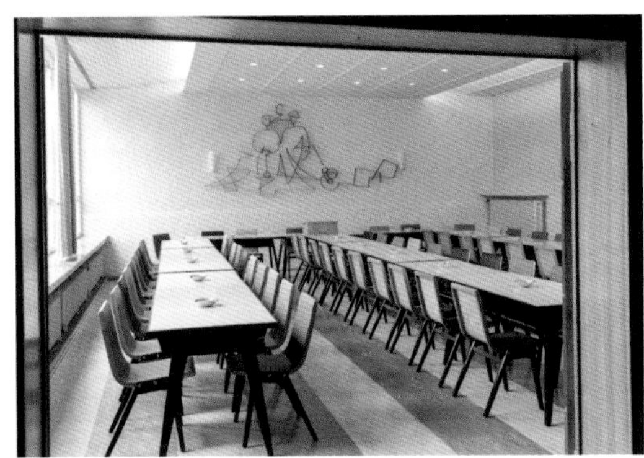

Form und Funktion im Einklang. Beim Bau des Gewerkschaftsgebäudes am Großen Markt wurde die Architektur-Sprache der fünfziger Jahre detailgetreu widergegeben. Auf sparsame, aber nachhaltige Wirkung bedacht, entschieden sich die damaligen Bauherren unter anderem bei der Gestaltung des Treppenhauses für den sachlichen Charme von Glasbausteinen. Auch das plastische Wandmotiv im Sitzungssaal entsprach dem Geschmack der Zeit.

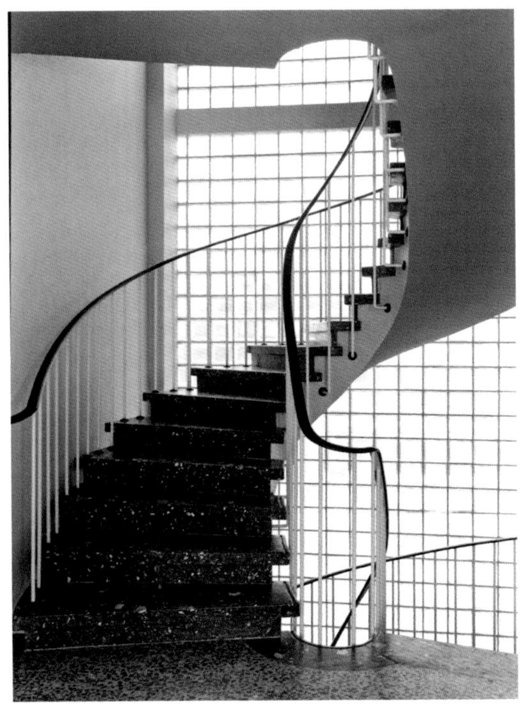

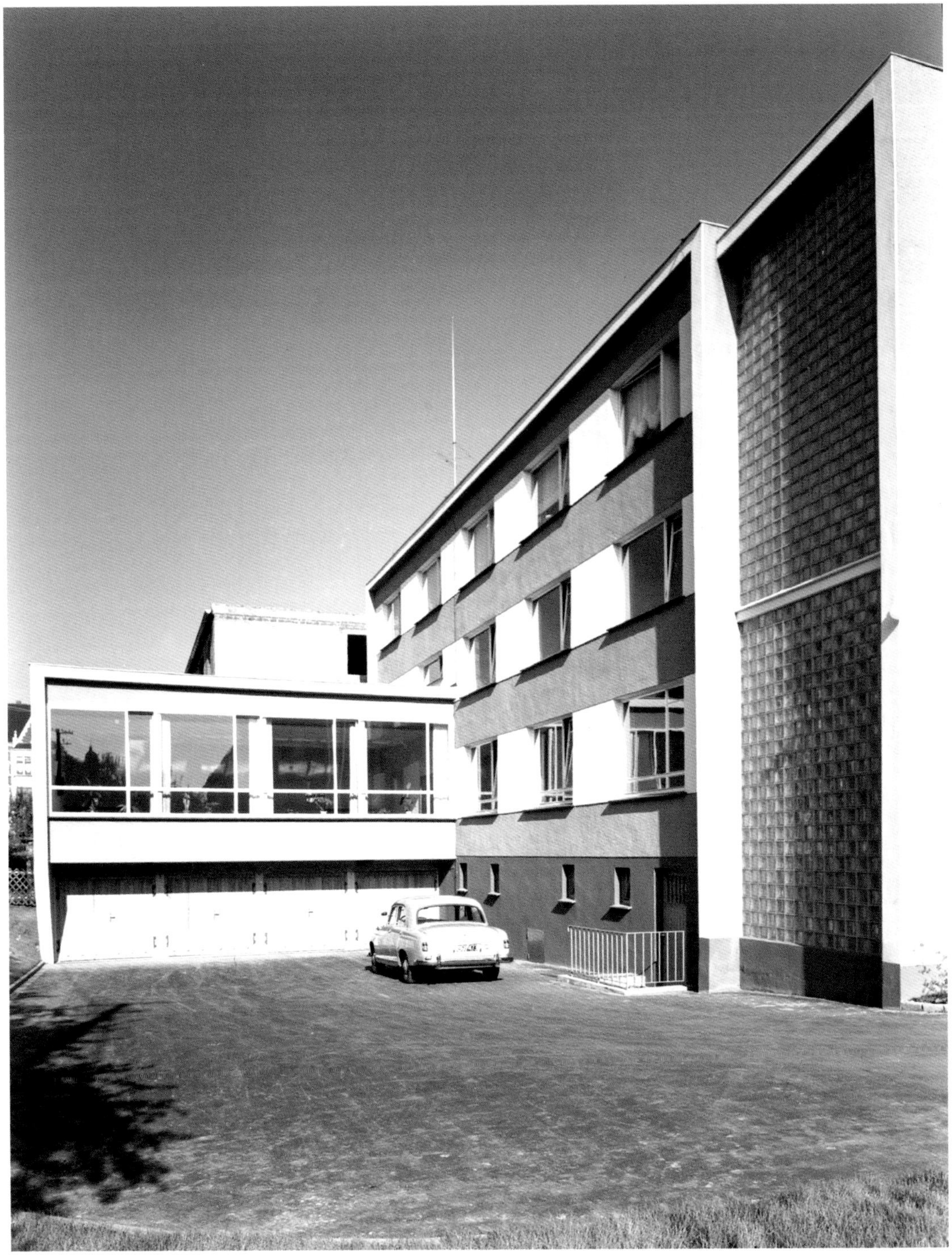

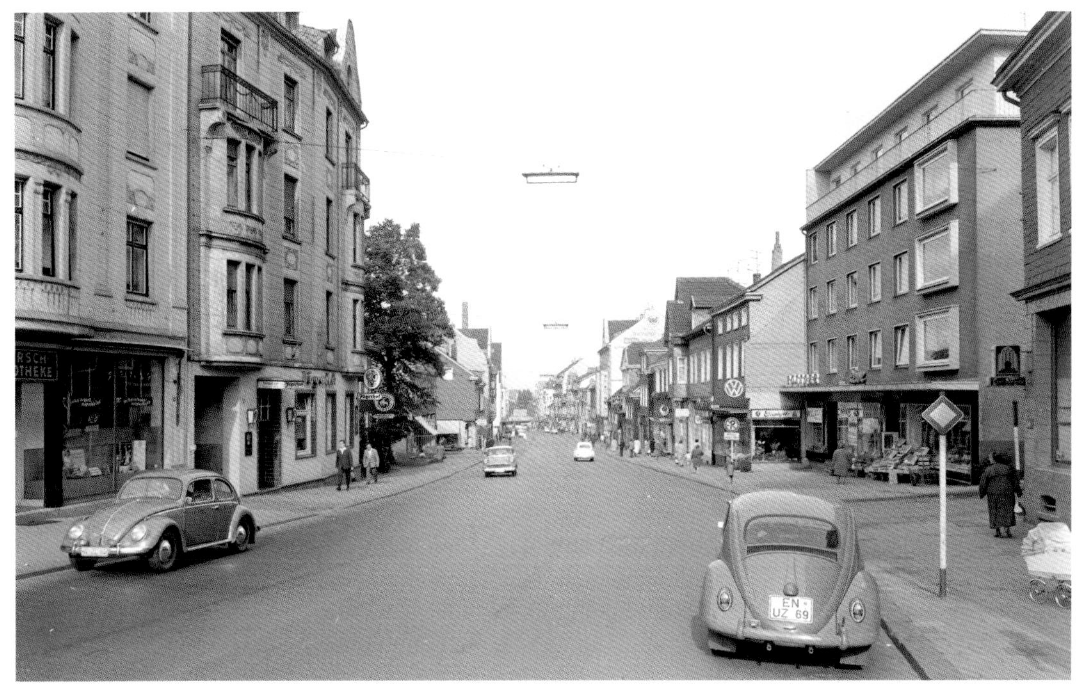

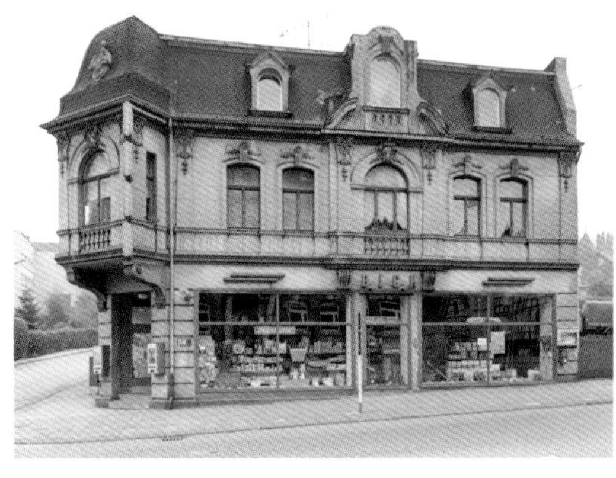

Noch einmal einen Blick zurück in die Mittelstraße der sechziger/siebzigerJahre. Je mehr Zeit verging, desto augenfälliger wirkten sich die zahlreichen baulichen Maßnahmen auf das Straßenbild aus. So verschwanden in beträchtlicher Zahl historische Gebäude aus der Gründerzeit, dem Jugendstil oder aus den zwanziger Jahren und wurden durch moderne Bauten ersetzt.

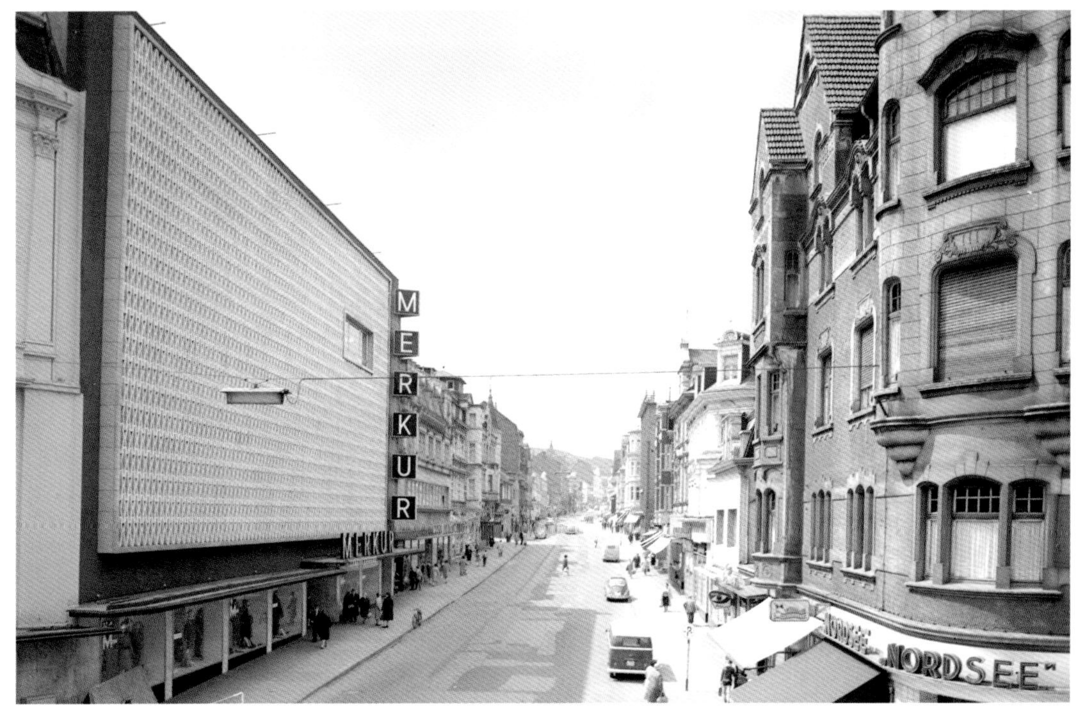

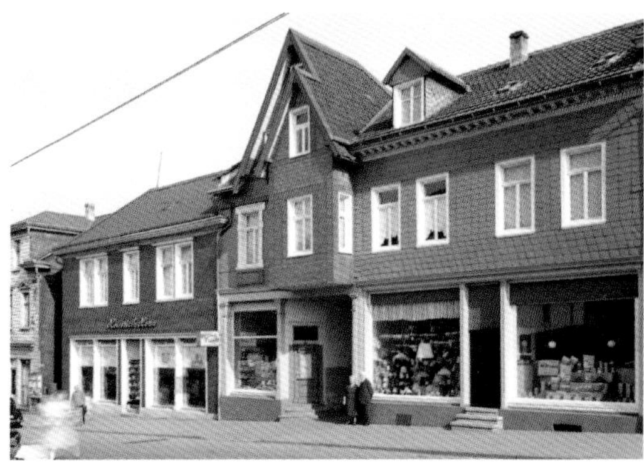

Daraus ergab sich dann ein Gesamteindruck, wie ihn das Foto links anschaulich darstellt. Auf der linken Straßenseite dominierte die unverkennbare Wabenfassade von Merkur, dem späteren Horten, die der Architekt Egon Eiermann eigens für das Warenhaus konzipiert hatte. Genau gegenüber als optischer Gegenentwurf die Nordsee in einem nostalgischem Gebäude, das durch eine mit Fenstern, Erkern, Vorsprüngen und gestaltetem Mauerwerk strukturierte Hauswand zum Blickfang wurde.

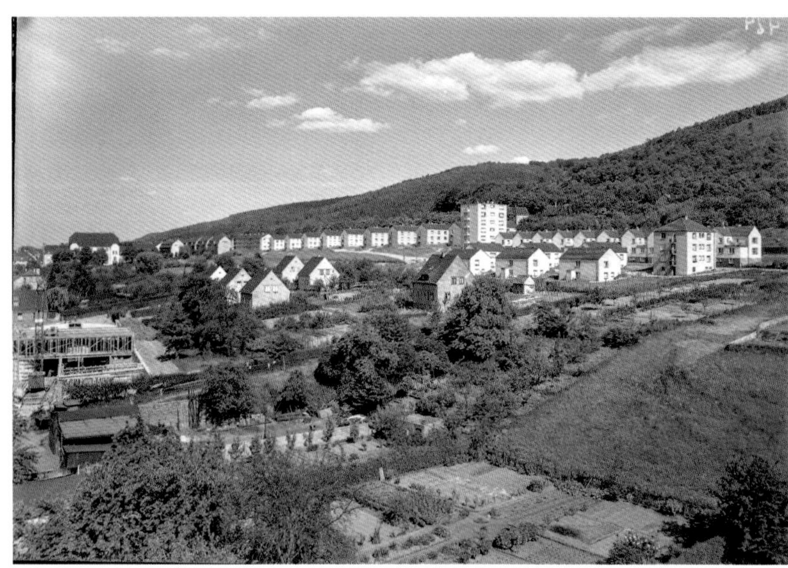

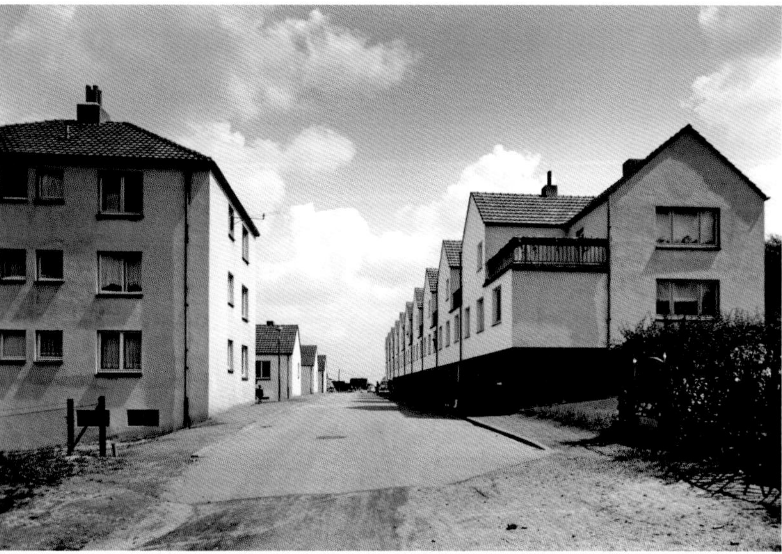

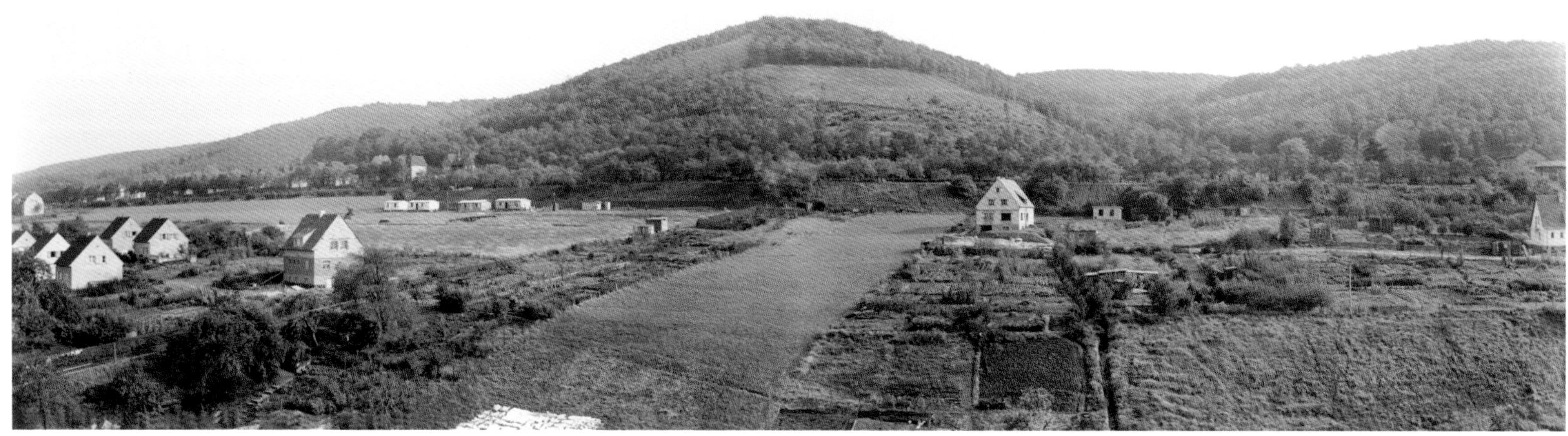

Mit der Kamera im Auftrag der Stadt unterwegs, um die vorhandenen Potenziale für eine Gebietsentwicklung zu ermitteln. Wo zunächst noch viel freies Land mit Wald und Wiesen das Bild bestimmte, sah es einige Zeit später bereits ganz anders aus.

Der Vergleich zwischen dem unteren und dem Foto links oben zeigt eine typische Vorher-Nachher-Situation. Dabei ist beim näheren Hinsehen genau die Stelle auszumachen, wo 1950 die Neubebauung stattfand. Eine Phase großer Wohnungsnot, die durch die Errichtung der sogenannten Krefft-Siedlung ein wenig abgemildert werden konnte.

Die Firma Krefft, damals größtes Unternehmen in der Stadt und wichtiger Arbeitgeber für die gesamte Region, war zu 50 Prozent Anteilseigner der Gevelsberger Wohnungsbau- und Siedlungsgesellschaft. Die andere Hälfte wurde von der Stadt gehalten. Das Foto rechts oben gibt einen Eindruck von der einfachen, zweckmäßigen Architektur im damaligen Siedlungsbau.

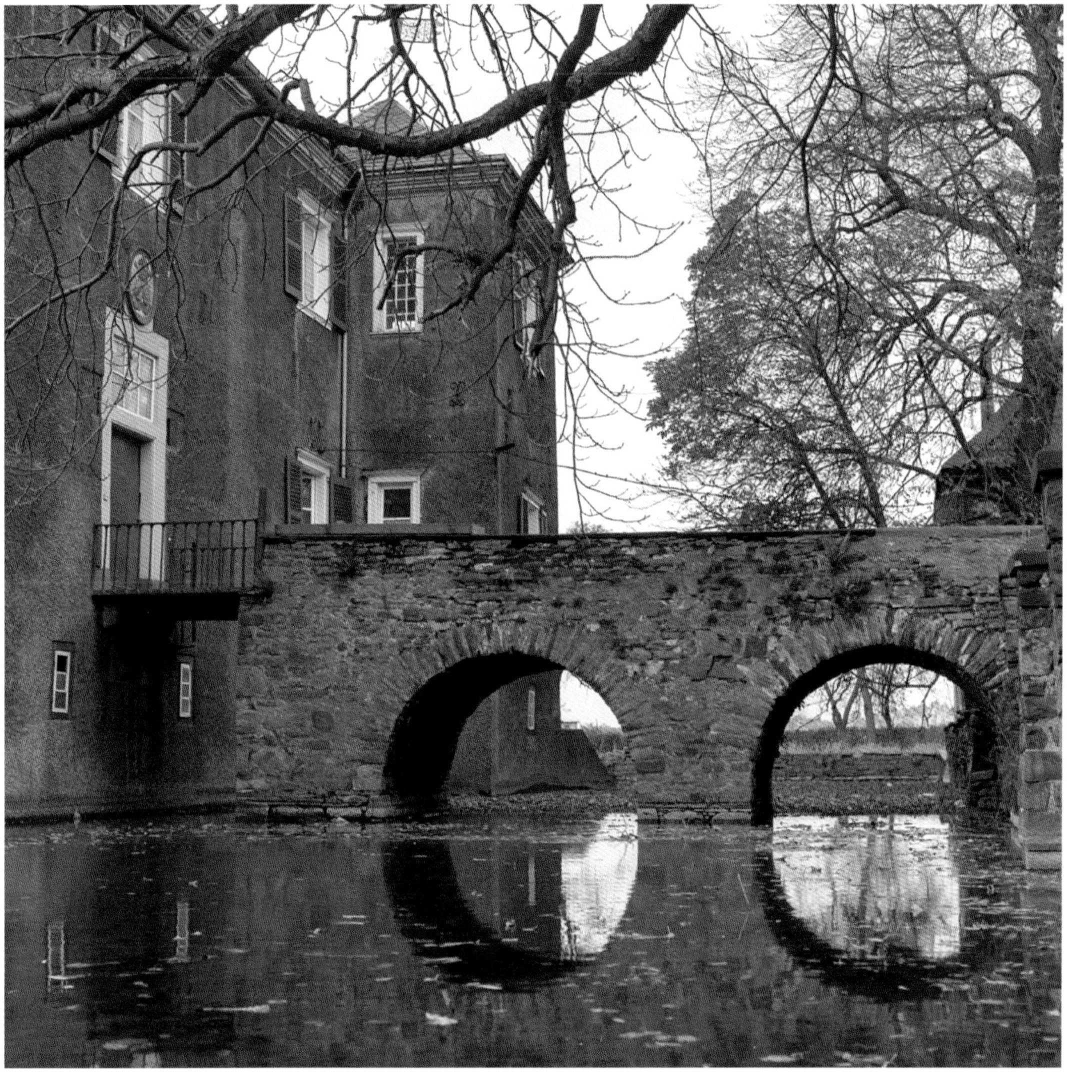

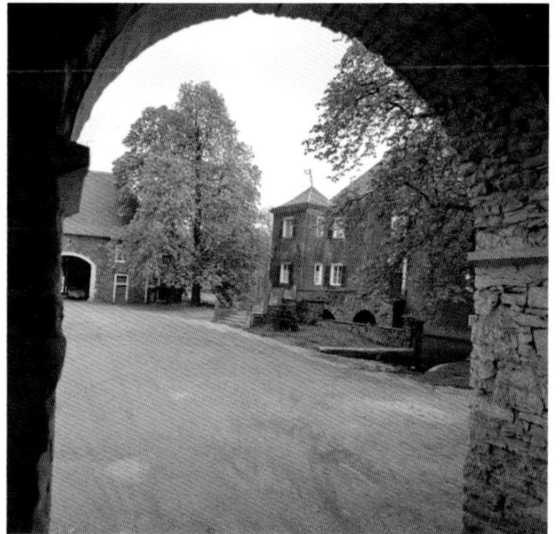

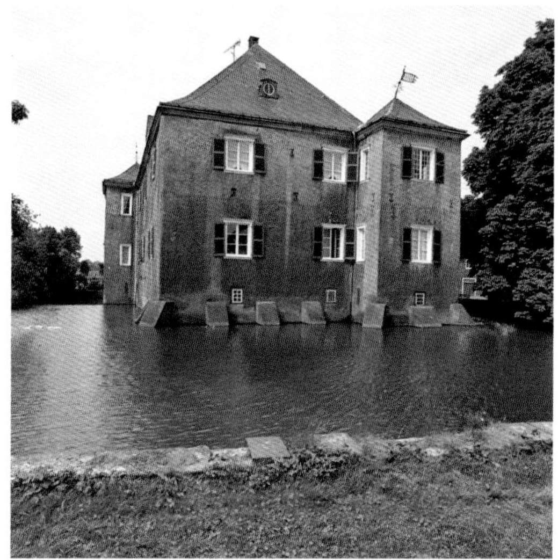

Idylle pur auf Gut Rocholz. Das Wasserschlösschen war einst eine Residenz der Adelsfamilie Berchem in Gevelsberg. Neben dem Herrenhaus aus dem 17. Jahrhundert befanden sich auch zahlreiche Wirtschaftsgebäude und Stallungen auf dem Areal, das durch seine Architektur und Lage zu den reizvollsten Besitztümern in der Umgebung gehörte. Ob Rundbögen mit Blick in einen romantischen Innenhof, ob die steinerne Brücke über den Wassergraben: Das historische Ensemble war ein echtes Kleinod im Spektrum der Gevelsberger Bauwerke. Nach der Übernahme durch einen Investor, der etliche Häuser in mehrere Wohneinheiten aufteilte, ging einiges von dem ursprünglichen Charme des Rittergutes unwiderruflich verloren. Auch der Bau einer Siedlung zwischen Gut Rocholz und Talbahn beeinträchtigte den harmonischen Gesamteindruck.

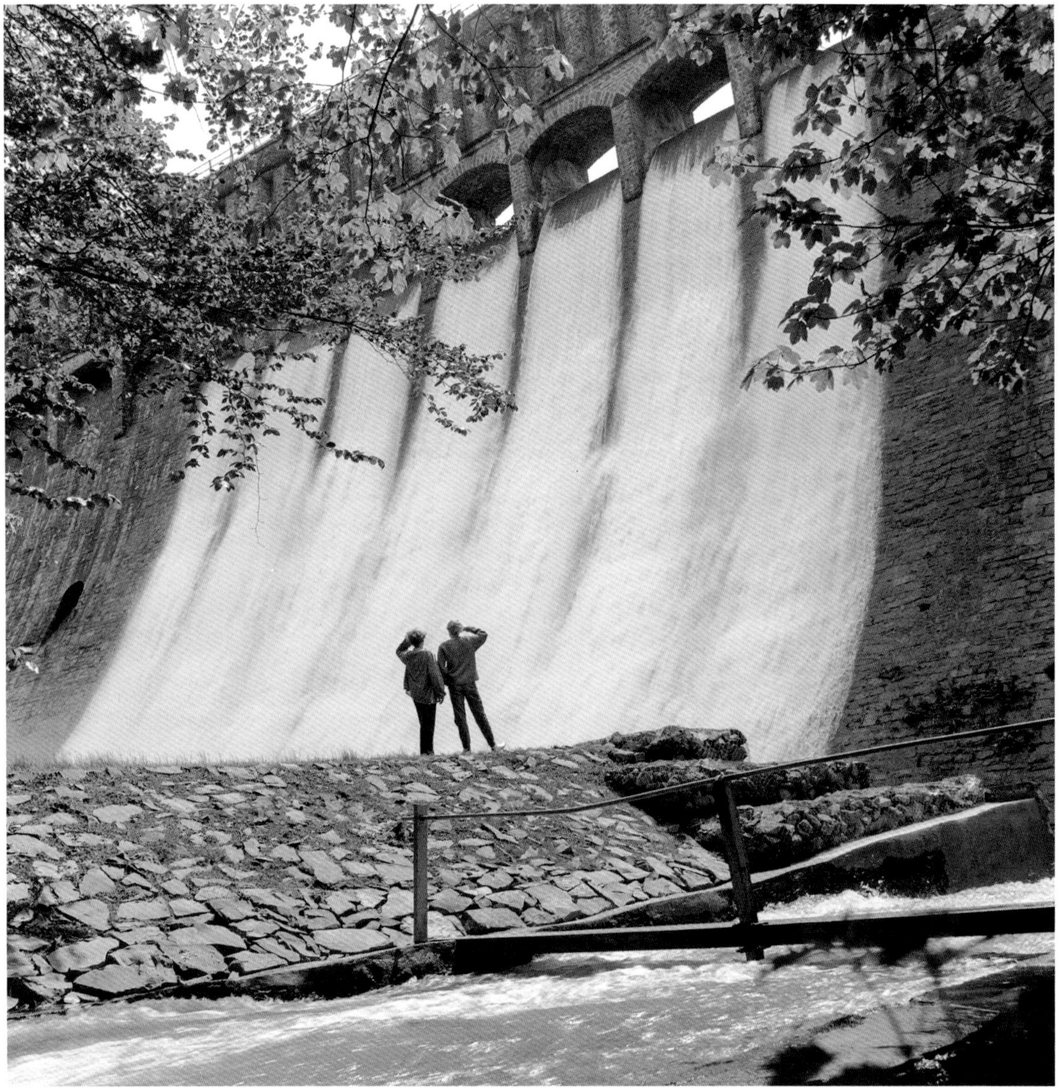

So spektakulär können Fotos aus dem Studio Lintl sein. Das grandiose Bild von der überlaufenden Staumauer der Ennepetalsperre gelang Günter Lintl in den 70er Jahren, als sich das zwischen 1902 und 1904 errichtete, 51 Meter hohe Bauwerk noch im ursprünglichen Zustand befand. Später wurden aufwendige Sanierungsarbeiten erforderlich, die das Aussehen der Bruchsteinmauer veränderten.

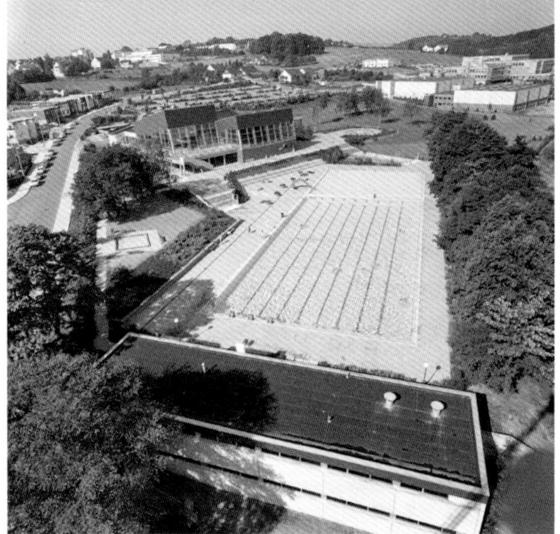

Von oben sieht man besser. Eine Erkenntnis, die Günter Lintl bei seiner Arbeit häufig in schwindelnde Höhen trieb. So musste mit Hilfe der Feuerwehr eigens eine Drehleiter herbeigeschafft werden, um das Gevelsberger Frei- und Hallenbad gut ins Bild zu bekommen.

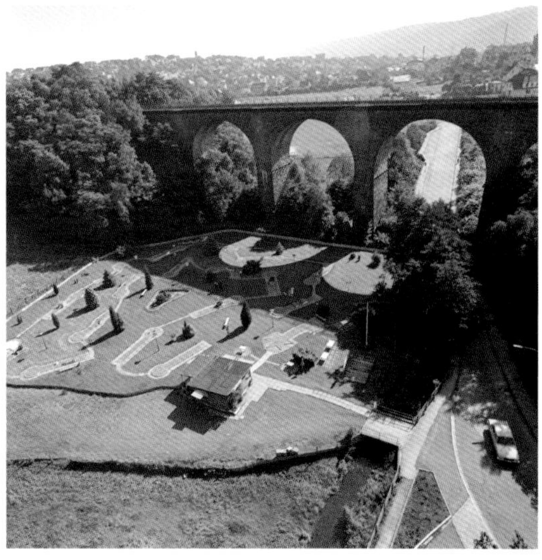

Auch für das Foto vom stillgelegten Eisenbahn-Viadukt über das Stefansbachtal mit vorgelagertem Minigolf-Platz wählte der kletterfreudige Fotograf einen Standort weit oben. Aber: „Heute würde ich nicht mehr kraxeln, sondern ganz bequem eine Drohne zum Fotografieren einsetzen. Damals standen solch hilfreiche Assistenten leider noch nicht zur Verfügung. Also waren wir Fotografen selber gefordert", berichtet Günter Lintl.

Star-Architekten mit drei Buchstaben: Die Brüder Nau aus Gevelsberg haben Baugeschichte geschrieben. Noch heute erinnern zahlreiche Fabrikantenvillen, die von den beiden prominenten Vertretern ihrer Branche entworfen, geplant und errichtet wurden, an die wirtschaftliche Blütezeit der Stadt vor dem Ersten Weltkrieg.

Peter Nau hatte sich bereits 1902 als selbständiger Architekt niedergelassen; vier Jahre später trat sein Bruder Emil als Partner in das Architekturbüro ein. Die Naus setzten in der Folge nicht nur Maßstäbe am Bau, sondern bewiesen auch in kommerzieller Hinsicht unternehmerischen Mut. 1920 gründeten Peter und Emil Nau die Hoch- und Tiefbaufirma PETENA mit den Geschäftsbereichen Schreinerei und Innenausbau. Damit waren sie Generalunternehmer der ersten Stunde und ihrer Zeit weit voraus.

Die Fotos zeigen links Peter Nau mit seinem kleinen Sohn und rechts Bruder Emil. Wie alle anderen Aufnahmen von Objekten oder privaten Anlässen stammen diese Bilder von Anton Lintl.

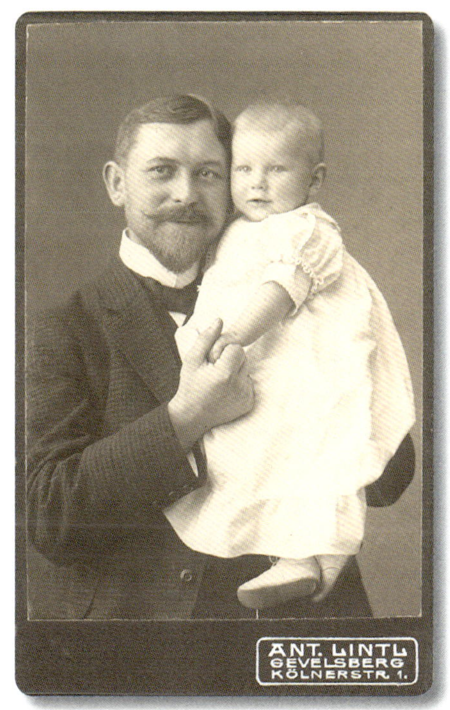

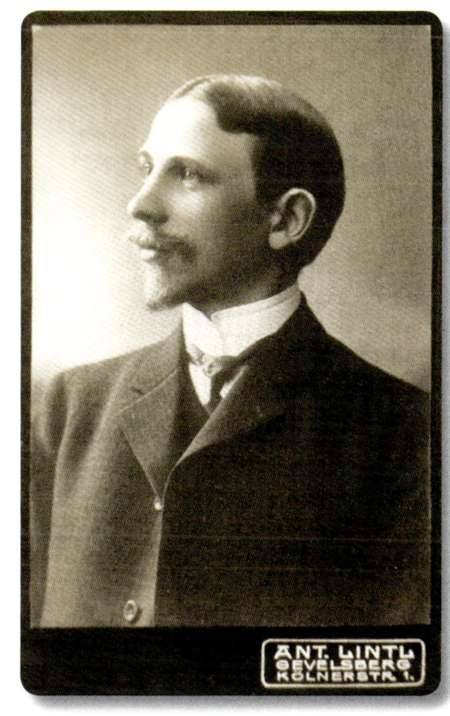

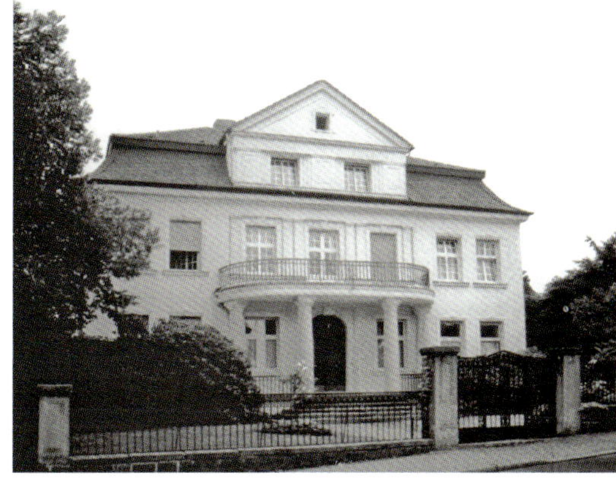

Für namhafte, gut betuchte Bauherren war es durchaus üblich, ein Modell von dem geplanten Gebäude anzufertigen. So auch von dem imposanten Domizil in der Goethestraße 25, das vom damaligen Bauherren Theodor Tilemann in Auftrag gegeben und 1911 für 50.000 Mark fertiggestellt wurde. Bemerkenswert, wie genau sich die Realisierung des Hauses an das Vorbild hält.

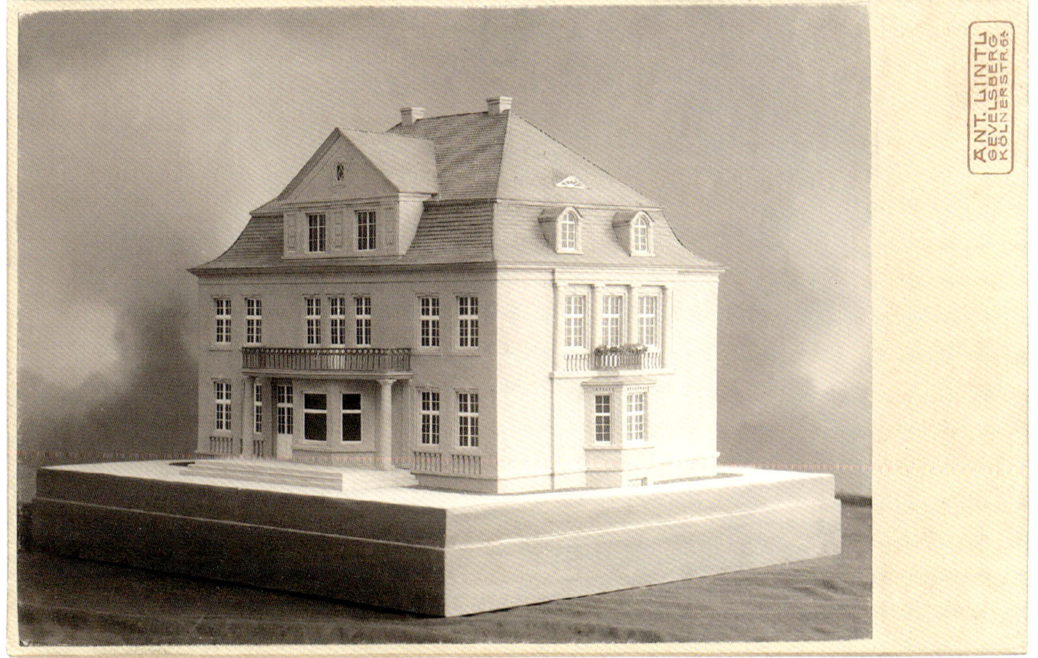

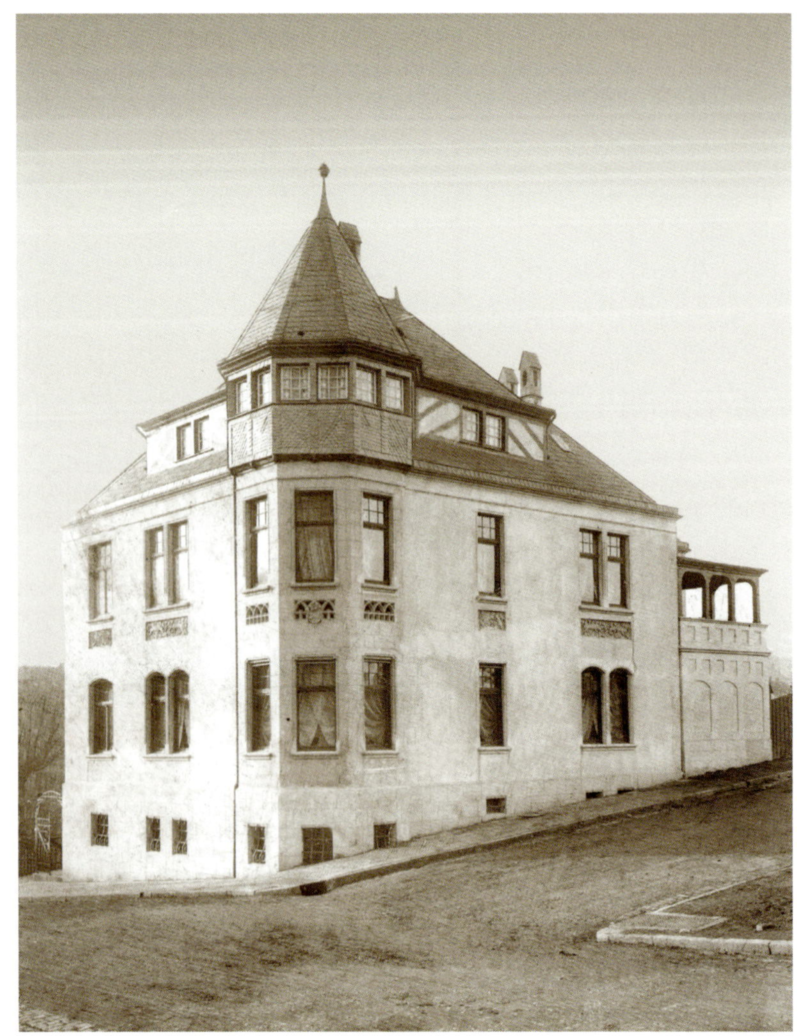

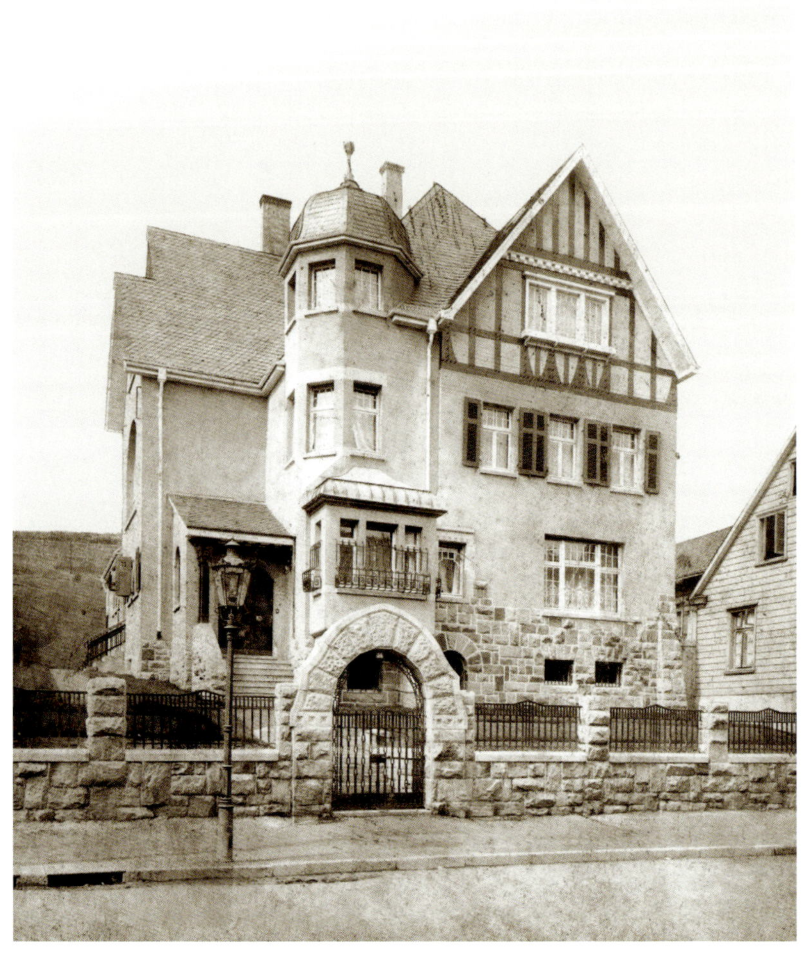

Repräsentatives Wohnen im Turm. In vielen Jugendstil-Villen ein beliebtes bauliches Gestaltungselement, das dem Zeitgeschmack entsprach und zudem für Prestige und Anspruch stand. Auch Sanitätsrat Dr. med. Salli Aronheim entschied sich bei seinem Wohnhaus aus den Jahren 1901/02 für die moderne Turmlösung. Denn der stadtbekannte Arzt bevorzugte das Außergewöhnliche. Zunächst hoch zu Ross unterwegs auf Patientenbesuch, stieg er später als erster Gevelsberger aufs Auto um.

Als Richard Wirth 1909 seine Villa in der Voerder Straße in Ennepetal von den Architekten Nau erbauen ließ, gab es zum Turm ebenfalls keine andere Option. Darüber hinaus vereint das Gebäude eine Vielzahl unterschiedlicher Stilkomponenten wie einen Fachwerkgiebel, farbig abgesetzte Schlagläden, einen Bruchsteinsockel und schöne Glasfenster an der Seitenfront.

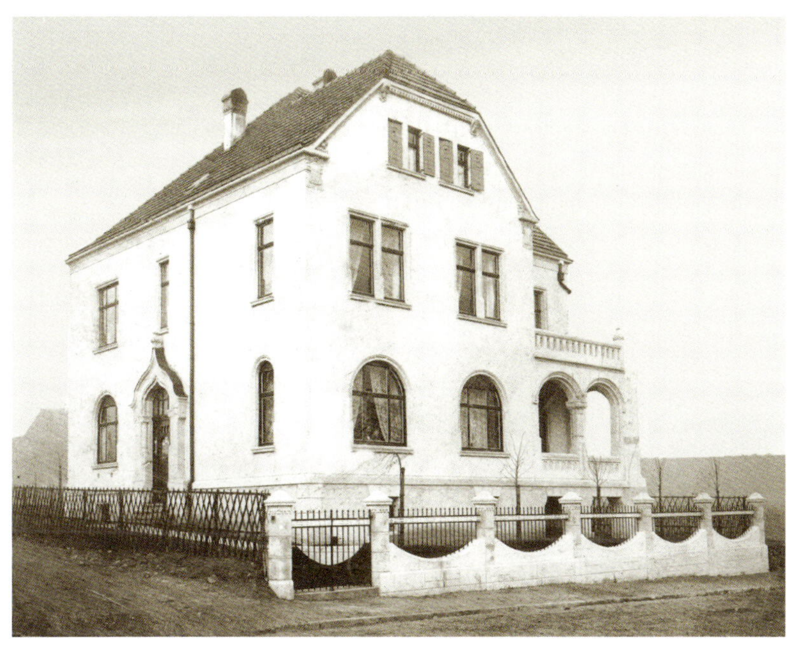

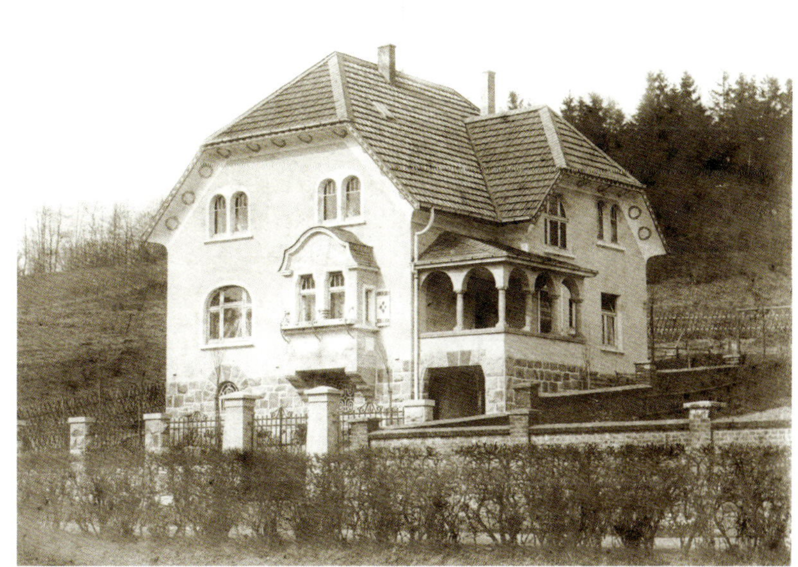

Drei weitere Beispiele für die typische architektonische Handschrift der Brüder Peter und Emil Nau. Links ist das Gevelsberger Pastorat zu sehen, das 1903 erbaut wurde und später das evangelische Gemeindeamt aufnahm.

Rechts daneben steht das Haus von Emil vom Bruch. Der Inhaber der traditionsreichen Eisen- und Tempergießerei bezog seine prachtvolle Residenz an der Teichstraße anno 1906.

Die Aufnahme unten erinnert an die Villa von A. Buschhaus, dem seinerzeit das gleichnamige Hammer- und Walzwerk in Gevelsberg gehörte. Das Wohnhaus aus dem Jahr 1905 steht - erweitert und umgebaut - heute an der Königsburg Nummer 5.

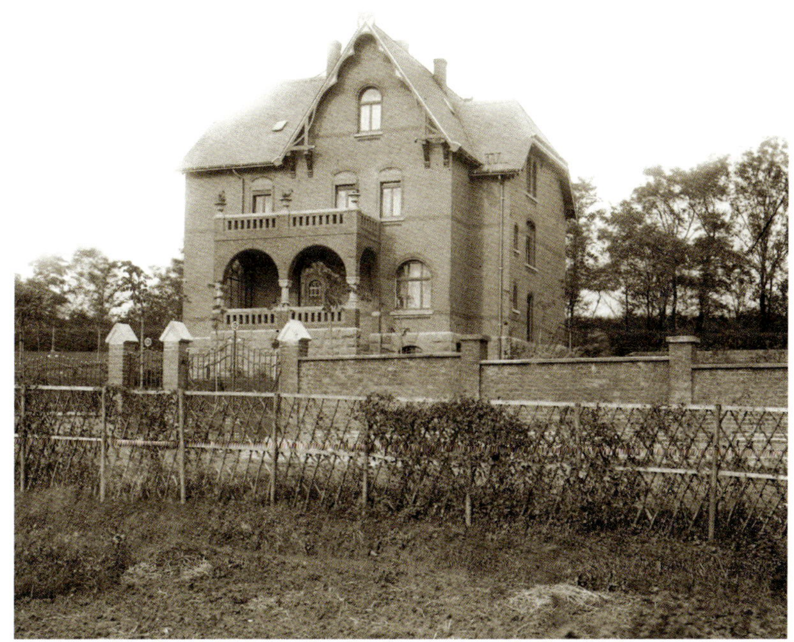

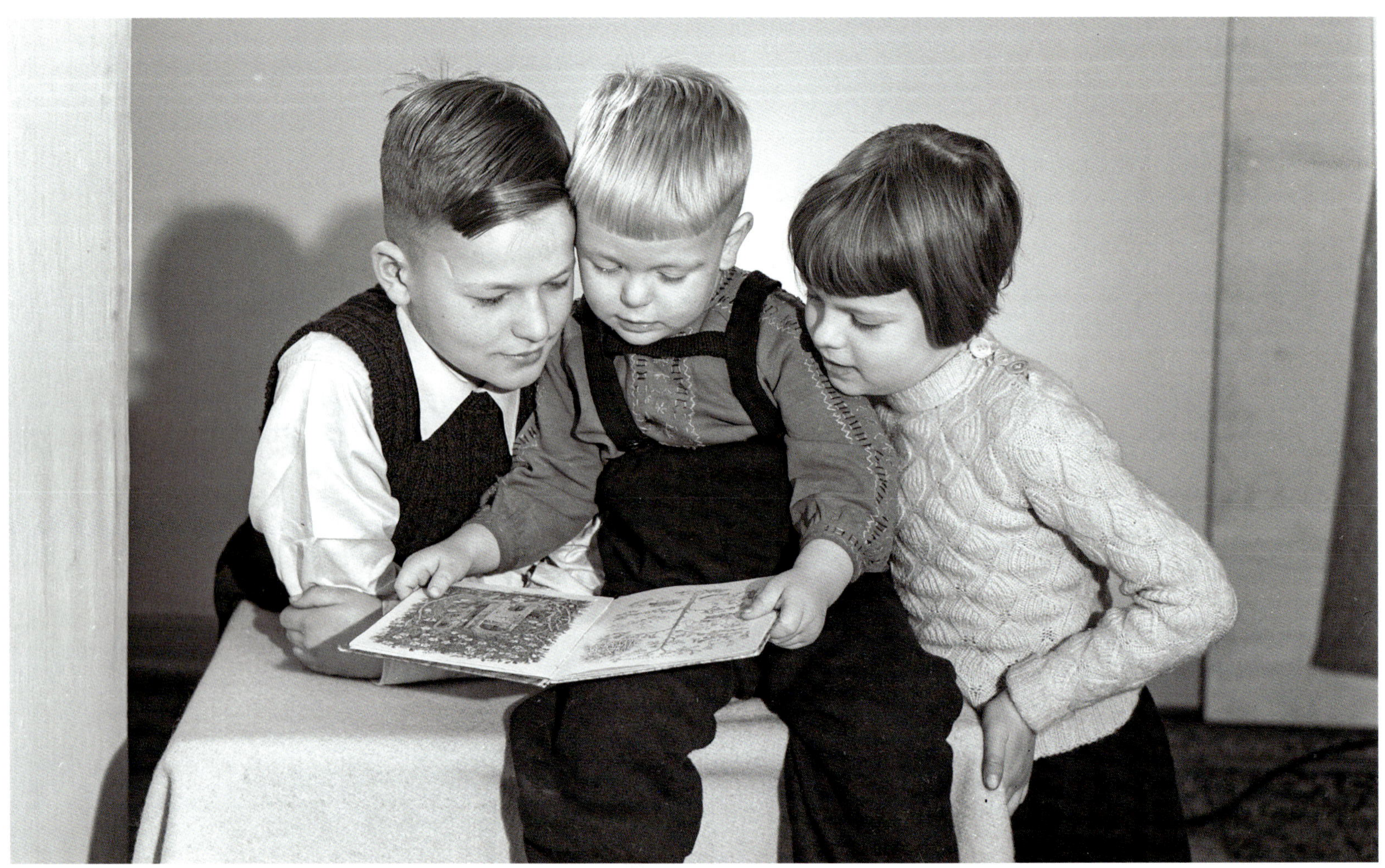

Günter, Wolfgang und Inga bei der Lektüre: Kleine Leute groß im Bild. Dass sich der Lintl-Nachwuchs so unbefangen und natürlich vor der Kamera präsentierte, hatte viel mit der ungezwungenen Atmosphäre im Studio zu tun. Gerade beim Fotografieren von Kindern war es unerlässlich, Vertrauen zu schaffen und eventuelle Ängste vor der unbekannten Situation abzubauen.

Hier musste zumeist der erfahrene Senior Anton Lintl zur Hilfe eilen. Denn er verstand es ausgezeichnet, mit den Kleinen richtig umzugehen. So gelang es ihm, dass die Kinder für die Dauer der Aufnahme ruhig auf ihrem Platz blieben, nicht anfingen zu quengeln und die ganze Prozedur als Riesenspaß empfanden.

Aber auch ein Gruppenfoto mit Erwachsenen brauchte eine gut durchdachte Struktur, die glaubwürdig war und nicht gestellt wirkte. Wie das praktisch aussah, zeigt das Bild auf der rechten Seite. Das Gespräch zwischen Management und Mitarbeitern aus der Produktion vermittelt einen authentischen Eindruck; das betriebliche Umfeld stimmt und auch das Outfit der Beteiligten entspricht der Realität.

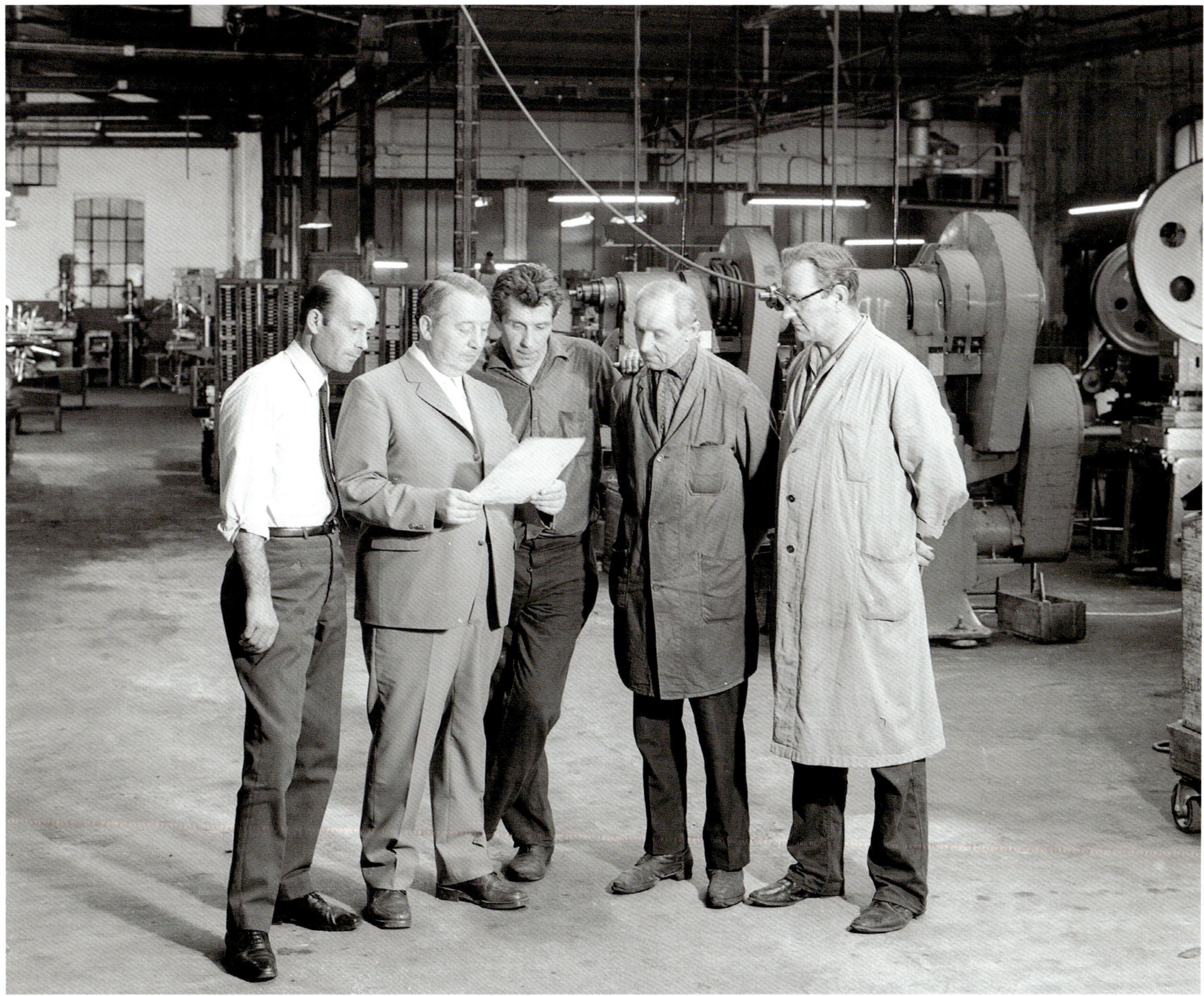

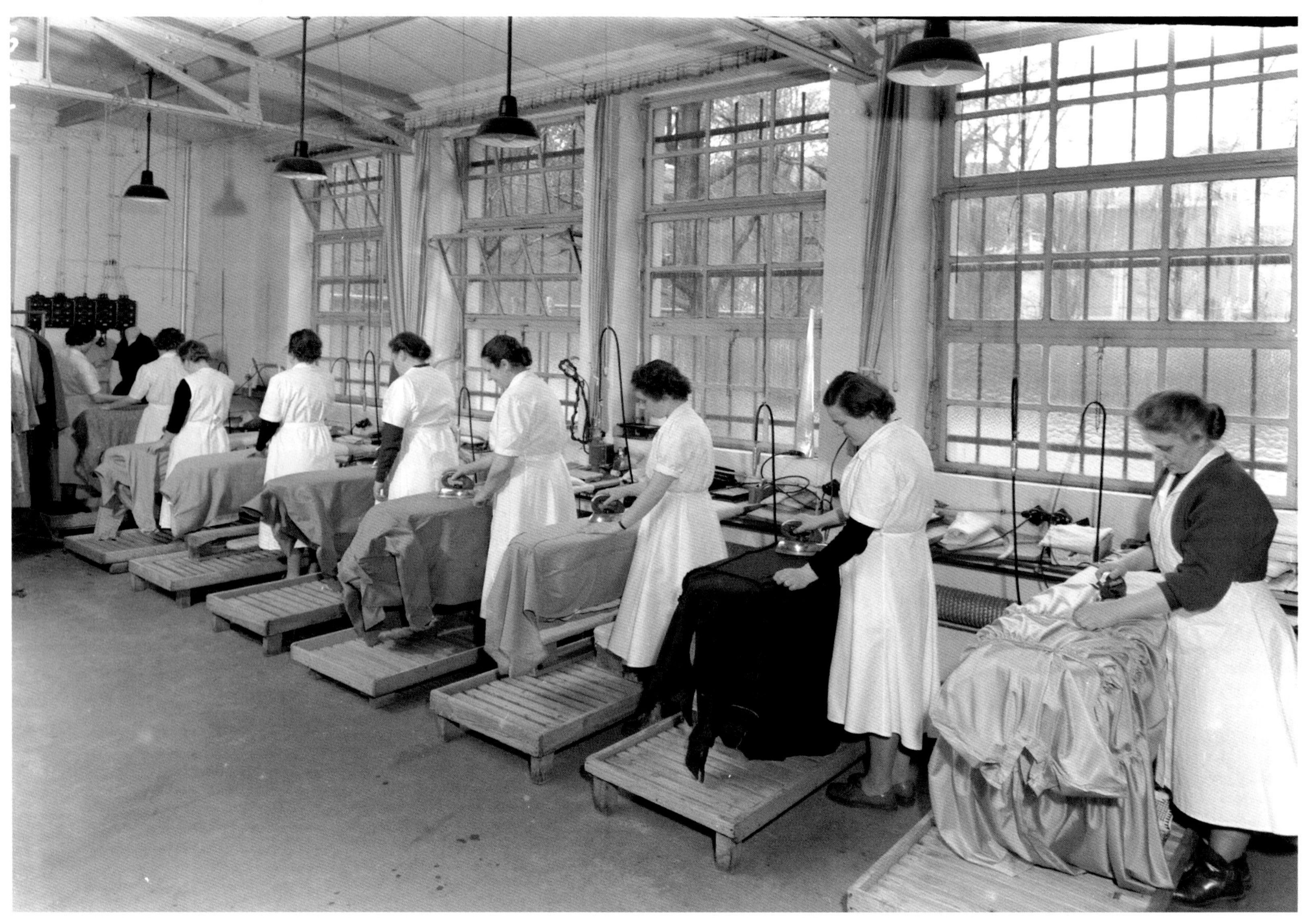

Alles glatt gebügelt. Eine Dienstleistung, die für die Reinigung Thiel von Anfang an selbstverständlich war. 1937 von Eduard Thiel gegründet, entwickelte sich der Betrieb in der Mittelstraße rasch zur Anlaufstelle vieler Gevelsberger, die Wert auf frische Wäsche, saubere Kleidung und kundenfreundlichen Service legten. So wurde die Reinigung bald mehr als nur eine Abgabestation für verschmutzte Textilien. Hier nahm man sich die Zeit für einen kleinen Plausch und erfuhr bei der Gelegenheit das Neueste aus der Nachbarschaft. Drei Thiel-Generationen hatten das Familienunternehmen erfolgreich geführt, bis es 2015 an einen neuen Besitzer ging.

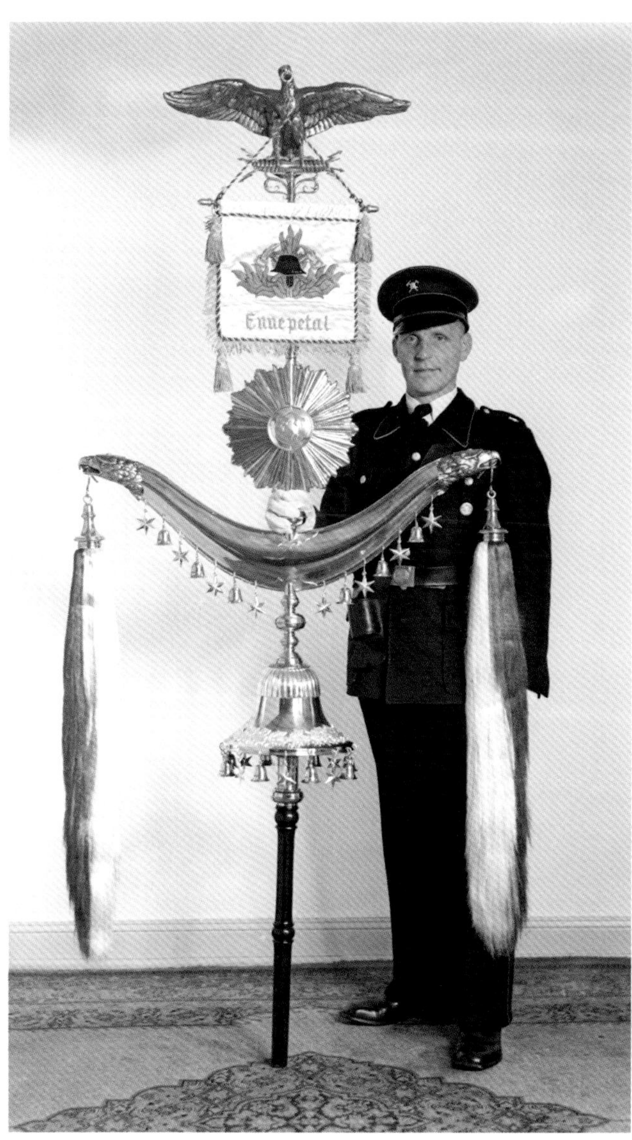

Der Schellenbaum der Feuerwehr als Hauptdarsteller oder die Mode der zwanziger Jahre im Blickpunkt: Im Studio Lintl waren Fachleute am Werk, die es verstanden, fototechnisch die unterschiedlichsten Themen sachgerecht und überzeugend aufzubereiten. Bemerkenswert dabei ist auch die Raffinesse, wie gekonnt jedes Foto seinen ganz individuellen Ausdruck erhält.

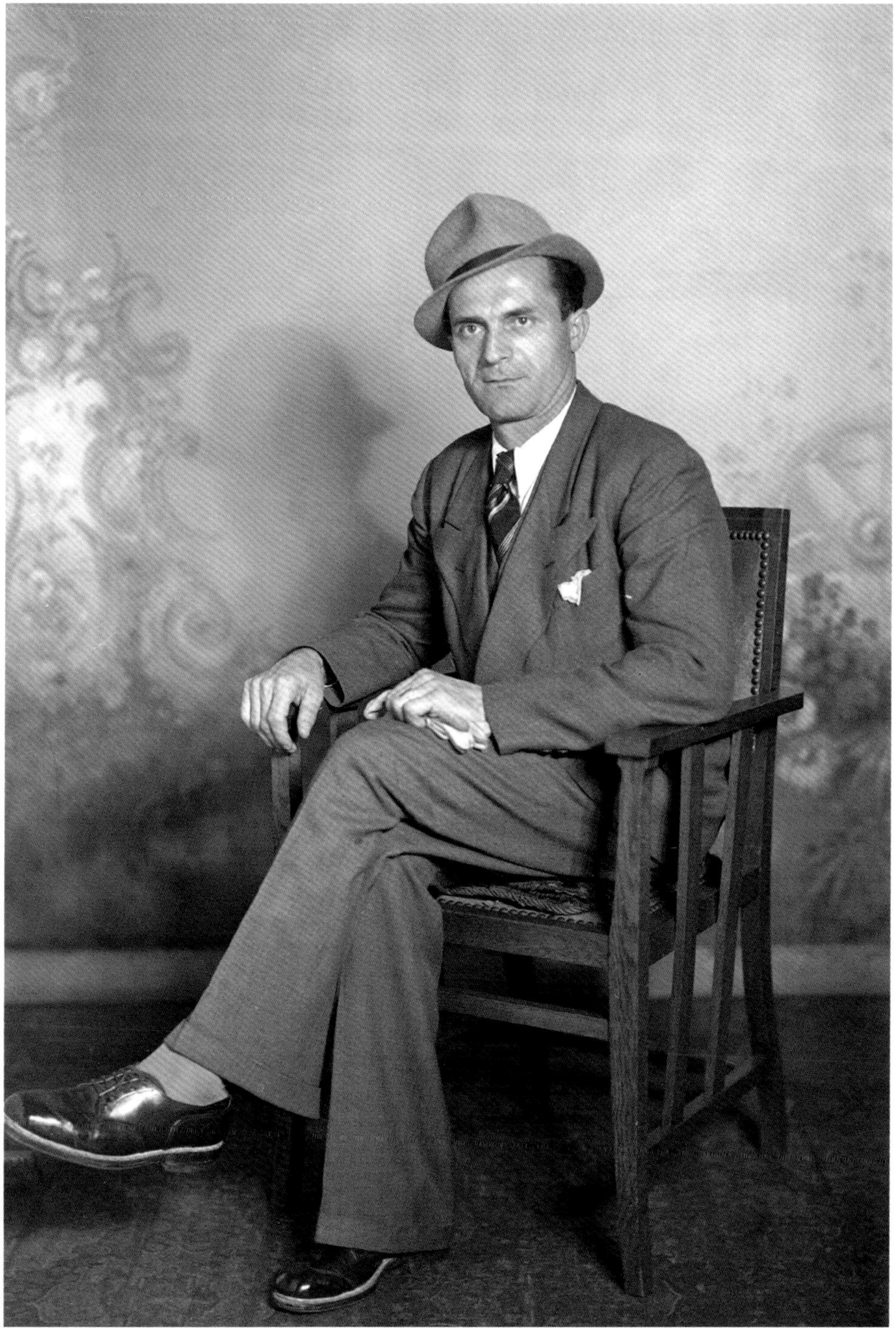

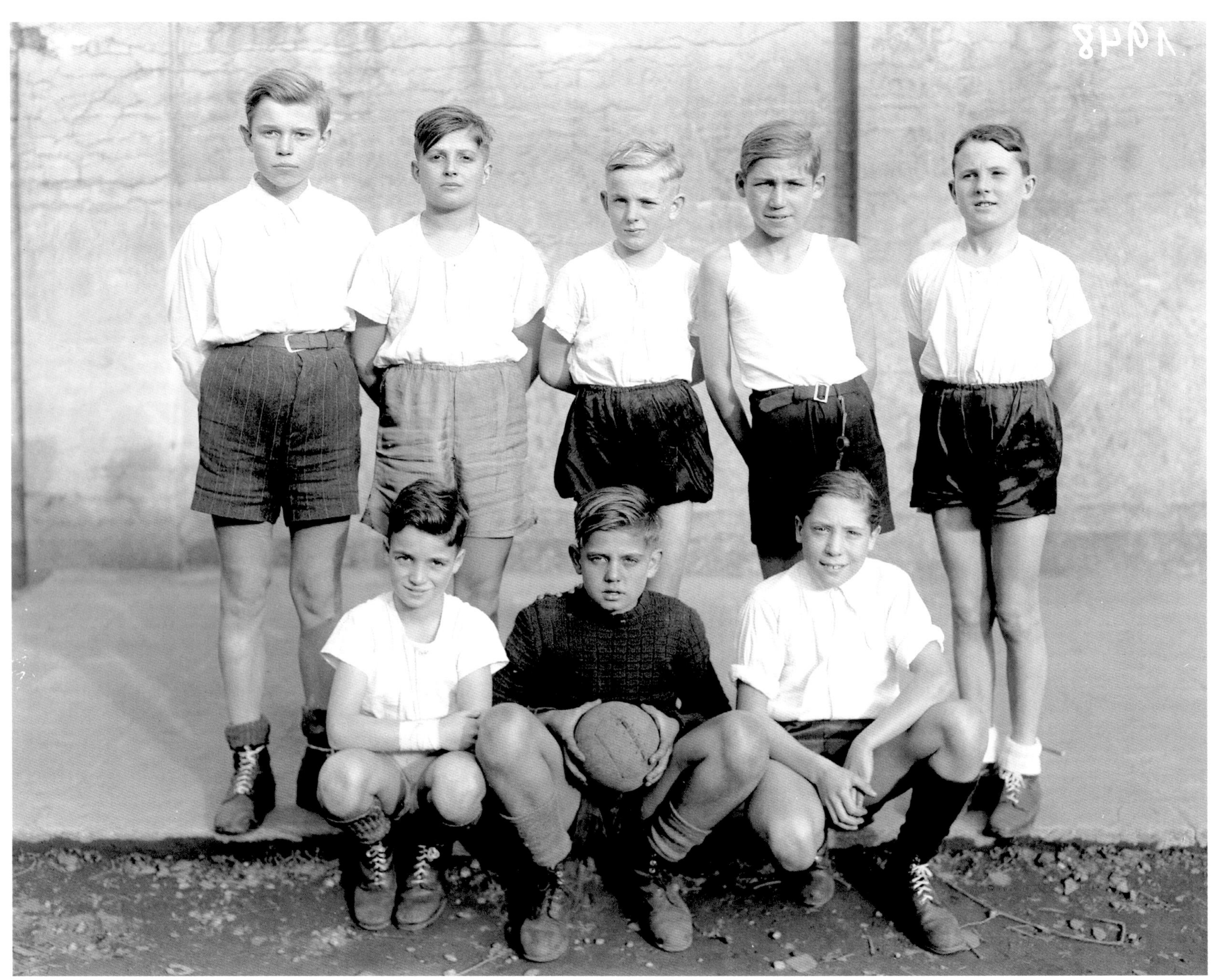

Nachwuchs-Kicker anno 1948. Ein bisschen dünn, ein wenig ärmlich, aber hoch motiviert, im Fußball beste Leistung zu bringen. Das Foto belegt anschaulich, dass der Sport in der Nachkriegszeit wieder an Bedeutung gewann.

Abschied vom Kindergarten. Die Kleinen auf dem Foto konnten es kaum erwarten, bald in die Schule zu kommen. Was die Aufnahme so sympathisch macht, sind aber nicht nur die braven Wichte mit ihren Betreuerinnen. Darüber hinaus werden Erinnerungen an die eigene Kindheit wach. Lange Zöpfe, die obligatorische Haartolle auf dem Kopf, Lederhosen, selbstgestrickte Pullover und Kniestrümpfe: Hauptsache ordentlich. So konnte man sich im Jahre 1949 in Kindergarten und Schule sehen lassen.

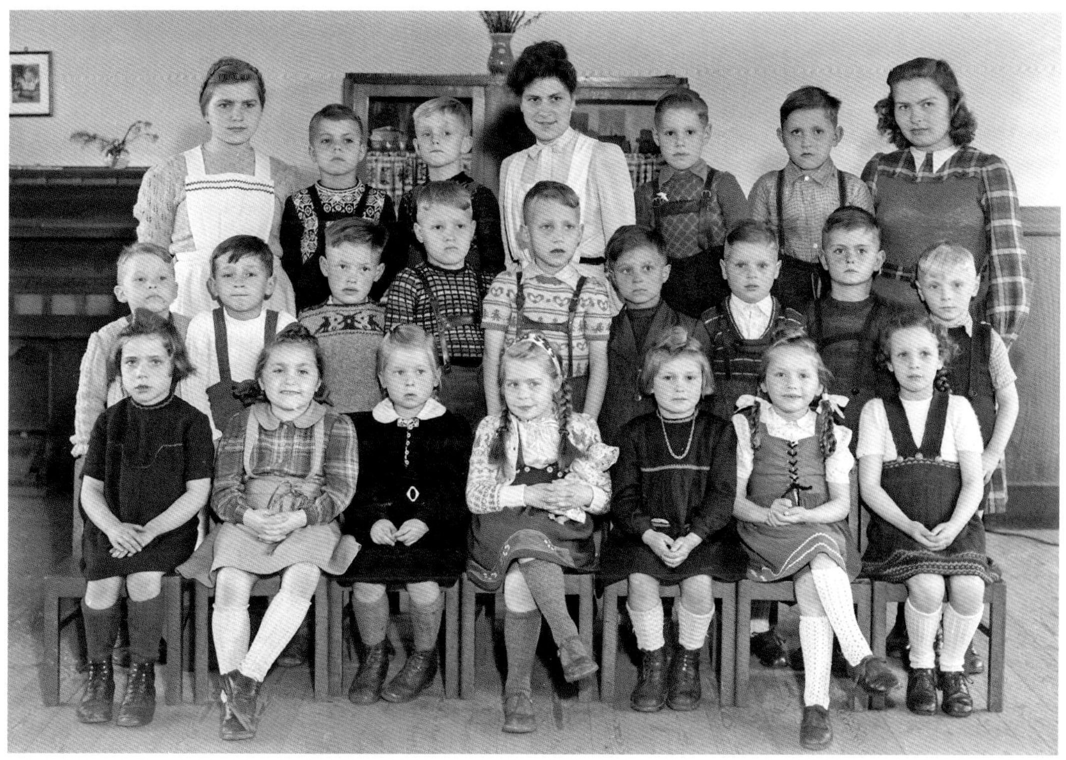

Weihnachtsgrüße aus Amerika. Für eine Klasse des Gevelsberger Gymnasiums bedeutete ein Carepaket in der Nachkriegszeit wirklich eine schöne Bescherung. Denn ob Kleidung, Lebensmittel, Wäsche oder Süßigkeiten: An allem und jedem herrschte Mangel. Ein Grund, weshalb auch viele Gevelsberger auf Hamstertour gingen, um sich beispielsweise beim Bauern in der Nachbarschaft etwas zum Essen zu besorgen.

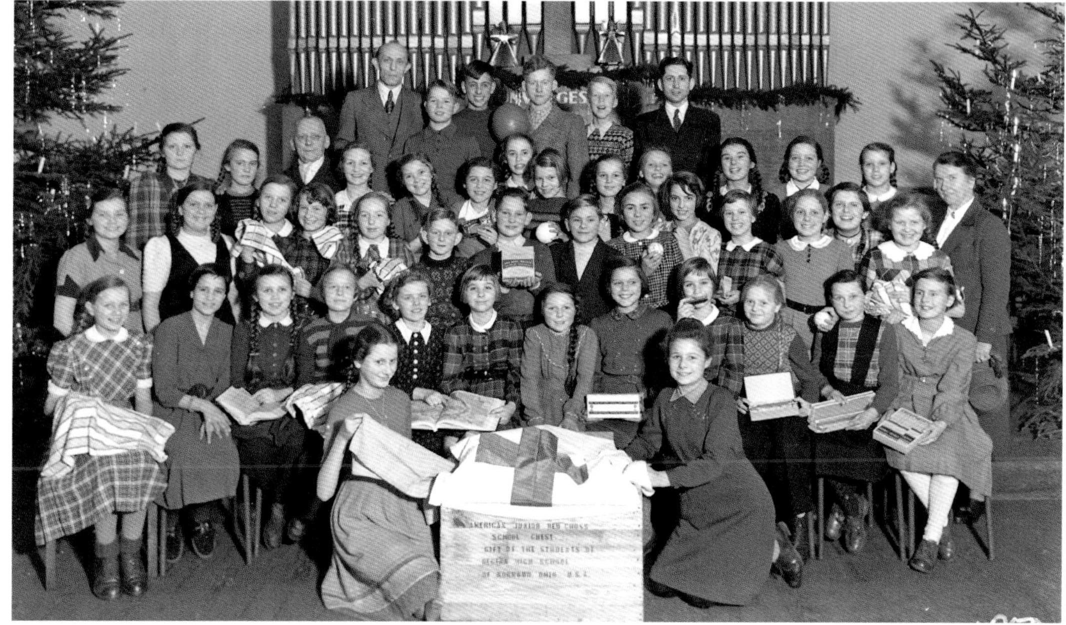

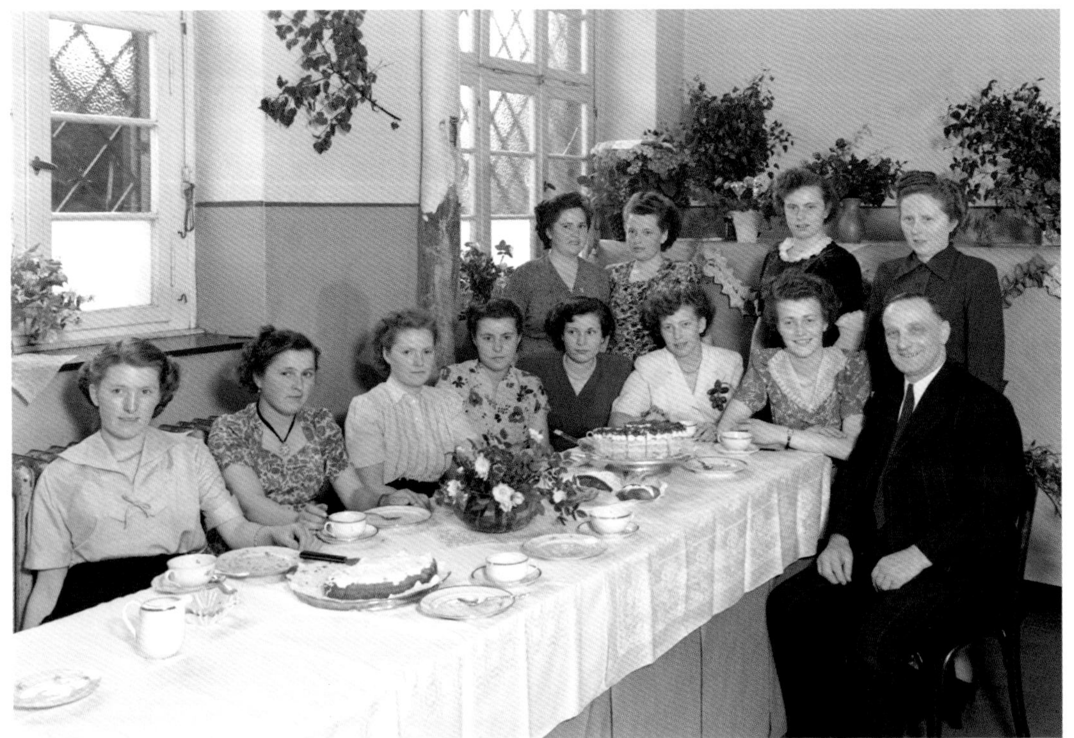

Wenn in Gevelsberg und Umgebung ein Jubiläum gefeiert wurde, konnte man in den meisten Fällen einen oder mehrere Lintls bei der Arbeit erleben. Als gefragte Profifotografen waren sie für viele Auftraggeber die beste Wahl, um ansprechende Erinnerungsbilder von dem bedeutenden Ereignis zu erhalten. Selbstverständlich bestand auch hier die Notwendigkeit, die Gruppe möglichst fotogen zu arrangieren. Eine Aufgabe, die Anton Lintl bis ins hohe Alter nur ungern Sohn oder Enkel überließ.

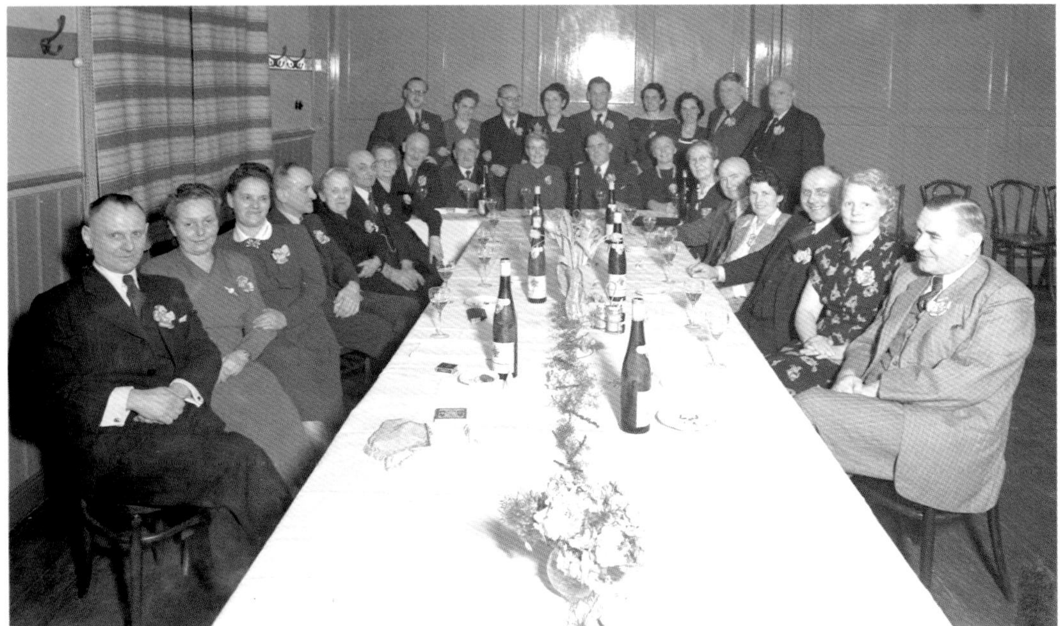

Gut Holz hat Pause, denn es darf gefeiert werden. Die Aufnahme entstand 1950, als sich die Mitglieder eines Kegelclubs zum geselligen Beisammensein in der Gaststätte Küpper auf ein Glas Wein trafen. Angesichts der festlichen Garderobe liegt der Schluss nahe, dass bei dem Anlass Kugel und Kegel ruhten.

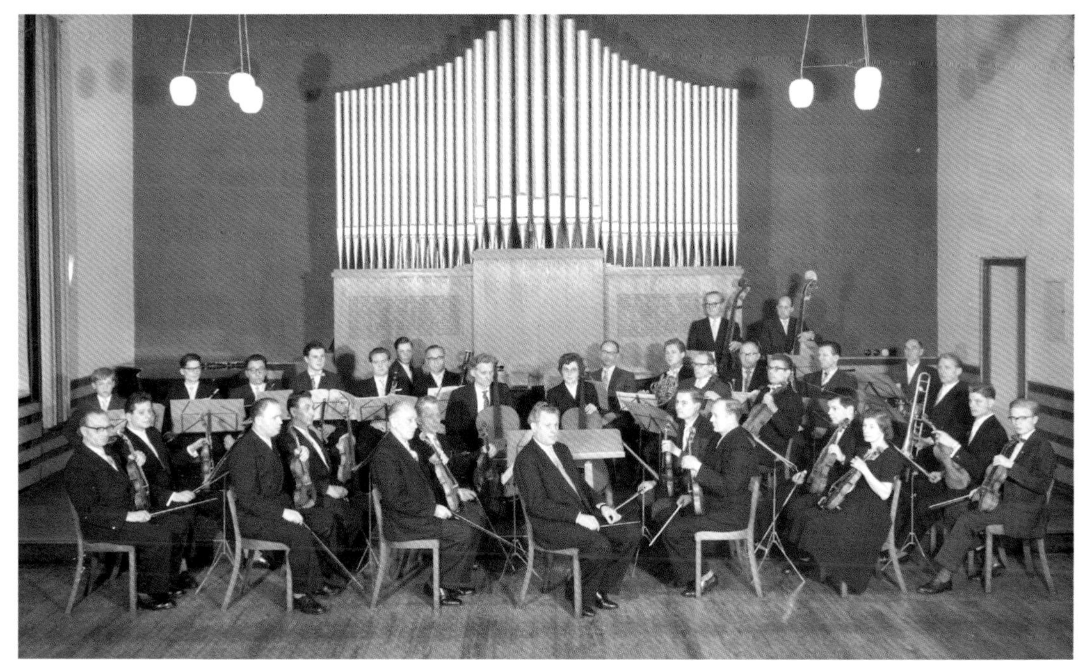

Eine Institution mit Taktgefühl und Harmonie. Seit 1945 zählen die Konzerte des Städtischen Musikvereins Gevelsberg zu den Höhepunkten in der hiesigen Kulturszene. Das Repertoire des Laienorchesters mit symphonischer Besetzung reicht von populärer Unterhaltungsmusik bis zu leichter Klassik. Eine Auswahl, die von vielen Gevelsberger Musikfreunden geschätzt wird. Viermal im Jahr lädt der Musikverein zu den beliebten Sonntagmorgen-Konzerten in die Aula Vogelsang ein. Die Aufnahme aus dem Jahre 1961.stammt allerdings aus der Aula des Gymnasiums.

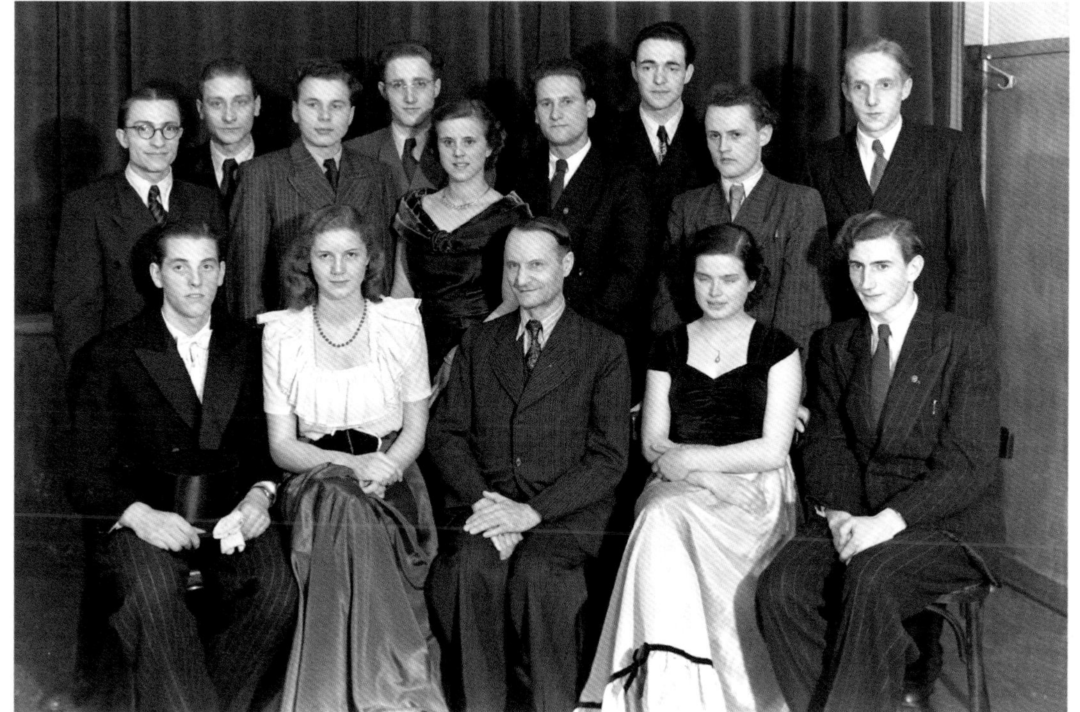

Reif für den Ernst des Lebens. Nach neun anstrengenden, lehrreichen Jahren auf dem Gymnasium haben es die Abiturienten endlich geschafft. Die schwere Prüfung bestanden, das Zeugnis der Reife in der Tasche, bereit fürs Studium oder den Einstieg in einen Beruf. Ein bedeutsamer Augenblick für die jungen Leute, die Hans Günter Lintl 1950 vor der Kamera zum letzten gemeinsamen Erinnerungs-Foto versammelt hatte.

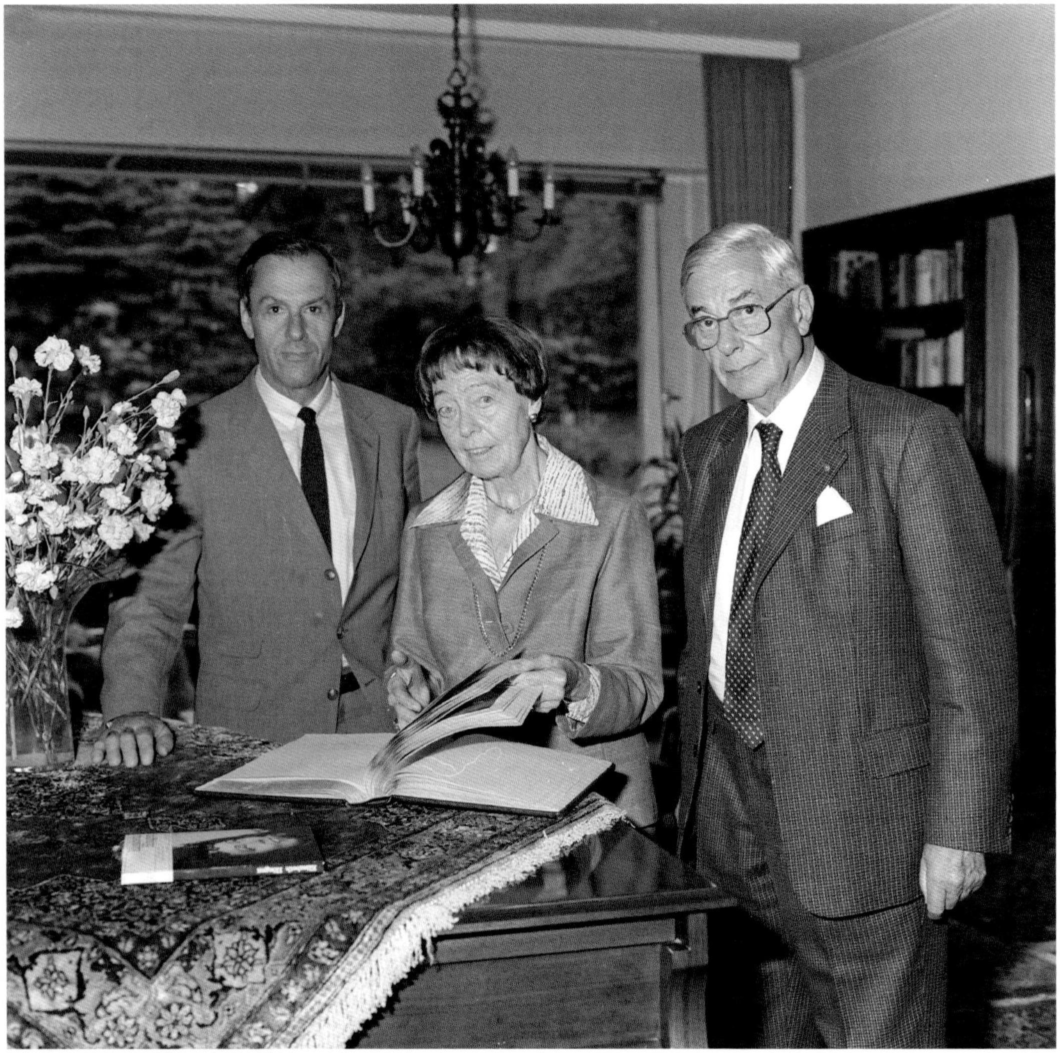

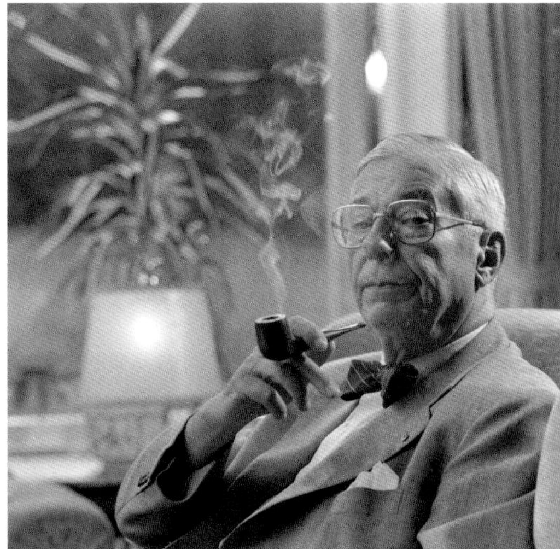

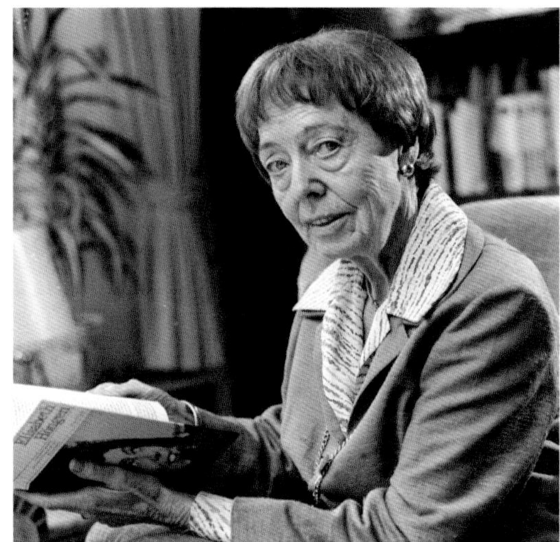

Die Konzertgesellschaft Gevelsberg e.V. hat über die Stadtgrenzen hinaus einen guten Klang. Von Carl Buschmann, Toni Hasenclever und Paul C. Peddinghaus 1948 aus der Taufe gehoben, gewann die neue Einrichtung schnell an Renommee. Bereits im vierten Konzertwinter wurden rund 4000 Besucher gezählt. Sechs hochklassig besetzte Meisterkonzerte im Jahr brachten Künstler von Weltrang in die Stadt. Beispielsweise auch Elisabeth Höngen, gebürtige Gevelsbergerin, berühmte Mezzosopranistin und Professorin an der Musikakademie Wien. Das Foto zeigt sie zusammen mit den Vorständen Paul C. Peddinghaus und Robert Dicke, Inhaber der Schraubenfabrik ABC.

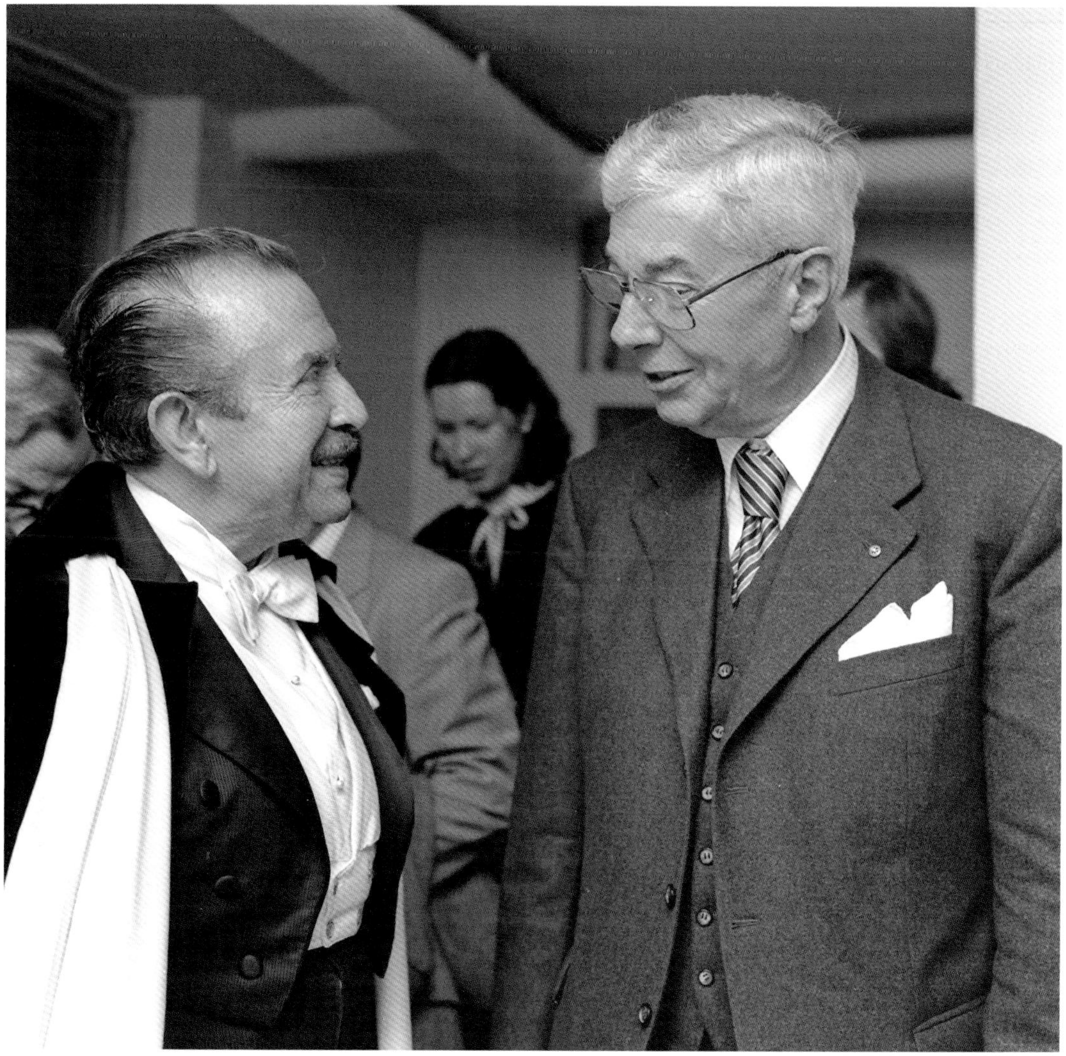

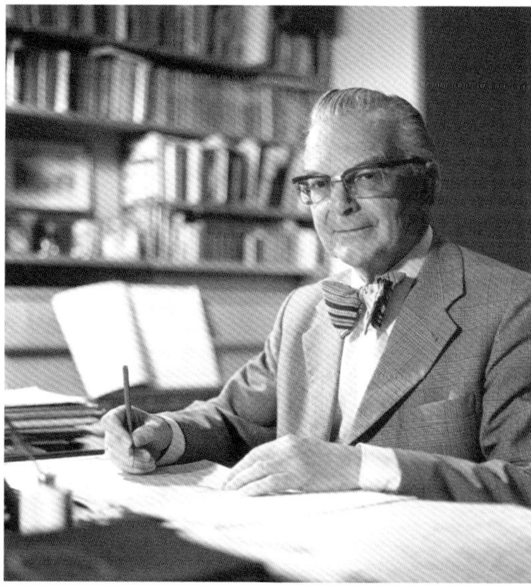

Ernst Boucke, Studienrat und Komponist, bei der Arbeit. Der Pädagoge unterrichtete Musik am Gymnasium und erzählte immer gern von seiner Marotte, während der Straßenbahnfahrt seine neuesten Ideen auf das Notenpapier zu übertragen. Er gehörte zu der Künstlervereinigung, die vom Gevelsberger Heimatverein unter Vorsitz von Carl Friedrich Hückinghaus in den siebziger Jahren ins Leben gerufen worden war. Mit dabei auch Günter Lintl. Als Mitglied dieser Gruppe wurde er unter anderem damit beauftragt, eine Broschüre mit Fotos sämtlicher Künstler zu gestalten.

Paul C. Peddinghaus, Gründungsmitglied und langjähriger Vorstand der Konzertgesellschaft Gevelsberg, schaffte es mit großem persönlichem Engagement immer wieder, Stars der internationalen Musikszene in die Stadt zu holen. Zu den weltberühmten Solisten gehörte auch der chilenische Pianist Claudio Arrau, der 1979 und 1980 in Gevelsberg gastierte und das Publikum im Veranstaltungssaal des CVJM zu Standing Ovations hinriss. Günter Lintl, der regelmäßig die Meisterkonzerte von 1979 bis 1990 besuchte, gelang der Schnappschuss von Gastgeber Paul C. Peddinghaus und seinem prominenten Besucher Claudio Arrau im Gespräch. „Ich bekam die Möglichkeit, in der Garderobe der Stars zu fotografieren", erzählt Günter Lintl im Rückblick. „Dabei ergab sich manche Chance für eine exklusive Aufnahme, die sonst kein anderer Fotograf oder Kollege von der Presse vorweisen konnte. Ich bin Paul C. Peddinghaus heute noch dankbar, dass er mir diese Gelegenheit über viele Jahre hinweg geboten hatte."

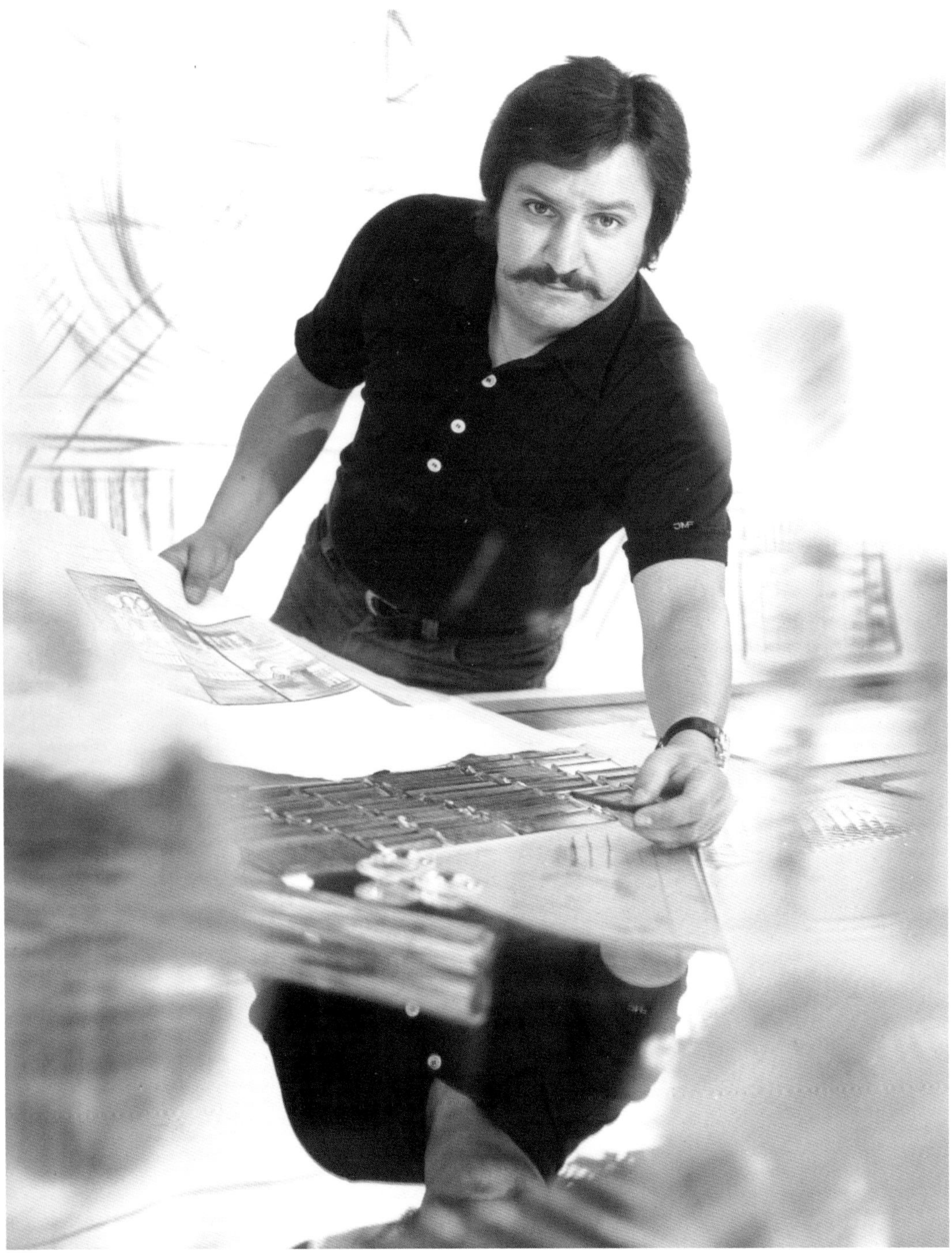

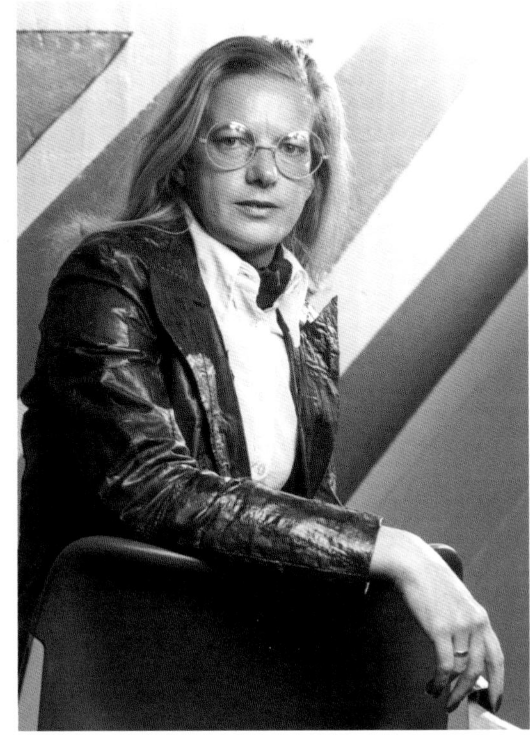

Annegret Michalcik hatte genau wie ihr Ehemann eine besondere Leidenschaft: Die Malerei. Während Hans G. Michalcik in seinen Arbeiten die Reduktion auf das Wesentliche in den Mittelpunkt stellte, erzählen ihre Motive von der Liebe zur Natur. Das Œuvre des leider schon verstorbenen Gevelsberger Künstlerpaares umfasst unterschiedlichste Techniken vom Aquarell über Linolschnitte und Radierungen bis zur Malerei in Öl und Acryl. Einen guten Namen hat sich Annegret Michalcik darüber hinaus als Illustratorin von Büchern gemacht.

Hans Peter Kremer, Staatspreisträger des Landes NRW, zählte zu den renommierten Glaskünstlern seiner Zeit. In seiner Werkstatt entstanden Objekte von hoher Wertigkeit und Intensität wie beispielsweise die Eingangstür des AVU-Gebäudes oder Fenster, die Hans Peter Kremer für die Sparkasse entworfen hatte. Günter Lintl machte die Bekanntschaft des Künstlers bei den Vorbereitungen für eine Aufnahme des Heilenbecker Männerchors – in diesem Buch auf Seite 39 in Kapitel 4 nachzulesen.

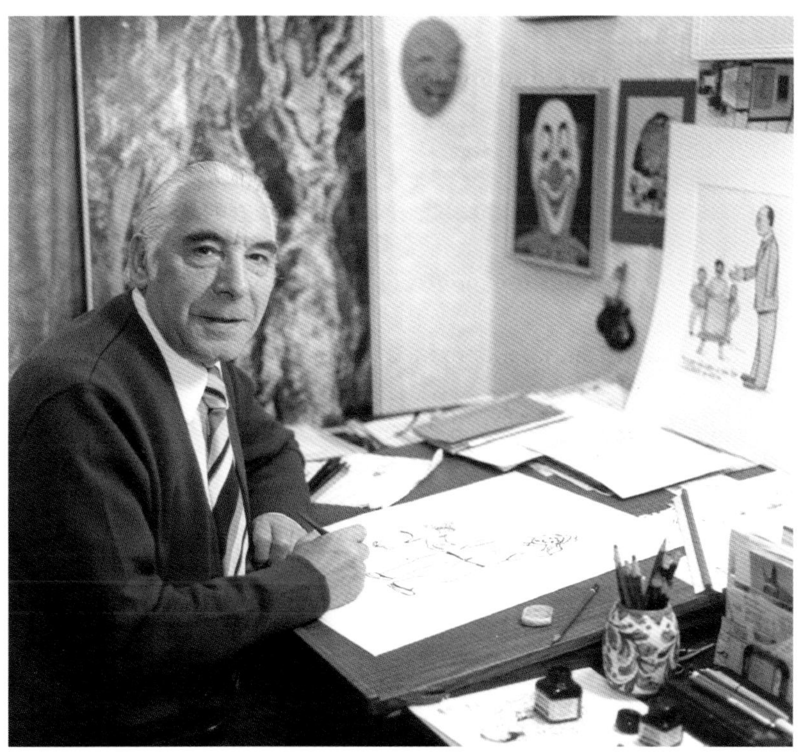

Hier kallt Franz Holtsteger. Der ehemalige Leiter der Stadtbücherei und Heimatdichter ist in seiner Geburtsstadt unvergessen. Mit plattdeutschen Kolumnen in der Gevelsberger Zeitung, illustriert mit farbigen Karikaturen und Zeichnungen, sorgte er bei vielen Lesern für Heiterkeit und gute Unterhaltung. Ebenso legendär war die Verkörperung der Tante Anna, die er im jährlichen Kirmeszug darstellte. Zu seinen beliebten Büchern zählten unter anderem die Titel „Use Selma" und „Use Gustav". Günter Lintl porträtierte Franz Holtsteger an seinem Schreibtisch beim Zeichnen.

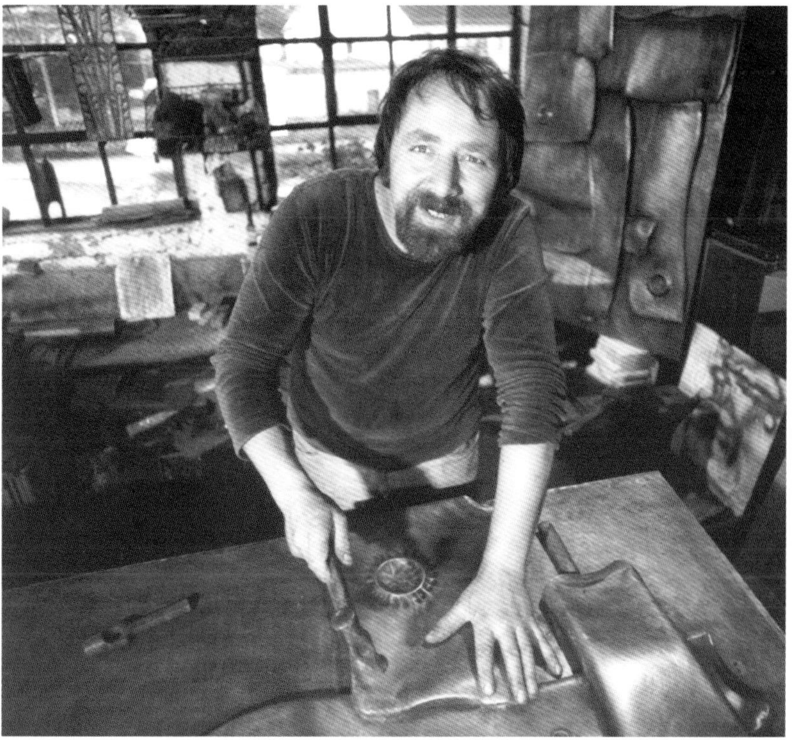

Wer durch die Eingangstür zum Rathaus geht, kommt dabei hautnah in Berührung mit einem Meisterwerk von Walter Hoppe. Der Gevelsberger hatte sich auf die plastische Kunst am Bau spezialisiert und mit seinen Arbeiten zahlreichen Gewerberäumen, aber auch Privathäusern besondere Exklusivität verliehen. Walter Hoppe, aus Überzeugung Individualist und nur seiner eigenen Anschauung verpflichtet, zeigte auch während seines Schaffens eine enge Verbundenheit zu den industriellen Wurzeln seiner Heimat. So wählte er seine Werkstätten beispielswiese häufig in stillgelegten Hammerschmieden und ähnlichen Betriebsstätten aus, wie das Foto von Günter Lintl belegt.

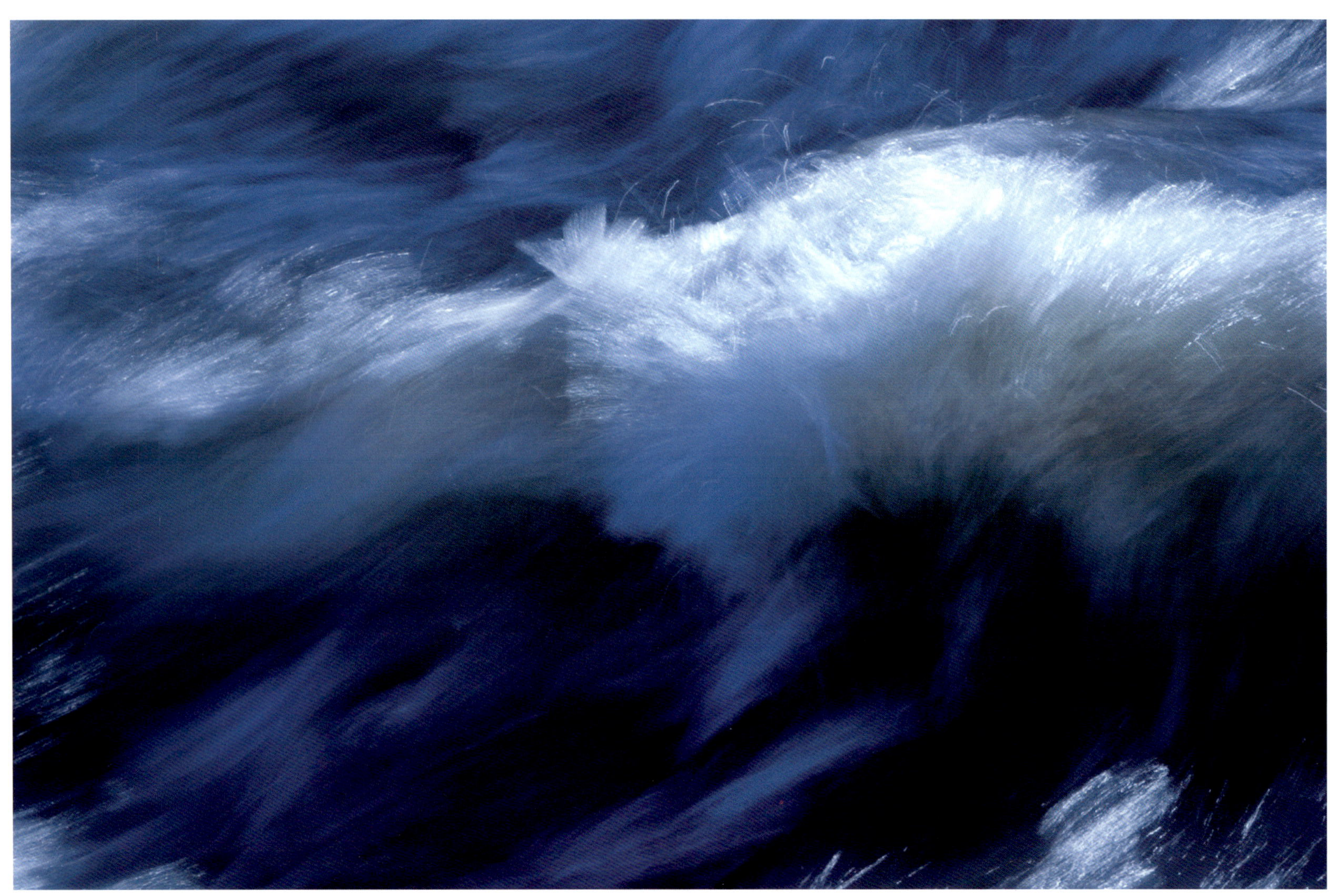

Die Fotografie ist ein Handwerk, das kreative Freiräume eröffnet. Günter Lintl hat die Chance für seine eigenen künstlerischen Fähigkeiten schöpferisch genutzt. So entstanden die Wasserbilder, an verschiedenen Wehren der Ennepe aufgenommen. Der Anstoß zu dieser außergewöhnlichen Fotoserie, die später in zahlreichen Ausstellungen präsentiert wurde, kam aus dem Fluss selbst. „In der Vergangenheit hat die Ennepe den Menschen die Kraft geliefert, um ihre Fabriken und Werke betreiben zu können. Ich wollte die komplexe Struktur dieser Wasserkraft durch meine Bilder sichtbar machen. In einer weiteren Arbeit ging es mir darum, die Faszination von Lichtspuren fotografisch zu interpretieren", erklärt Günter Lintl.

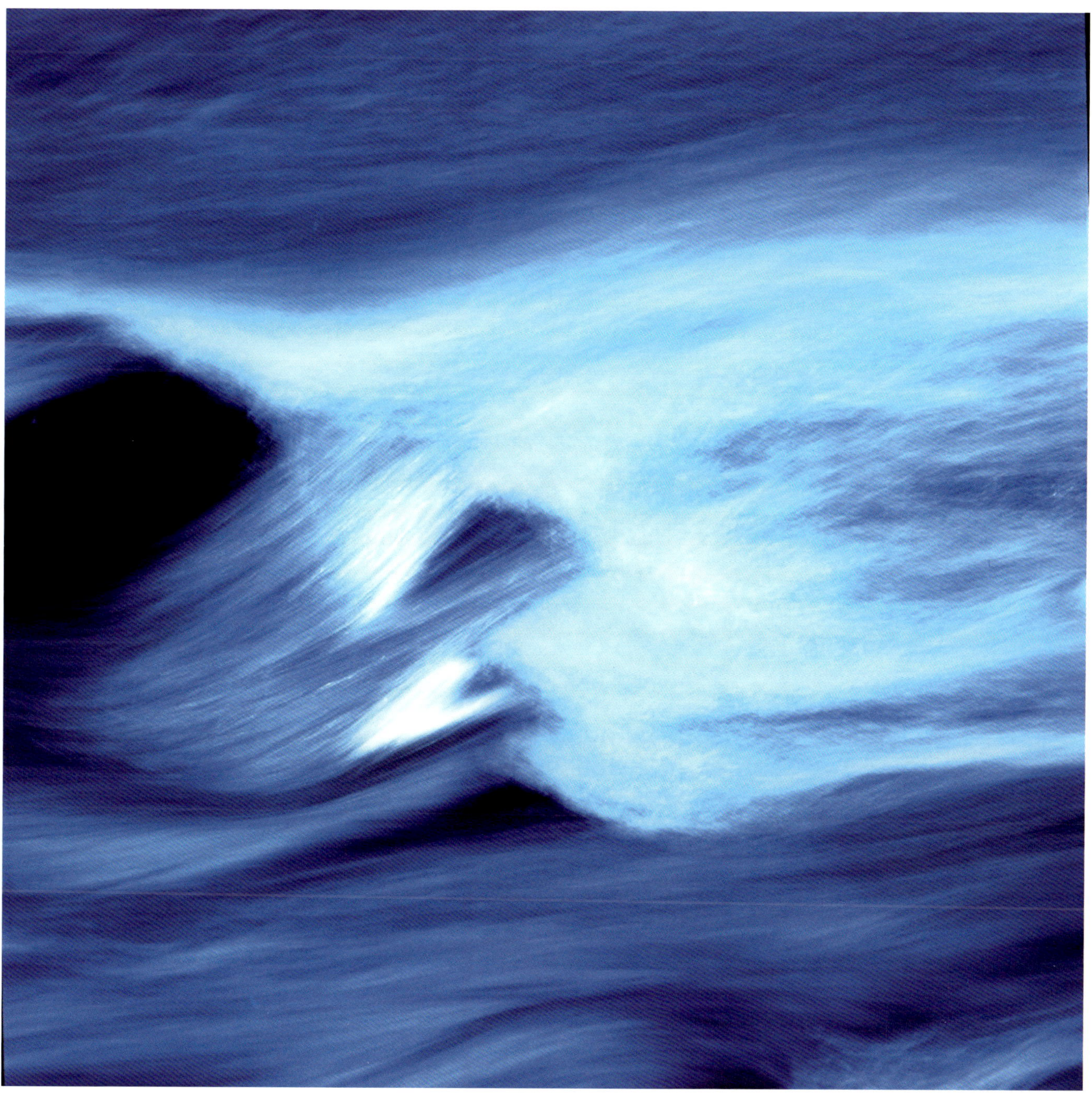

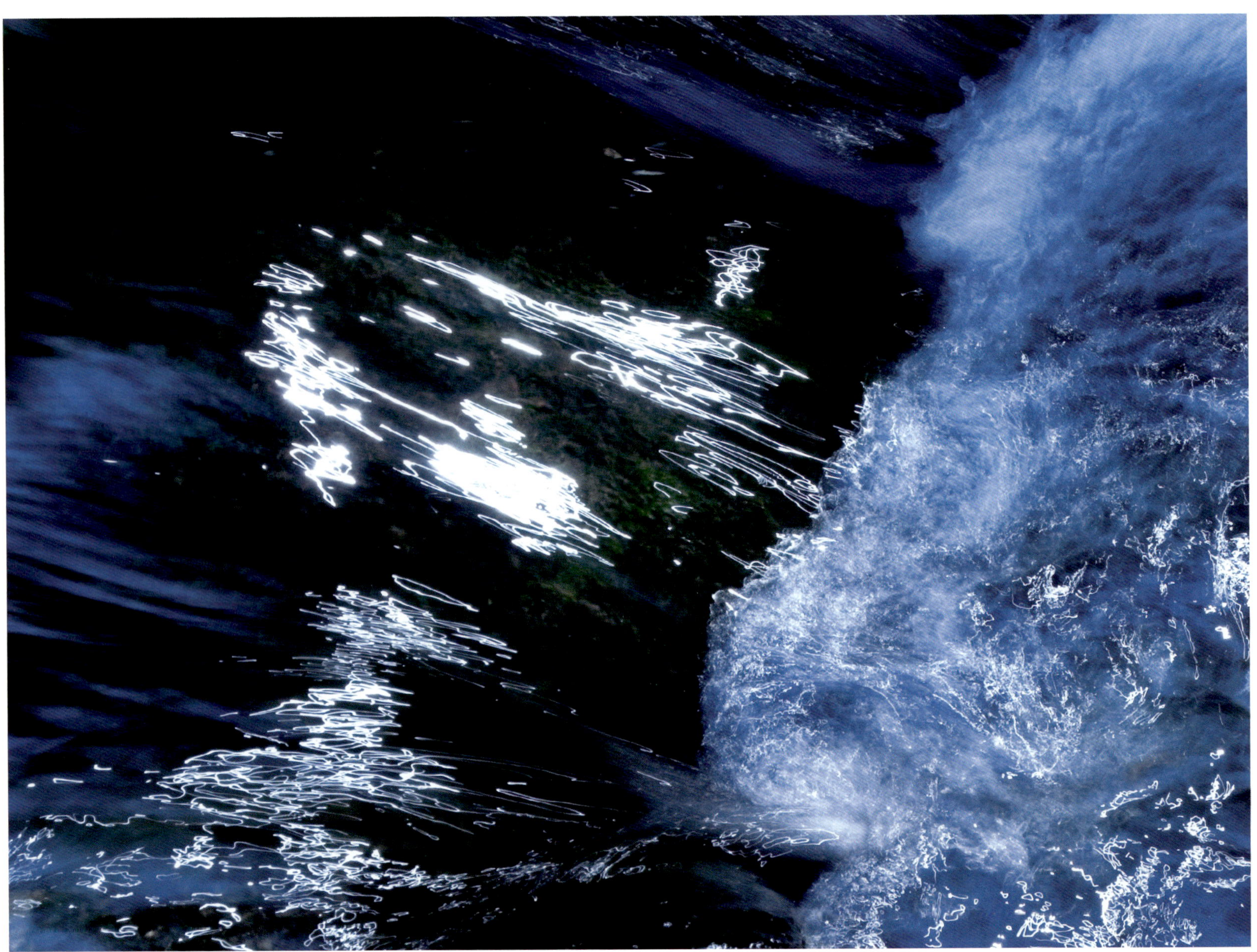

Sonnenspuren auf dem Wasser. Intuitiv hat Günter Lintl während seiner jahrelangen Arbeit an den Wasserbildern die Botschaften des Himmelgestirns erfasst und zielsicher sichtbar gemacht. „Obwohl das endgültige Ergebnis erst nach dem Entwickeln des Dia-Positivs tatsächlich vorlag, wusste ich schon im Vorfeld ziemlich genau, wie die Strukturen auf dem fertigen Foto aussehen würden. Dies versetzte mich in die Lage, die Aufnahme präzise zu planen und auszuführen", beschreibt er seine kreativ-kompetente Arbeitsweise.

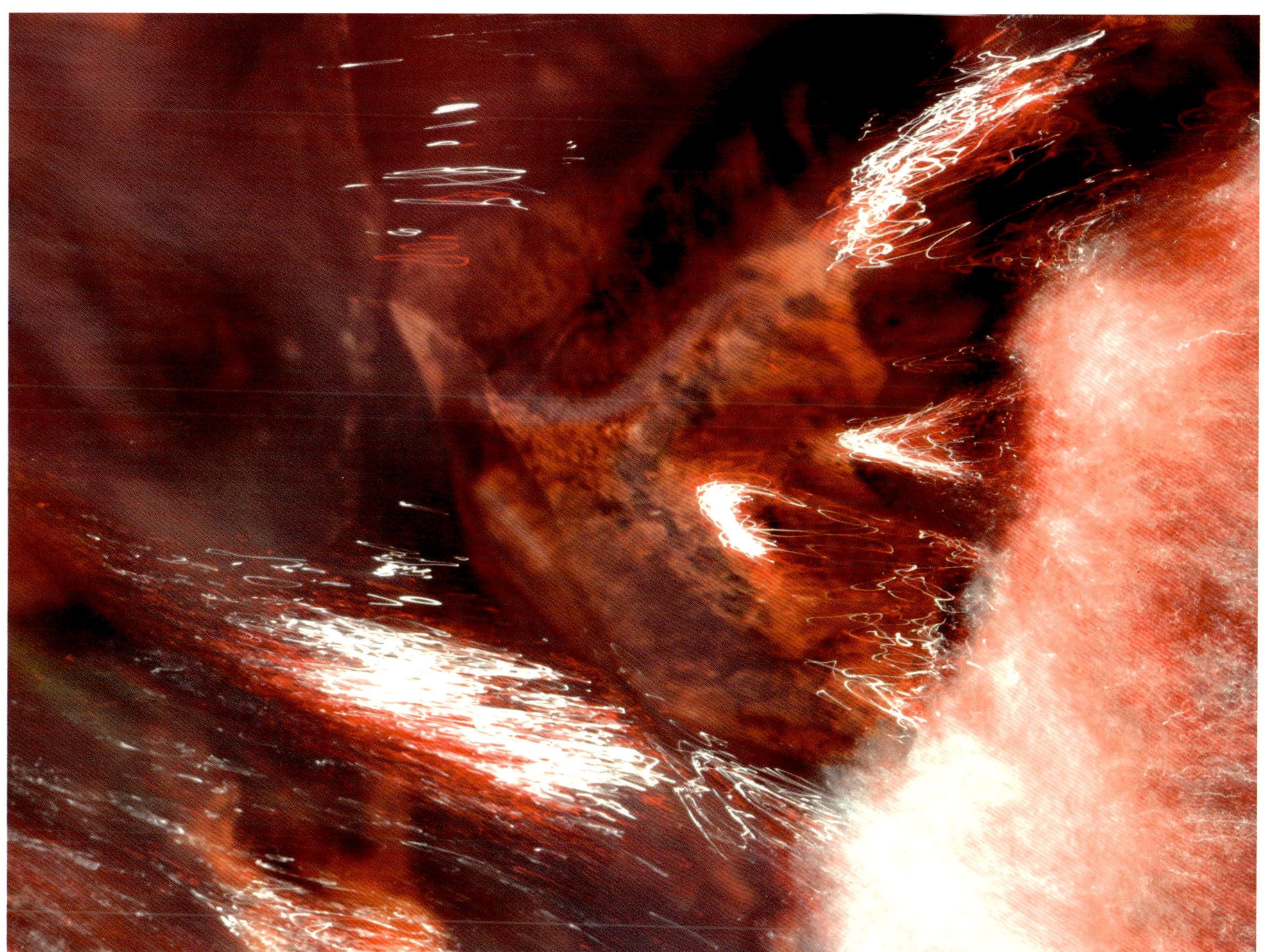

Wassermusik mit Sonnenakkorden in Rot. Wenn Profis experimentieren, kommen meistens überraschende Resultate dabei heraus. Günter Lintl gibt Einblick in die Geheimnisse der analogen Fotografie: „Mit Hilfe von Farbfiltern und Mehrfachbelichtungen ist es mir gelungen, außergewöhnliche Wirkungen zu erzielen. Vor allem kam es darauf an, besonders sorgfältig mit dem Belichtungsmesser umzugehen. Ausgehend von der Tatsache, dass der eingesetzte Film immer unempfindlicher wird, je länger man ihn belichtet, war dies eine entscheidende Voraussetzung für den sogenannten Schwarzschild-Effekt. Ein Phänomen, das weniger bei Schwarz-Weiß-, dagegen vielmehr bei Farbaufnahmen auftritt."

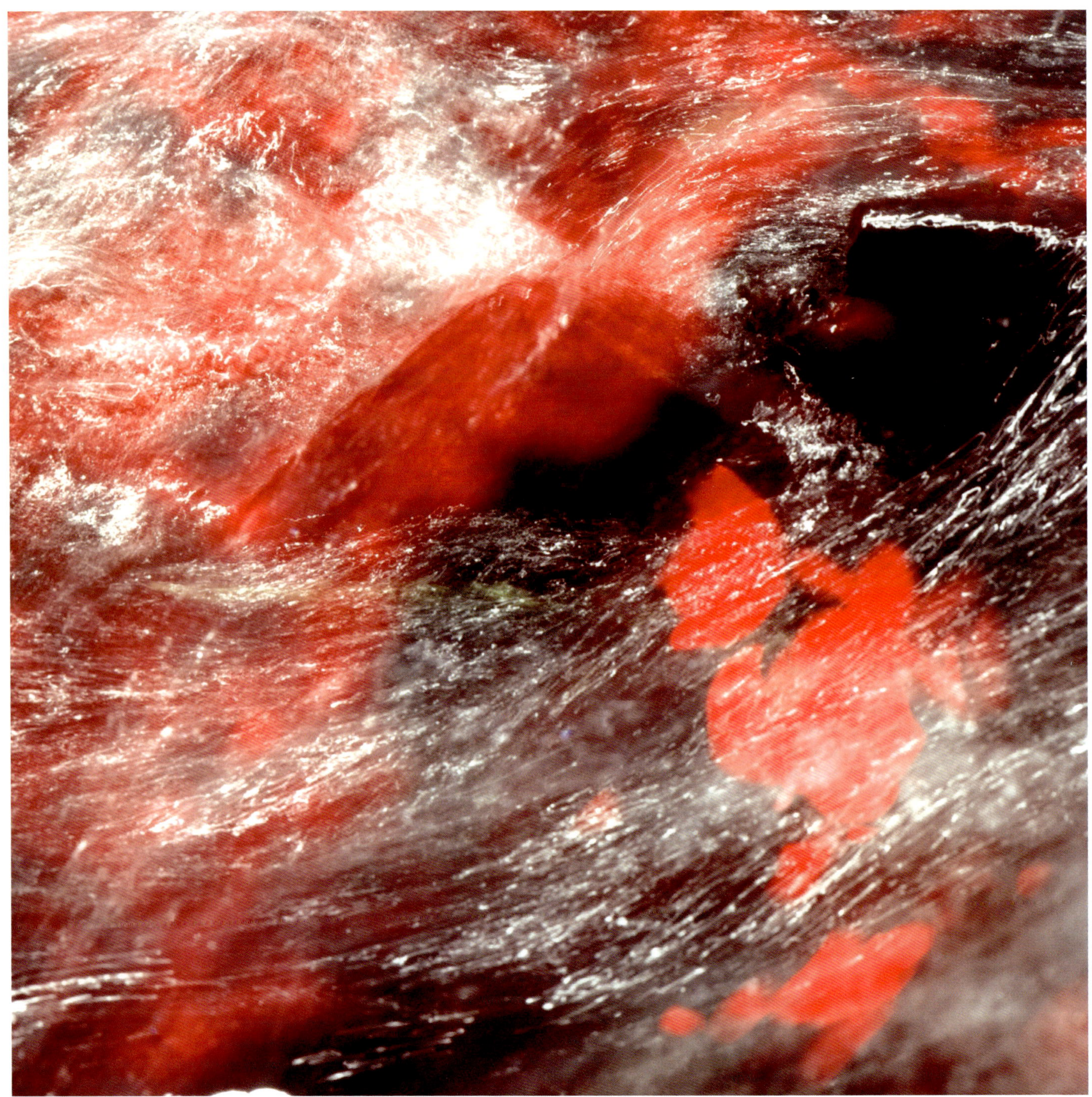

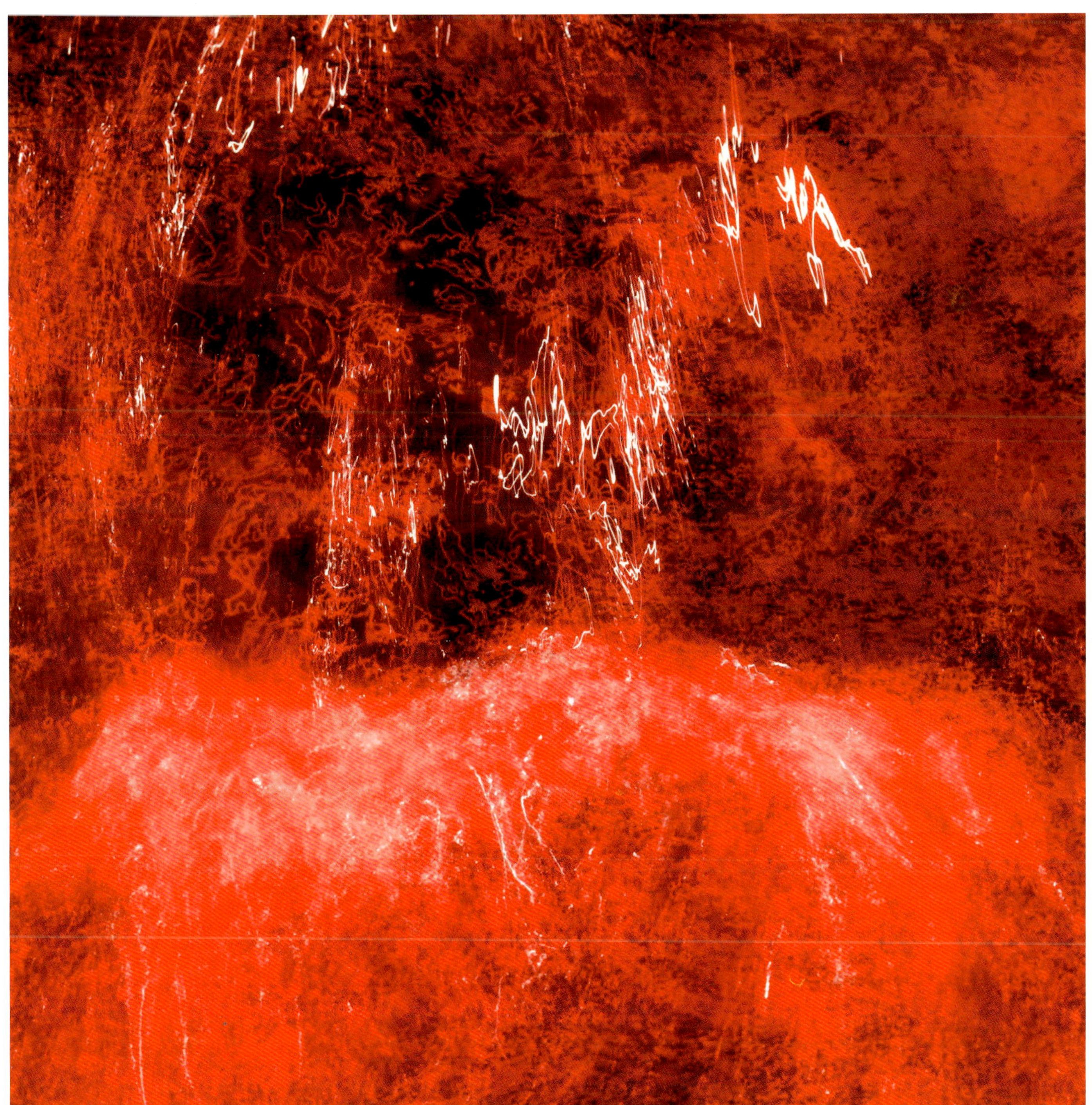

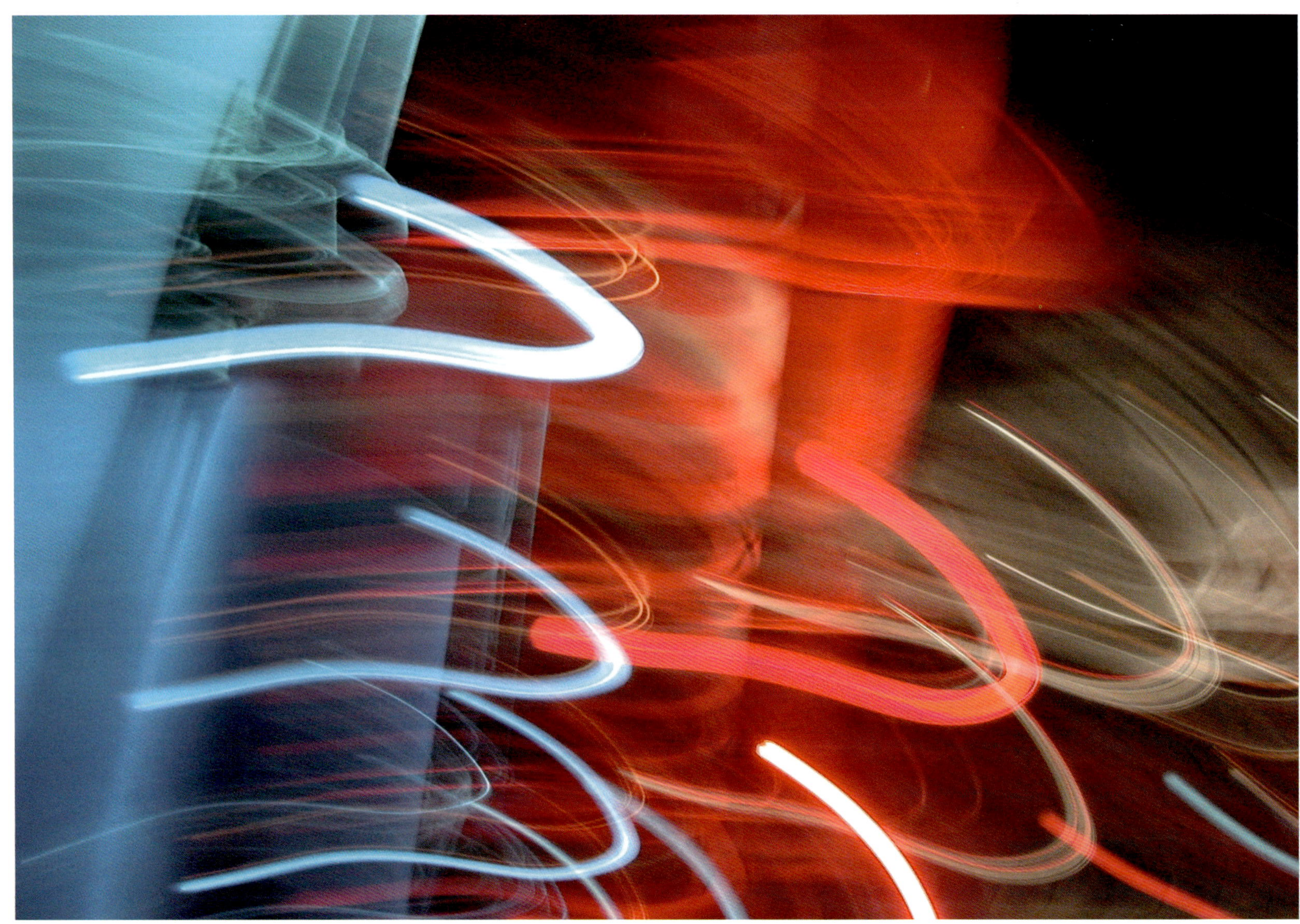

Vom Wasser zum Licht. Die Erfahrungen, die Günter Lintl über fünf Jahre beim Fotografieren der Ennepe sammeln konnte, haben Einfluss auf seine weitere künstlerische Tätigkeit genommen. Auch bei der zweiten großen Arbeit stand die Herausforderung im Mittelpunkt, farbigen Elementen im Licht Struktur und Form zu geben. Durch Bewegen der digitalen Kamera versetzte Günter Lintl die Lichtspuren in eine Dynamik, die dem Betrachter viel Raum zur persönlichen Interpretation lassen. Allen Bildern gemeinsam ist eine außerordentliche Farbharmonie. Sicherlich ein Ergebnis der professionellen Art und Weise, wie Günter Lintl seine Zielvorstellungen im Foto umzusetzen verstand.

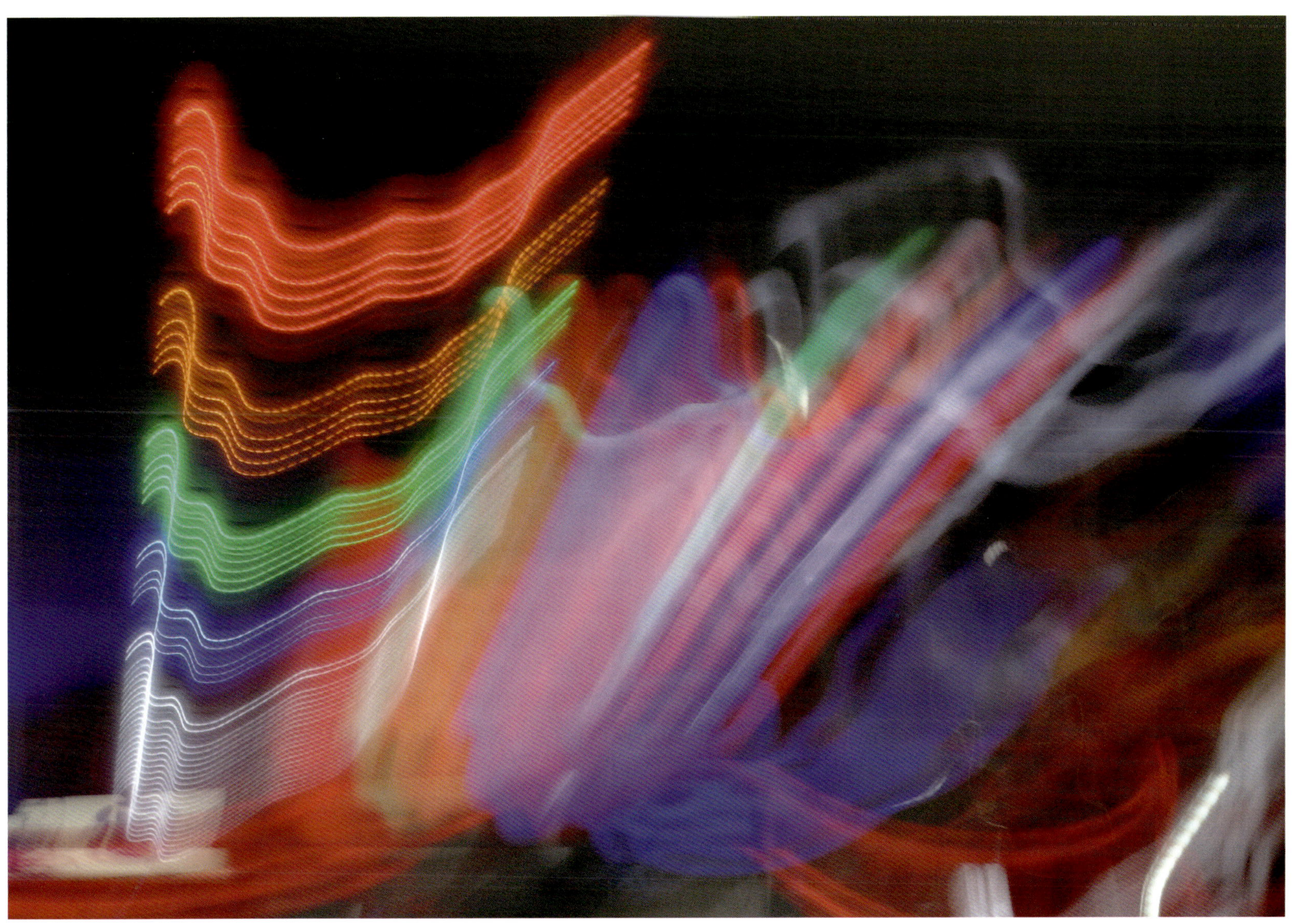

Für Günter Lintl gehören Kunst und Vermarktung eng zusammen. „Bei meiner Arbeit habe ich mich sowohl von meinen kreativen Ambitionen als auch von den Erfolgs-Chancen eines Verkaufs leiten lassen", erläutert der Fotograf selbstbewusst. „So beschäftigte mich immer auch die Frage, ob sich das jeweilige Foto zum Beispiel für die Gestaltung von Besprechungszimmern oder anderen Geschäftsräumen eignen könnte. Entsprechend habe ich versucht, mit meinen Bildern eine gewisse anregende Atmosphäre zu vermitteln. Mit ein Grund, weshalb ich viele meiner Wasserbilder in stimulierendem Rot angelegt habe. Denn dieser Signalton sorgt für Aufmerksamkeit und motiviert zu Aktivität – wie unter anderem auf einem Messestand, auf dem einige meiner Wassermotive stark vergrößert zum Einsatz kamen."

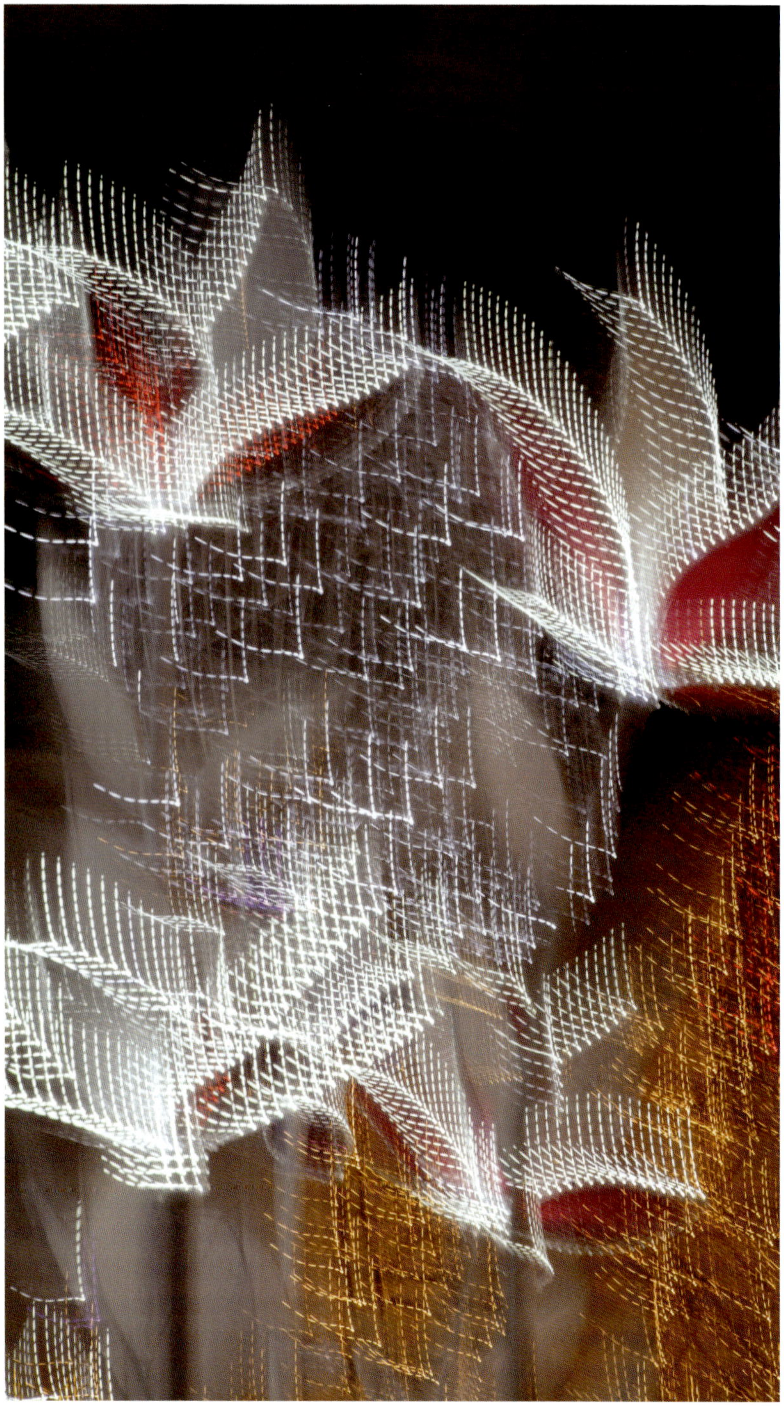

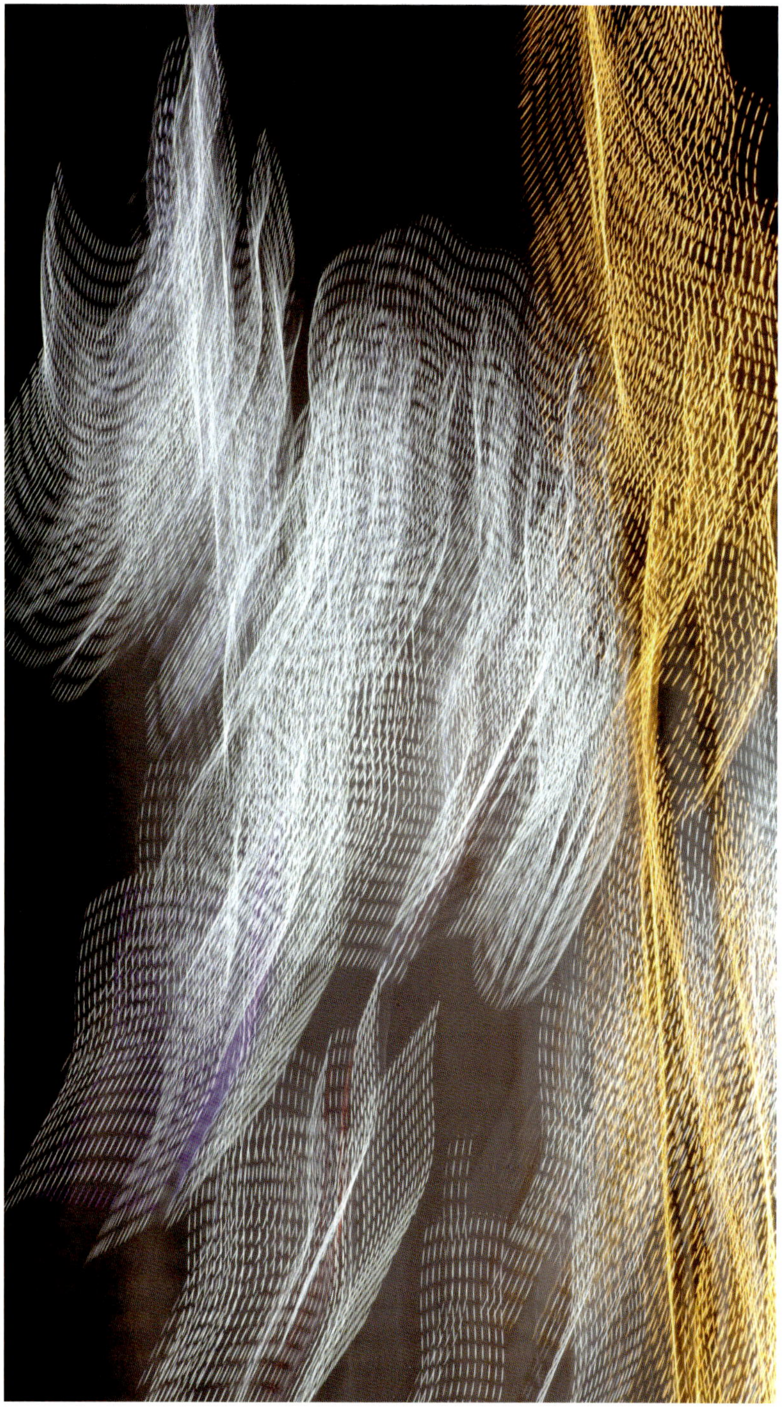

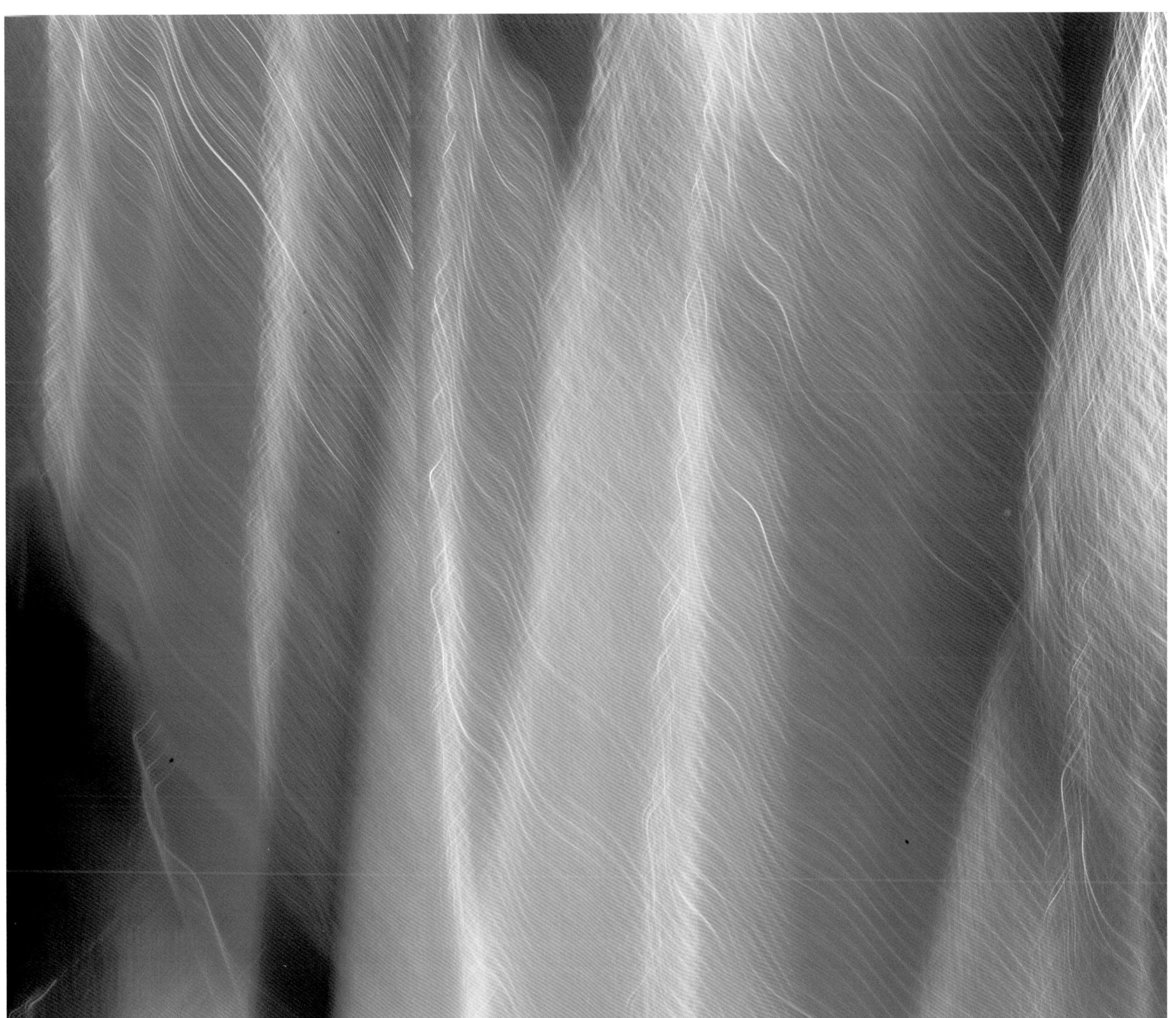

GEVELSBERG

objektiv betrachtet

Eine Bildreise durch 100 Jahre Lintl-Foto

Herausgeber: Thomas G. Halbach

ISBN 978-3-945763-57-5

1. Auflage, August 2018

Bergischer Verlag
RS Gesellschaft für Informationstechnik mbH & Co. KG
Verleger Arndt Halbach, Martin Czialla
Auf dem Knapp 35, D-42855 Remscheid
http://www.bergischerverlag.de
E-mail: info@bergischerverlag.de

Buchkonzept / Texte: Brigitte Waldens, Günter Lintl
Layout und Gesamtherstellung: Bergischer Verlag,
Ernst-Wilhelm Bruchhaus

Unser besonderer Dank gilt Detlef Raufelder, Stadtarchivar von Gevelsberg, und Dr. Klaus Solmecke, Bürgermeister a.D. Mit ihrer kritischen Durchsicht von Text und Bild haben sie maßgeblich zum Gelingen dieses Buches beigetragen.

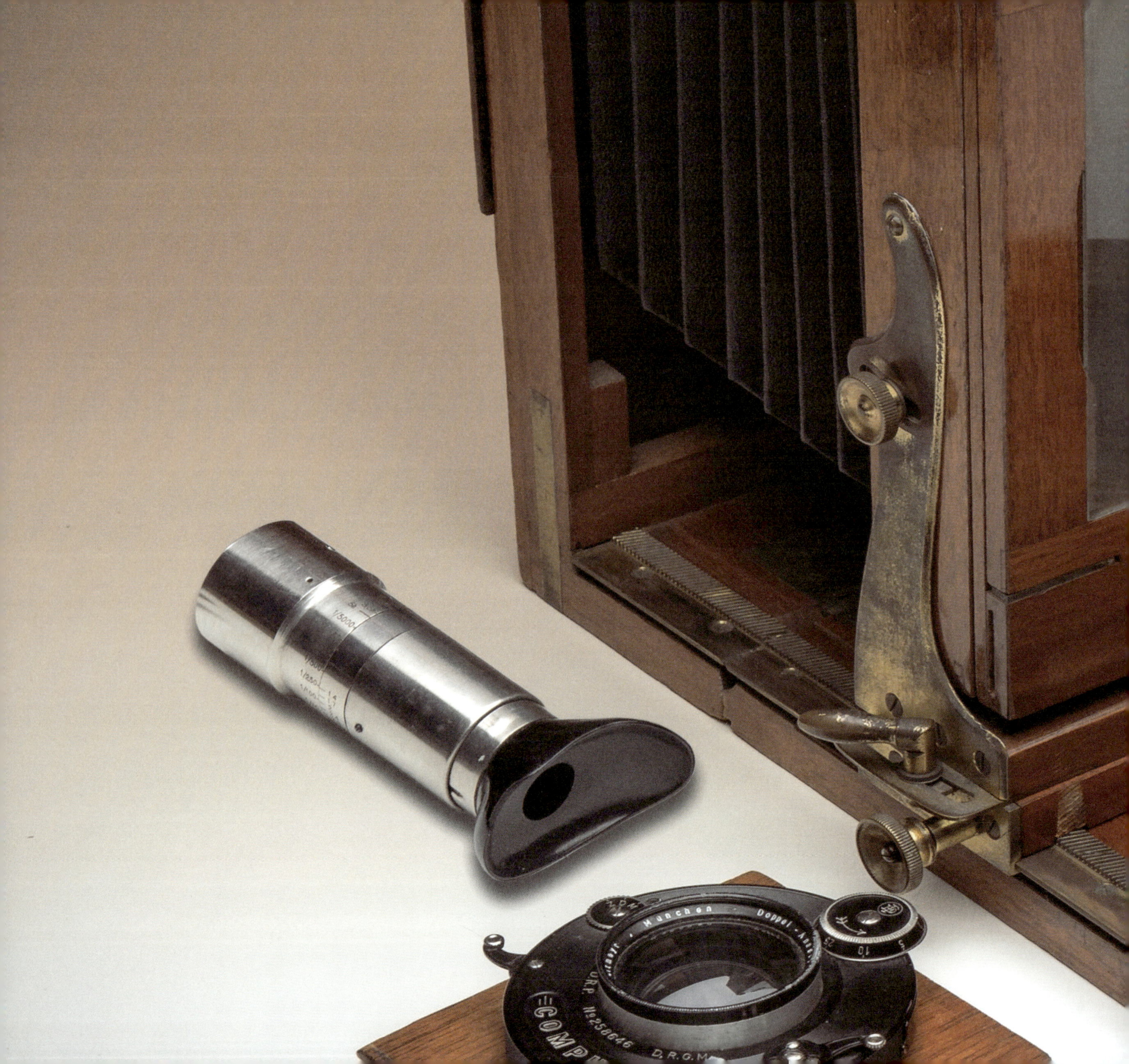
1/5000
München
D.R.P.
№256646
D.R.G.M.